Heibonsha Library

JN312033

上

平凡社ライブラリー

Heibonsha Library

小島烏水

上

山の風流使者伝

近藤信行

平凡社

本作品は一九七八年一月、創文社より刊行されました。

小島烏水　上　目次

第一章　横浜山王山

　桜木町から紅葉坂をのぼって戸部へくだり、伊勢町からさらに西へむかって坂をのぼりつめると、通称「山王山」とよばれる西戸部の台地がある。山王山とはその一角に山王権現がまつられていることから名づけられたものだが、北からはいっても南からはいっても、坂道をのぼらなければならない。このあたり一帯は、鳥水・小島久太が年少のころから慣れしたしんだ土地であった。

　紅葉ヶ丘、伊勢山、野毛山、山王山、久保山など、横浜市西区の丘陵地帯は、高さ五十メートル前後の小丘のつながりだが、山と谷がいりくんで複雑な様相をみせている。丘からおちくぼんだところは谷戸となり入江となり、水のながれは北の石崎川と南の大岡川をつたって、海にそそいでいる。地形からみると、東面の海につきでた小さな半島のようにみえる。

　わずか二十数戸の漁家茅舎が散在するにすぎなかったという横浜が、安政六年（一八五九年）の開港によって、急速に都市づくりがなされたことは、この街の歴史がよくそれを物語っている。国際的な貿易市場となってから、通路がひらかれ、丘陵部をきりくずして海が埋めたてられ、新興都市としての隆盛をみるにいたったのだが、烏水がこの土地に住むことになった明治十一年（一八七八年）ごろは、明治新体制のなかで近代化の風潮のまっただなかにあったといえる。それにしても西区の丘陵地帯、とりわけ山王山や久保山には、四季おりおりの自然景観と野趣がのこされていたところであった。

横浜へ出かけるたびに、私はしばしばそこへ足をむけた。坂道をのぼって、その脊梁ともいうべき丘の上をあるきながら、烏水の少年の日々におもいをめぐらしてみた。そしてみずから「山王台主人」と言って、かずかずの著作をのこした彼の、ありし日の姿を想像してみた。明治三十年代から大正初期にかけて、烏水は青年文学雑誌「文庫」の記者として敏腕をふるったし、日本山岳会の創設とその運営にあたっては、その中心的存在として献身的な努力をかさねてきた。それだけにこの山王山の烏水の居宅には、多くの文学仲間や山友達が出入りしたわけだが、みないずれの道をとるにしても、山王山への坂をのぼりつめたのであろう。筑波山の西麓に住む横瀬夜雨が、不具の身を人力車にのせて烏水の家をさがしあて、「やれだいこ」の絶唱を得たのもここであった。越後の高頭仁兵衛が志賀重昂の紹介で『日本山嶽志』の草稿をたずさえてきたのも、『日本アルプスの登山と探検』の著者ウォルター・ウェストンの訪問をうけたのもここであった。また若き日の小泉信三、槇有恒らが、日本アルプスの登山談やラスキンの話にききほれたのも、山王山の烏水居宅においてであった。私がこのあたりにしばしば足をむけたのは、往時のたたずまいとその余韻をすこしでも感じとりたいがためであった。

しかし私の期待はほとんど満たされることがなかった。大正十二年の震災と第二次大戦下の空襲という二つの災厄によって、明治のおもかげは完全に消えてしまっている。そして急激な都市化の波は、山王山界隈のすがたをすっかり変えてしまっている。それは烏水の文章から喚起されるイメージとは、ほどとおいものでしかなかった。ただひとつ、往時をしのぶよすががあったとすれば、山王山の脊梁から西へすこしおりた地点に、木造二階建ての烏水旧宅がのこされていることである。西戸部町八九八番地（現、西戸部町二丁目一九五番）のそれは、明治四十年前後に移り住んだ家で、後年『日本アルプス』第四巻の「山王台雑記」購屋の章に、つぎのように書いたところである。

《私が今まで八年の間住んでゐた山王山の小家屋は、建坪僅かに二十坪、そこに多勢の家族がよくも飽きずに雑魚寝をしてゐた、別に書斎と客間兼帯の七畳敷の二階があるばかり、瓦と板葺の木造家で、しかも古くて脆ツこい雑普請である、初めは「当分のうち」といふつもりで、渋々借家住居をしてゐたのであるが、こゝで子を産み、こゝで子を失ひ、弟どもは、こゝから各自の生活のために離散をする、こゝで役にも立たぬ書冊を何冊か書き上げ、こゝの二階から秩父、大山、富士の新雪に光輝を帯びた連山を仰いで、狂喜したこともあれば、烈しい落葉が穴でも明けるやうに、パラ〳〵と板屋根を叩くのに見惚れてゐたこともある、又隣家の垣からさし出た、赤々とした柿の実に撓《し》なつてる枝を見詰めながら、膝を抱いて忙がしい二十世紀の烈しい労働生活から、刹那々々の隠遁生活を偸んでゐたこともある。今ではもう、私の生活と離れがたい執着が出来てしまつたので、家屋としては、いかにも古く、いかにも見そぼらしいものであるが、そこが又貧乏に相応なので、思ひ切つて購つてしまつた、家族多人数の割合に、家のいかにも小さいのには閉口してゐるが、弱者は多くの場合に「あきらめ」に隠れる。私も弱者相応な「あきらめ」をつけて、たとひ千畳敷の大広間を与へられたところで、視線の落ちる平面は六畳かそこいらだから、まあそれでいゝとして置いて、宅地五十坪の傍に、庭地を七十坪ほど借り込んで、ともかく垣根だけは結んだ、恰度谷川の石に莚を敷いたり、森の中で油紙を張るくらゐの無雑作で。》

　これを書いたのは、烏水四十一歳のときである。勤務先の横浜正金銀行では中堅の職にあって、アメリカへ転勤する直前のことだ。山岳紀行文家として、山の研究者として、また探検時代の日本アルプスの実質的なリーダーとして、その盛名は絶頂にあった。そんなときに《弱者相応の「あきらめ」》といって定住の地を買いもとめたのは、一家の生計をささえるものの責任からなされたものであろう。この烏水旧宅は、人手にわたってかたちをかえながらも、いま七十年の星霜をへて現存しているのだが、山王山における確たる物証はこれだけであった。かつて税関官舎のあったところには、四階建ての団地風の公務員宿舎が立ちならび、彼の少年の日々をしのぶよすがはなにもなかった。ただ秋から冬にかけての晴れた日には、烏水のこころをとらえたのとおなじ富士山が、白雪をまとって群山にぬきんでているのがみえた。

小島烏水は山王山からの自然景観をおりにふれて書きこんできた。とくに富士眺望を主題とした文章にしばしばあらわれるのだが、明治三十四年執筆の「冬の富士」[*1]では、《杉木立にほの暗きだら〳〵阪を上りて、わづかに麦のみ青みたる畑を、焼畠の跡なる新芽より珍しく顧み、阪の絶頂へと辿りつきて、うち見やるに右に神奈川の海けぶり、左は昔東海道五十三次の一なりし程ケ谷の破駅を隔てゝ、雲外と合沓重畳する相駿の山々を仰ぐ》とあって、白雪をいただいた富士山を《天の作せる不朽の彫刻、地の画ける不滅の絵画、神の築きたる不易の神殿》にたとえ、畏敬のおもいをこめてうたいあげている。また後年の「波姑禰乃夜麻」[*2]では《我が山王山より、久保山にかけて、大自然の神手に成れる長幅の描画、およそ二十余里に亘りて澄空に懸るを仰ぐ》と書いて、朝夕、眼のおもむくままにながめてきた山々の景観と色彩の変化をとらえようとする。

《西の方大虚を半円球型に劃りて、山の兀立乱立すること、無数なるもの即ち是れにして、その円球に湛へて、自から淡き瑠璃を成せる空水の如きは気氛の瀰めるにて、之を繞りて屏風の如く立つは件の山々、朝々暮々に秀色を変幻す、秩父山系の蜿蜒するところ、大山丹沢山の、波濤さながらに氷れるが如きところより、遥かに西に離れて、土饅頭を二ッ並べたる如き二子山、左なるは扁たく、右なるはや丶高くして円く、窪地を夾みて駒ケ岳は頓に高く、不二形に聳え、その東側の中腹より神山と冠ケ岳とが、又奔騰して三角同盟を作り、凹字形に相対して、玉鞍を磨けるは、実にこの一長幅の終焉なり、不二山悠々として、大山と筥荷《はこね》諸山との間に屹立す、雪の滑らかに光沢あること、木賊にて磨き出したらむ如く、或時は榛の木に懸りて、小さき柔毛《にこげ》の白兎となりて踞くまり、或は群山の上に跨がりて、気尚きこと女王の如し、こはこれ関東平原、いづこに到るとも見るところなり。》

このような文章から考えると、山王山において成人した烏水に、これらの自然景観がなにものかをあたえずにはおかなかったであろうとおもわれる。

小島烏水の横浜生活は、父寛信が横浜税関に職を得たことからはじまるが、当初の住所は久良岐郡戸部村とつたえられているだけで明確ではない。明治二十年以後の烏水資料によると、一家は伊勢町三丁目六十七番地に住んでいたことがわかる。*3 当時の「横浜実測図」(内務省地理局測量課)によると、それは紅葉山・伊勢山と山王山の谷あいの町にあたる。つづいて戸太町戸部六一〇番地へ、西戸部の税関官舎四十九号、六十三号へと移る。それらがどのような住居であったか、いまとなっては知る術はないが、みな父親の勤務先との関連によるものと考えられる。そのあと西戸部六三五番地という住所が確認されているが、これも税関官舎であった。日露戦争のあと、官舎を出てからは、さきほどの八九八番地に移っている。ここに小島家は昭和二年まで居をかまえたわけだが、居住地の推移をみてもわかるように、山王山界隈が一家の主たる生活の場所であった。この間、ほかの地域へ転住していない。

したがって烏水が購屋の記を書いて《弱者相応の「あきらめ」》と言ったことのなかには、世間的にはさほどの出世もしなかった、貧しい父親へのおもいやりがこめられていたのかもしれない。その文章を書いたころ、烏水はロサンゼルスへの転勤を目前にしていたから、留守宅に不安をのこさないという配慮があったとみることもできる。

　山王山は、明治の言葉でいえば「官員さん」の居住地である。税関官舎をはじめ官吏の宿舎があった。いわば開港後の横浜の新開地であったが、西区の丘陵地帯のうち、とくにこの山王山から久保山にかけては、当時、森林におおわれて、野趣をそえていた。烏水はつぎのように書いている。

《春の宵は、森の中が寝静まつたやうにひつそりとして、青葉若葉の面が、霞がかゝつたやうに曇つて来る、冷たい、水のやうな、浅黄色の空の、下弦の月が黄金色に光つたときは、柔かい吐息が、あの銀色をした温味のある白毛の衾から、すや〳〵と聞えやうかと耳を澄ます、五月雨には、森の青地を白く綾取つて、雨が鞦韆《ぶらんこ》のやうに揺れる、縁側に寝そべりながら、団扇で蚊をはたき、はたきする、夏の夜などは、遠い〳〵冥途から、人を呼びに来るやうな、ボウ、ボウと夢でも見るやうな声が、こんもりとした杉の梢から、あたりの空気に沁み透つて、うつゝともなく、幻ともなく、神経にひゞく、「梟が啼き出したよ」と、宅の者はいふ、ほんとうに梟であるか、どうか、私は知らないが、世にも頼りのなさゝうな、陰惨たる肉声が、黒くなつた森から濃厚な水蒸気に伝はつて、にじみ出ると、生活から游離された霊魂が、浮ばれずにさまよつてゐるのではなからうかと思はれて、私は大地の底へでも、引き擦り入れられるやうに、たゞもう、味気《あじき》なく、遣る瀬のない思ひになつてくる。

それよりも秋の夜は、箱根大山辺からの乾ツ風が吹き荒んで、森の中の梢といふ梢は、作り声をしたやうに、ざわ〳〵と騒ぎ立ち、落葉が羽ばたきをしながら、舞ひ立つて、夜もすがら戸を敲き、屋根を這ひずり廻る、風の無い夜は、朝起きて見ると、森の中一杯に劒の光を含んだ霜が下りてゐる、その夕暮に、久保山の人焼く煙を、疎林の中の逍遥に見たこともある、秋の末から冬になると、何々谷戸といふ特種の部落に属する人たちの若い娘などが、落葉籠をしよつて薪を折りに、林の中をうろついてゐるのに出遇ふ。》

ここには明治期における山王山の四季の感触がつたえられている。嘉永・安政以来、横浜には地方商人が進出し、外国人居留地もつくられて、急速度に街づくりがおこなわれてきた。開港後の横浜の風物、ことに外国人のくらしや遊興の巷については、貞秀、芳員、二代広重らのいわゆる「横浜絵」がよくそれをつたえている。その後、明治五年にガス燈が点火されたのをはじめ、電信、電話、交通、造船、新聞、写真、金融その他、あらゆる面にわたって文明開化の花が咲いたわけだが、市街地のにぎわいにくらべると、すこしはいりこんだ丘陵部には、烏水がいうように、自然のすがたが原始のままにのこされていたのである。

《森林といふ原始の自然は、今迄は此山王山を繞る外廓となつて、下町から来る塵埃を防いでゐた、烈しい生存競争から来る呻り声も、此森林の厚壁に突き当つては、手もなく刎ね返されてゐた》と烏水は書く。下町では、工場の煙突から煙がはきだされ、自動車がくさいガスを放散している。そこには芝居と遊廓と待合と料理屋があって「悪の華」が咲いている。烏水は、この山王山の森が人間の動的生活と静的生活を仕切る壁であったと言っている。

しかし彼がこの文章を書いたころは、森の樹木の皮はむかれ、伐りたおされはじめていた。梟は亡びゆく森の運命を予言するかのように姿を消して、その啼きごえは聞えなくなってぃた。開通したばかりの戸部線の電車が音をたてはじめてから、烏水は《死滅を宣伝する皺嗄れ声》をひしひしと感じとっている。

《私は毎朝起きると、二階の戸を一二枚開けては、向ふの森を見る、樫の木は黄味の克つた、薄赤い葉をつけて、枝が傘をひろげたやうに、丸くなつてゐる、杉の鮮やかな新芽は、去年ながらの黒く煙つたい葉の上に、青い珠を吐いてゐて、腕ッ節の強さうな、瘤だらけの黒松が、五六本行列はしてゐるものゝ、その木と木の間ががらんとして、森にあるべき茂味といふものがまるでない。

さうして、その空地や、新らしく均《な》らされた土の上には、亜鉛屋根だの、軒燈だの、白木の門などが出来て、今まで真鍮の鋲を打つたやうな星の光りもどうやら鈍くなり、電気燈が晃々とつくやうになつた。

どこを見ても家だ、人間だ、電線だ、塀だ、門だ、私の頭は楯で押されるやうな高圧力を感じてゐる、二階の書斎には、かういつた峻烈な空気を幾分か調停するつもりで、友人の描いた青々した信州高原の花野や、木曾の峡谷や、日本アルプスの万年雪などの水彩画をかけつらねてある、手作りの粗ツぽい書棚には、ラスキンの論文集、ツルゲヱネツフの小説、それから森林生活の聖者ソローの全集、コンラツドの海の文集、ラルフ、コンノルのスカイ、パイロットのやうなものまで積み上げて、この窒素の多い空気の中から、強ても酸性の呼吸をつかうとした。》

ここには住宅地と化してゆく山王山のありさまが、実感をこめて描かれている。明治末年から大正のはじめにかけての状景だから、都市化の波にさらされてしまった現代の街なみとはくらべものにならないのだが、横浜移住以後、四十年ちかくここの推移をみてきた烏水にとって、森林との対話のうしなわれたことは大きな痛恨事であったのであろう。この文章のあとにつづけて、原始の自然と自分の生活をつなぐ紐帯がずたずたに引きちぎられたのだ、人情の結氷点が近づいたのだと書き、《私は眼かくしの革を取り去られたときの、馬の怯えを感じた》とまで言いきっている。

幼年のころからこの山王山界隈に住んだ烏水は、ここから戸部小学校にかよい、また当時師範学校の付属校であった老松小学校にかよっている。さらに海岸の灯明台近くにあった横浜商法学校（のちの横浜商業学校）に学んだ。

烏水が開港地の横浜において成人したことは、彼自身の人間形成に大きな意味をもつものといえるだろう。山王山から東へ下れば異国の香りのただよう市街地がひろがり、外国人居留地があった。「風流漂泊の第一歩――東海道[*4]」という晩年の文章で烏水は《その頃は、何とも思はなかつたが、私が少年時代を送つた横浜は、他の都市に比べると、著るしい文化的地方色があつた》と書いている。とりわけ《元町は代官坂の附近に、異人屋敷があり、英一番館の赤門は、東京帝国大学の封建的建築の、同名の門を偲ばせ、海岸通りに翻へる各国の国旗は、居留地の称呼に、権高く威嚇的な空気を放散してゐた。言葉でも、外国人の使ふ日本語、外の土地から来た人には、何事とも解らぬ符牒語のやうなものまでが、日常用語になつて、通用してゐる》という開港地独特の表情があった。ものごころのつきはじめた少年が日本と諸外国、ことに西欧諸国との接点からなんらかの文化的影響をうけぬはずはなかった。それとともに《権高く威嚇的な空気》という表現がよく言いあてているように、外国商人の横暴ぶりと日本商人の不甲斐なさを眼のあたりに見てきたのである。それはかえって日本と日本人を考えさせる要因でもあった。本町通り、弁天通り、馬車道通りなどの盛り場には、異国趣味と江戸情調が混在して、にぎわいをみせていた。帰国する外国人が売りすてた西洋家具をはじめ、こまごまとした生活用品もあった。そのかたわら西洋人好みの美術工芸品、浮世絵などが売られていた。鳥水ははじめ菊川英山を買い、広重の東海道五十三次のうちの「土山の雨」を買ったと言っている。

一方、山王山から西に下ると、東海道のおもかげをのこす程ケ谷の宿場があった。鉄道の開通によって昔日のにぎわいはなかったが、《宿の本通りを挟んで、小格子作りの遊廓が、素見ぞめきの田舎の客衆をひきつけてゐた》と鳥水は書いている。ほろびゆく古駅のうらさびしさの風物を好んだ彼は、馬車道の夜店でもとめた『道中袖鏡』という横長本の道中記をもって、折があれば《途上で読みくらべてゐた》のである。

横浜の街なかの雑沓に育ったのでもなく、といって旧時代の宿場に住んだのでもなく、山王山という新開地に人となった鳥水は、その双方を知る立場にあった。

《元町や弁天通りから、西洋人の体臭的脂肪質的な匂ひを浴びたとすれば、程ケ谷戸塚は時雨の、茶席の茶漬趣味であつたらう。私は古駅から放射する自然の線が、弱々しいにしても、母の懐をなつかしむやうな、切つても切れない、第一次的とも言ひたいやうな、本能的表現が、内包されてゐるのに惹きつけられた。それを、絢爛たる錦絵の名には、むしろふさはしくない淡彩と素描の力で、常に古くして、しかも常に新らしい、情緒こまやかな朝陽やら夕日やらを、注ぎかけてくれたのは一立斎広重だ。》

広重の伝記的研究や作品の考究にとりくむのは、烏水が三十代後半にはいってからのことだが、江戸末期の風景画や旧街道脇の景観が彼の旅ごころをはぐくんできたことは十分納得できる。彼は横浜の文明開化の風潮にひたりながら、そして江戸情調をなつかしむかのように、山水旅行趣味をふくらませていった。それはまた彼の文学ごころと芸術ごころを助長させ、歴史および地理への興味につながるものであった。一方では新しい時代のかたちをもとめ、他方では日本の伝統的な美意識のなかにおのれを発見してゆく。これが烏水のディレッタンティズムの根底にあったといえる。

横浜という環境が烏水にあたえたものは、そればかりではなかった。むしろ横浜におかれた日本人の立場を直視させる結果となった。西洋の文化や浮世絵風景画が彼の浪漫性を刺激したとすれば、横浜における生活は彼の現実感覚をつよくやしなったといえる。開港地に成人し、税関吏の父親をもっていただけに、烏水は出船入船ごとに、ヨーロッパ、アメリカ、中国など各国の人間について見聞してきた。また商業学校に学んだことは、日本の未発達な産業、未成熟な社会構造を知ることになり、帝国主義列強諸国にたいする日本の立場をいやおうなしに考えさせられていたのである。表面上は、その生涯を趣味的な文人としてみせていた烏水だが、実際にはかなりのはげしさで日本の現実をみつめていた。

たとえば烏水の少年期の記憶につぎのような話がある。あるとき、ロシアの艦隊が入港してきて、横浜から二里ほどはなれた生麦の沖でさかんに水煙をあげていた。横浜税関にやとわれていたイギリス人の報告によると、それは水雷の発射演習とのことであった。条約国の港湾でこのような非礼な行為をするとは、あまりにも日本を見下げた話である、もし英国近海であんな生意気なことをすれば、すぐ喉首を締められてしまう、失礼にも程がある、とイギリス人は語っていたそうである。これは烏水が父親から聞かされた話かもしれない。《外国人からみた日本の尊厳といふものは、かやうに慨れなものであつたから、支那人までが日本を侮つてゐたのは当然《あたりまへ》の話で、巡査が阿片の密輸入者を捉へて、支那街を通行することがあると、戸口の支那人は、言ひ合したやうに棍棒抱へて、巡査の行く手を、やゝもすれば妨害しやうとする形勢を示すほどであつた*5》と彼は書いている。こういうおもしろからぬことを現実に見聞している自分は、反抗の精神が強くならないわけにはゆかなかった、いや当時の日本国民はすべてそうであった、日本は強国のつもりでいても、世界の眼からは弱国扱いされていた、と子供ごころに自覚していたのである。また日清戦役後の三国干渉に憤りを感じて《眼球の黒いうち遼東半島の復讐を見たき[*6]》とまで書いたように、烏水は鬱勃たる興国の気象をそなえた青年であった。また「横浜における外商と内商[*7]」という初期の文章をみてもわかるように、外国商人の横暴ぶり、日本商人の卑屈さを日常生活のなかで見聞していたのであり、商権の回復を訴える熱っぽい青年であった。

そのような時代に生まれ、横浜という環境のなかで育てられ、日清・日露の二つの戦争をとおして、彼は銀行員として生計をたて、山に登り、「文庫」に拠って文章を書いていたのである。現実社会の諸問題や政治の動きについてしばしば発言をしているにもかかわらず、政治のなかに入っていかなかったのは、彼が行動的な人間ではなく、文学型の人間であったからであろう。少年雑誌や巌谷小波のお伽噺で育てられ、曲亭馬琴や頼山陽の詩文によって文章に眼をひらいた彼にしてみたら、悲憤慷慨の憂国の人にはなりえず、かといって物語作家や星菫派の詩人にもならなかった。つまるところ《日本人よ自立せよ、創造せよ》という時代の理想をいだきながら、烏水は穏健な銀行の一員として職務にしたがい、そのかたわら自己のうちに湧きおこる《趣味的》方向をさらに拡大していったのである。

第二章　慚恚血を溺せり

烏水・小島久太は、明治六年（一八七三年）十二月二十九日、父寛信、母サクの長男として讃岐国高松三番町に生まれた。その出生年月は、戸籍謄本によると、明治七年十二月二十九日とある。従来の記述にも明治七年が採用されてきたが、本人の直話にもとづいたという中村清太郎の明治六年説をとるのが妥当とおもわれる。[*1]

小島家は代々高松藩の家老格の家柄であり、一条家出身の寛信は、その養子であった。小島栄[*2]の直話によると、母親サクは幕末のころ、藩主松平頼聡《よりとし》の目黒の下屋敷にあって行儀見習をつとめたことがあったという。藩主夫人の供で、駕籠にのって芝居見物に出かけたことなど、少女時代の想い出をきかされていたというから、彼女は幼いころから江戸の文物に接していたのであろう。久太の文学好き、芝居好きの性向は、母親から享けたものとおもわれる。幕末から明治にかけての変革の時代にあって、小島家にかかわる文書はなにものこされていないので、一家の動きをささやかな資料から推測するほかはないが、小島家も、時流にのりえなかった多くの士族階級とおなじような道をたどったものとみてよいだろう。

父方の一条家とのかかわりについては、久太の戸籍簿に「明治弐拾八年六月弐拾七日願済廃嫡、明治弐拾八年七月参日東京市小石川区江戸川町一条政昭養子ト為ル、明治参拾年拾弐月弐拾四日神奈川県久良岐郡戸太町戸主一条政昭養子離縁復皈」とあるところからみて、相続についてなんらかの交渉があったはずだが、久太はなにもふれていない。

小島家がつかえていた高松藩は、政治改革の激動期のなかで、ひとつの不幸をせおわされた藩である。十一代藩主頼聰の血筋からみても、水戸の勤王、彦根の佐幕という二つの動きのなかで、苦しい立場におかれていた。というのは頼聰は水戸の徳川斉昭の甥であったし、千代夫人は井伊直弼の娘であったからである。安政の大獄につづく桜田門の変のとき、頼聰(当時万之助)は井伊大老の供で登城の列にくわわっていたが、斉昭の甥であることが判明して、あやうく難をのがれた。しかしこの事件のあと、千代夫人は高松藩にとどまることができず彦根にもどっている。

大政奉還のあとの鳥羽伏見の戦いでは、高松藩は幕府方について官軍と敵対する。したがって朝敵という汚名をきせられたわけだが、頼聰の官位はけずられ、京都・大坂の藩邸は没収され、そのうえ土佐、丸亀、多度津の三藩によって征討の憂き目にあった。その結果、二人の家老は死罪となった。頼聡はひたすら恭順の意をあらわし、十二万両の軍資金を献上することによって、官位復命の恩赦をうけた。そのあと高松藩は奥羽征討軍に参加しているのだから、きわめて複雑な変転を経験したことになる。[*3]

　家老格の側用人であった小島家が、高松藩の政治的推移のなかで、どのように生きのびてきたかはさだかではない。没落士族として、あらたな時代をむかえたことは容易に想像できる。廃藩置県のあと、明治八年、小島家は一家をあげて上京、はじめ神田に住んだとつたえられるが、その落魄ぶりはおおうべくもなかったとおもわれる。手先の器用な寛信は、神田在住のころ時計の修理を業としたことがあった。しかし士族の商法はながくはつづかなかった。明治十一年、寛信が横浜税関に職を得たことで、一家の生計はかろうじてささえられた。彼は税関ではたらくかたわら、警察署その他で剣術の師範をつとめたとつたえられている。このころから小島家は郷里高松とは無縁になったようで、烏水自身も高松とのつながりについてはなにも書きのこしていない。烏水長男の小島隼太郎は、祖父寛信および父久太についてつぎのように書いている。

〈貧窮にあけ貧窮に暮れた父の少年の日は、楽しい夢多きものではなかつた。祖父は税関の下級官吏で、取柄と言へば人の善いこと、剣術の強いこと位で、生活力は薄弱で、悪いことには酒が強過ぎた。役所で不愉快なことがあると深酒した上に家の者にあたるといふ、よくある型の弱い人間の一人であつた。祖父の泥酔振りを見なれて、酒飲みにこりてゐたせいもあるだらうが、後年父は表面はとにかく内心はひどく酒飲みが嫌ひだつたし、自分自身あまり飲まなかつた。『アルピニストの手記』の「生ひ立ちの記」のいきさつの通りY校（横浜商業学校）へ入学したが、学費の点も無理のしどほしであつた。附近の鼻たれ小僧に読み書き算盤を教へて学費の一部に充てたものださうだ。一番閉口したことは、折角稼いだその謝礼の金を「やつぱり足りない、あとで返すからね。」といふ具合で、お祖母さんに召しあげられ、米代の一部に消えてしまつたことだつたさうだ。月末の債権者撃退係は専ら父の役目だつたさうで、酒屋、米屋の小僧さんに頭を下げるのはいやなものだつたと言つてゐた。

一家は親類中での鼻つまみだつたらしく、或る時親戚の一人に若干の借用方を申し込んだ時、「君子危きに近寄らず」といふ大変な返事が来たといふのであるから大体の信用程度がわかるといふものである。場合によつてはお祖父さんより父の方がまだましだつたさうで、少年の父が判を捺すなら出世証文的に貸さうといふ奇特な御仁もあつたといふのであるから、まだ良き世の中であつたわけだ。[*4]〉

　子供の眼からみた祖父と父との対照的な、相反する二つの性格をここにみることができる。寛信は幕末から明治にかけての激変にのりきれず、時のながれにながされてゆくだけであったし、烏水はそのような没落士族の家庭で長子としての役割をはたさねばならなかった。

　「生ひ立ちの記」[*5]は烏水の少年時代を知る上での唯一の手がかりとなる文章だが、それによると、老松小学校をおえた彼は、家計のまずしさから中等学校への進学もおぼつかなかったとのことである。父親は県庁に給仕として採用してもらうために、久太を同道して知人にたのみにいくが、ことわられている。年齢の不足がその理由であった。下級官吏の生活の苦しさはいかんともなしがたく、十二三の子供にも生計のたすけをもとめていたことがわかる。烏水はこの当時の挿話として、

《それから横浜七十四銀行の、山田勝清氏といふ父の友人に、給仕採用を頼みに行つたら、山田さんは、採ることは承知されたが、子供に、小学校の教育しか受けさせないといふことは、一生の不幸であると言つて、諄々父を説かれ、元来が子煩悩の父は、それで給仕の方を思ひ切り、苦しいのを堪へて、私を商法学校へ入れてくれたのだ。》

と書いている。したがって他人の言葉が、彼に中等学校における勉学の機会をあたえたわけだが、この偶然は久太の多感な少年時代をみのりゆたかにさせたということができる。

明治二十年、横浜商法学校にすすんだ彼は、そこで五年間をすごした。それまで戸部町一帯の丘陵地帯がおもな生活の舞台であったが、弁天橋をわたって海岸べりの学校にかようことによって、久太は、いわば関内の官庁や商館のたちならぶ区域で、横浜、ひいては日本のおかれた現実をみつめることになる。彼がこのころから国際的な経済感覚を身につけはじめたことは、「国ヲ富マス一奇策」「横浜における外商と内商」などのエッセイがよくそれを物語っている。

日本の商権をまもるための、官民協同による横浜正金銀行の設立（明治十三年）、そしてそれにつづく横浜商法学校の創立（明治十五年）は、横浜の経済人にあかるい希望の灯をともすものとなった。子女の教育にあまり熱意をしめさなかった開港場だが、商法学校の開設は貿易商組合の小野光景の主唱によるものであった。外国商社に不当な暴利をむしりとられていた商人たちにしてみたら、次代をになう子弟の教育は急務だったのである。久太が入学した年の翌年には、商法分離の政策から横浜商業学校と改称されるが、その校舎は《平家の一戸建てで、瓦屋根であるだけが、見つけ物といふくらゐ、貧弱極まるもので、当時早くも、豚小屋の称呼があつた》というほど、みすぼらしいものであったようである。火災が発生して全焼したため、一時、本町六丁目の生糸会社に間借りして、授業はつづけられた。そのあと新築された校舎も、コケラ葺きの安普請で《依然として「豚小屋」の称呼を、甘受すべきもの》であった。第四回の卒業生であった久太は、このころの自分を回想して、豚小屋にそだったことをなつかしみ、《文字通りの豚児だつた》と、洒落《しやれ》を書いている。

このような環境でありながら、久太がここに学んで、美沢進校長に出会ったのは、注目すべきことといわなければならない。その薫陶は、彼の人間形成にすくなからぬ力となっている。もちろん教師と生徒という間柄であったから足しげく交際したというわけではないが、久太は晩年にいたるまで、その恩顧をわすれることはなかった。

美沢進は嘉永二年、備前国三沢の生まれ、福沢諭吉門下の教育者であった。慶応義塾にまなんだのは二十代の後半であったから、かなりの晩学だが、『学問のすゝめ』『文明論之概略』を執筆していたころの福沢の謦咳に接した人であった。三十二歳のとき、横浜商法学校の開校とともに福沢の推輓によって、その校長となった。実際には、東京の三菱商業学校からひきぬかれて、ここに骨をうずめるつもりで赴任してきたのだ。そこには福沢のあたたかい配慮があった。議論好きで、前任校の先輩同僚と折合いのわるい美沢を福沢がみてとって、あたらしい職場を彼にあたえたのである。*6 横浜商業学校は美沢の私塾の観を呈していたといわれるが、一匹狼の彼は校長という地位をあたえられることによって、その個性があますところなく発揮されたと考えられる。

立身出世をのぞむよりも商戦の一兵卒たれ、というのが美沢の教育理想であった。彼は横浜の中産階級の子弟に「士魂商才」の精神を説き、片手にソロバン、片手には銃剣を用意せよとの「商兵一致」の現実感覚をくりかえし教えた。そして講義にはサミュエル・スマイルズの『自助論』の英文テキストをもちい、さらに卒業生には海外進出を極力奨励したのである。

その『自助論』講義は、美沢独特の岡山弁で吐出する、熱と覇気のこもった処世訓であったらしい。「先生の自助論の講義は、頗る面白かつた。在り来りの講義のやうに、書物の上の文字を、其儘邦訳して、単に之を、口から耳へ伝ふるものでないからである。先生は、この書物のもつ、内奥の教訓を、学生の五臓六腑にまで沁込ませ、斯くして、ビジネスマンとして、いろいろの場合に善処する、根本の心気を体得せしめんとされた意図が、先生の講義をして、斯くも真剣なものとした」[*7]とその伝記作者は書いているが、明治・大正期のY校卒業生の多くが口をそろえて美沢の講義からうけた深い感銘を語っている。「天は自ら助くるものを助く」にはじまる『自助論』は、中村敬宇によって『西国立志篇』として抄訳され、青年に多大の感化をあたえたが、それは明治人のバックボーンをかたちづくったものといえる。「青年を鼓舞して正しき事業に勤勉せしめ、其為には、労力をも苦痛をも避けず、克己自制を勉め、他人の幇助庇護に依らずして、専ら自己の努力に頼らしむるにあり」という序文にある言葉は、そのまま時代の教育理念でもあった。

独立自尊は福沢諭吉の信念であり、その忠実な使徒である美沢進によって啓発された久太も、ひとしく《時代の理想》をうけついだ明治の子であった。「生ひ立ちの記」には、つぎの文章を読むことができる。

《美沢先生の同書の講述は、宛ら過去の時代を、明治に引き戻し、西洋人を日本人として、眼前に彷彿させてゐるやうで、日本人よ自立せよ、創造せよと、先生を通じて、私たちは刺戟を受けてゐた。これこそ、私たちにとつては、当代の新道徳経であつた。正直のところ、私は、後に多くの碩学から、深淵なる学理を聴講したことはあつても、美沢先生の『自助論』の講義の如く、若々しい生命を授けられたことはなかつた。今でも頭に残つてゐる名講義だ。》

このような人と人との出会いは、それがたとえ短時日のものであろうと、長い時間をへたのち豊かな結実をみることになる。社会人になってからの久太が『日本風景論』によって人跡まれな中部山岳の踏破をこころざし、あたらしい日本の自然美をもとめつづけたのも、このような基盤があったからであろう。また「文庫」記者時代の社会的発言のなかに、一種の啓蒙家的な口ぶりがみられるのも関係のないことではない。久太が自著『日本山水論』（明治三十八年）の扉に《恩師美沢進先生に献ず》としるし、また美沢歿後、十三回忌に刊行された伝記『美沢先生』（昭和十二年）に編纂委員として参画したのは、その恩顧にこたえたものであった。

小島久太の生い立ちのなかで、人間、自然、芸術、社会にたいするかかわり方にはさまざまな要因があるが、《貧窮にあけ貧窮に暮れた》という家庭環境は、彼の向上心や芸術的な意欲をみたすことはなかったようにおもわれる。下級税関吏の父親をたすけ、弟妹たちの面倒をみなければならぬ立場にあった彼は、むしろそれをおさえてきた。横浜商業を卒業した彼は、法律事務所や商社にはたらき、明治二十八年、横浜正金銀行にはいるが、このころのみたされぬ向上心をつたえるものに、つぎの記述がある。

旧友今東京にあるもの僅に三四、而して久保青琴、沢田紫瀾の二氏最も親交あり、二氏ともに大学に在り、久保氏は文科、沢田氏は法科、各歩趨を異にすれども明年を以つて新学士となりて世に出づるもの、余は小学校を卒業せるころより故ありて読書の人となるを許されず、遂に丁稚となり、家僮となり、今や算盤の人となり了す、過日三人相会して宴を某楼に張る、大下戸の余も強ゐて盃を把りて歓をたすく。青琴曰く、故郷より送らるゝ学費の如きは辛うじて米塩の料に充つるを得るのみ、他は文を售《う》り詩を鬻《ひさ》ぎて補充す、なか〳〵苦しきものなり。余曰く二兄が大学に入られたりと聞きしとき、余慚恚《ざんい》血を溺《でき》せり。一馬糟櫪《そうれき》に伏す、嘗《かつ》て一たびは轡《くつわ》を列ねたる駿足の飛電より迅《はや》く、大虚空を飛行せんとするを仰視し、鬣《たてがみ》を振ひ足をそばだてゝ高く嘶《いなな》く、この声人間省せざるなり。余の嫌へるもの、猫と毛虫と数学と文法と御世辞となりしが、今はこの始末となりて算盤と御世辞を稽古中なりと。因て旧友を僂指す、或は死し、或は落托、杳として消息を審にせず。而してやゝ栄達せるものを数ふ、竟に一指を屈する能はず。吾党の莫逆皆醇濃の交を以て互に相許す、謂はざりき、人生の半に満たずして昔日の元気泯《ほろ》ぶること斯くの如く速ならんとは、相顧みて一笑す。

この文章は久太が二十四歳のとき「文庫」第五十六号（明治三十一年七月）の巻頭に発表した「乞丐児《こつがいじ》」の一節である。明治三十三年七月刊行の『木蘭舟』におさめられた「乞丐児」では、この部分だけが完全に抹消されている。*8 おそらく単行書にのこしたくなかった個所であったのかもしれない。それだけにこの告白的な文章は、そのころの心境をよくつたえている。《故ありて読書の人となるを許されず》と言い、《今や算盤の人となり了す》という表現にしても、また二人の友人の将来に羨望をいだいて《余慚恚《ざんい》血を溺《でき》せり》という悲痛な叫びにしても、青年期の烏水を知る上でもっとも重要な手がかりといえるであろう。彼の生い立ちと生活環境、あるいは生涯をつらぬいている好学心や現実的な処世観をよみとることができるからだ。

二人の友とは老松小学校の同級生であり、久太がおりにふれて語ってきた人である。久保青琴（本名得二、のちの天随）は明治三十年代には山行をともにした仲間であったし、赤門派の批評家・紀行文家として名をなし、漢学者としてのちに台北帝国大学の教授となった。沢田紫瀾（本名牛麿）は官界にはいって、のち北海道長官をつとめている。久保も沢田も野毛山大聖院下の県庁官舎に住んでいたというから、中級官吏の子息であったのであろう。税関の下級官吏の長男であった久太とは、かなり生活環境がちがっていたことは容易に想像できる。この境遇のちがいがすくなからぬ劣等意識と、その逆のあらわれともいえる自己顕示欲を同居させることになるのだが、少年時代の彼は、沢田によって錦絵のたのしさを知り、久保の家にあった『新編相模風土記稿』から歴史と地理に関心をいだき、山川漂泊のロマンチシズムを啓発されている。彼らは烏水の美的感覚の形成の上で、大きな役割をはたした、かけがえのない友人であった。

二人の友人の大学進学をきいて《慚恚血を溺せり》と書いたのは、やや誇張した心情の吐露とうけとれるかもしれない。しかし読書好きで旺盛な知的好奇心にもえる青年にとって、それは腹の底からわきおこるなげきの声であったと理解することができる。恥辱と怒りのいりまじったおもいをおさえることができなかったのであろう。久太の文学的資質からみたら、おのれの才能を恃《たの》むことは当然ありえたであろうし、自分の境遇を卑下しながら銀行の実務にたずさわるより、《読書の人》たることをのぞんでいたことは十分考えられる。しかしそれはゆるされなかった。「乞丐児」のこの一節は、それをよくつたえている。

「乞丐児」の骨子は、横浜市中の散策や鎌倉・箱根への小旅行のおりにみかけた乞食たちの話である。小児を利用して、人の慈悲心にうったえる狡猾な乞食たちを描写しながら、生存競争のはげしさに論評をくわえたものである。乞食の子供たちにたいする同情とあわれみを率直に語りながら、社会的な問題としてこれをとりあげている。為政者や宗教家のいう自他平等は、羊頭をかかげて狗肉を売る類ではないか、それがあまねく天下に施行せらるべき原則であるならば、人間はたがいに他者の犠牲となるべき運命をもっているのではないか、と言っている。このような彼の社会評論は、明治三十年代の文学作品や世相をふまえて、しばしば下層階級への同情、社会悪への呪詛《じゅそ》、あるいはその裏がえしとして、狡猾な人間や無為徒食のやからへの憎しみとなってあらわれるが、それは彼自身の生い立ちの背景をぬきにしてはかんがえられない。彼はなによりも《為すべきをも為さざるもの》[*9]をきらっていたのである。

《慚恚血を溺せり》とまでうったえた久太が、文学的な早熟をしめしていたことは事実である。それは少年雑誌への投書のかたちであらわれている。

明治二十一年十一月、山縣悌三郎によって「少年園」が創刊された。これは時代の要求にこたえて、少年文学雑誌の流行をひきおこすきっかけとなったものである。「少年園」以前には、「穎才新誌」「小学教文雑誌」などが刊行されていたから、かならずしもこの種の出版物の嚆矢というわけではないが、徳富蘇峰、坪内逍遙、志賀重昂、尾崎紅葉、和田垣謙三、饗庭篁村、山田美妙、幸田露伴、大和田建樹、森鷗外、中村正直、杉浦重剛、三好学、石川千代松、森田思軒、中西梅花、そのほか各界からの寄稿をあつめて、少年の知識欲と文学ごころをあおるのに十分なものがあった。

「少年園」はこの時代の少年の嗜好に合致して、第一号の発売高は一万部におよんだといわれる。この大成功のあとには「日本の少年」「少年世界」（「中学世界」の前身）「小国民」その他の雑誌がつづくが、「少年園」をぬくものはなかった。かつて教職にあった山縣悌三郎は、文部省では理科教科書の編纂にたずさわり、野にくだっては著述に従事していた教育家だが、小中学生むきの良書を刊行することのすくない教育界の欠点をおぎなって、「少年園」刊行にふみきったのは、みごとな着眼であった。この雑誌には少年園、楽園、文園、譚園、叢園のほか芳園と名づけられた六号活字の投書欄があった。しかし数多くの投書は、たとえ厳選したとしてもののせきれなかったため、「少年園」から派生して「少年文庫」が生まれている。

久太が「少年園」に投書したことはいうまでもない。「少年文庫」第一集（明治二十二年八月）には「雨夜友ヲ懐フノ記」という文章が掲載されている。おそらく活字になった最初のものであろう。十五歳のときの文章だが、文章典範のたぐいを読みこんだ少年のおもかげをつたえている。

《皐月ノ空ハ過ギヌレド、霖雨痛ク降リ続キ、軒端ヲ繞ル雫ノ音、荒庭ノ草葉ニ喞ク虫ノ音ハ、秋カト計リ思ハレテ、最ト蕭然ナル灯火ノ、消エナントシテ亦明ルク、幾度カ枕ニ就ケド眠ラレズ、熟々ト独リ心ニ思フ様、嗚呼世ノ中ニ人ノ身ノ、行末ホド実ニ頼ミナキ物ハアラズカシ、昨ハ綺羅錦繍ヲ着テ、美食甘味ニ厭キツル身ノ、今ハ襤褸ニ纏ハレテ、飢渇ニ迫リ、朝ニ威権赫灼トシテ、多クノ人ニ敬ハレシ其人ノ、夕ハ荒野ニ骨ヲ曝ス、身ノ成リ果ゾ浅間シヽ。回想スレバ往時、憂ヲ共ニシ、楽ヲ同フシタル親朋ト、花ヲ野外ニ尋ネ行キ、景ヲバ郵外ニ採リツヽ、語リ談ジテ行ク其時ノ楽シサ、雪ノ高嶺ニ積リツヽ、銀ノ山ヲ為ス頃ニ、四方ノ眺モ淡泊ナル、親友ト交ハリシ時ノ喜バシサ、吹キ来ル風ノ烈シクモ、降リ来ル雨ノ強クトモ、互ニ励マシ励マサレ、校ニ通ヒシ親朋ト、交ハリシ時ノ悦バシサ。此楽シキ喜バシキ恋シキ親友ハ、満ツレバ欠クル世ノナラヒ、指ヲ屈シテ数フレバ、彼ハ無情ノ風ニ誘ハレテ、黄泉ノ客トナリ、彼ハ袂ヲ分チテ遠ク海外ニ航シ、彼ハ父ノ喪ニ遇フテ、郷ニ帰リシヨリ一片ノ音信ナク、今ハ此土ニ我レ独リ、書ヲ披キテモ憂愁ハ、頭ニ宿リテ去リ遣ラズ、恍トシテ眠レド、悶鬱ハ胸裡ニ彷徨シテ絶モセズ、手ヲ挙テ呼ベドモ、冥土ノ彼人ハ、何ノ答モナク、首ヲ側テ叫ベドモ、遠ク航セシ其人ハ、一ノ返事モナサズ。妄想交々胸ニ浮ビ来テ、今宵ノ雨モ我ガ友ヨト呼ブニ似タリケリ、吟虫ノ喞々タル声モ、我ガ親朋ヨト招クガ如シ。生クル者死スルハ世ノ定業、偶フ者別ルヽハ人ノ常態、冥土ノ人ハ余ガ悲嘆ニ暮ルヽヲ見テ、無気力ノ男子ト笑ハンノミ、遠ク航セシ其人ハ怠惰ノ物ヨト嘲ケラメ。止メヨ止メヨト頷《ウナヅ》キテ、首ヲ挙グレバ柱ニ懸ル時辰儀ハ、十二ノ時ヲ報ジ来テ、四方寂寥音モナク、唯聞ユルハ霏々タル雨ノ戸ヲ敲ツト、犬ノ吠声陰カニ響クノミ。》

おさない感傷にとらわれた文章だが、少年久太は漢文脈をよくわきまえて、自由にそれを使いこなしている。この草創期の雑誌にはこのほか、「西郷翁ノ逸事」「少年の義務」「画探し」が採用されている。[*10] 横浜商業での同級生であった今井幸吉もしきりとここに投書しているところをみると、烏水の周辺には、文章を競いあうという少年文人的な雰囲気があったことがわかる。「西郷翁ノ逸事」は西郷が後藤象二郎を訪問したさい、太刀をかりうけたエピソードをひろって、《実ニ英雄ノ交ハリモ奇ナリトコソ云フベケレ》と注記した短文だが、後年とくにつよくあらわれる烏水の歴史叙述の萌芽をここにみることもできる。また「少年の義務」は、明治維新の忠義英傑の士の生き方をのべ、少年はなにをなすべきかを問うて、《爾《なん》ぢが受けたる恩は漠々として際なし、爾ぢ何ぞ振つて日本帝国を興し、前輩の遺志を継がざる》と書き、少年は戦争をもってそれに答えよ、と説く。ただその戦争は《劒風弾雨の裡に屠殺掠奪せる野蛮的戦争に非ず、艨艟《もうどう》を連ねて咆哮たる砲声を轟かすの慓悍なる戦争にも非ず、唯能く商を以て敵を攻め、工を以て敵を撃ち、農を以て敵に逼まるの文明的戦争を以てするなり》といって、硬質な文体でナショナリズムの昂揚をうたっている。ここには興隆期にあった明治の少年の面影がよくつたえられているが、商兵一致をおしえこんだ美沢進の口吻を模していたようにおもわれる。明治十年代から二十年代の啓蒙的時期に教育をうけた彼は、自分自身のうちに、その時代の理想をうけついでいるのだ。

久太の初期文章のなかで、とくにおもしろいのは、日本の観光立国を提言した「国ヲ富マス一奇策[*11]」であろう。これは横浜商業学校を中心に組織された振商会の機関誌「日商之旗」第二号に発表された。振商会は「商業ニ熱心ナル有志者ヲ以テ組織シ学理ト実際トノ知識ヲ交換スルヲ以テ目的トス」という規約にもみられるとおり、横浜財界人によってつくられたものであった。彼らの論説や実務知識などとあわせて、生徒の出来のいい論文を「日商之旗」に掲載している。この久太の論文は、十七歳当時の彼の現実観察と考え方がよくあらわれているので、初期資料として貴重なものとおもわれる。かなりの長文だが、あえて紹介しておきたい。

《語ヲ寄ス。日本ニ国ヲ富マスベキノ材料ナキカ。茫々タル関東ノ沃野、皚々タル北海ノ銀界、以テ民ヲ強クスルニ足リ、鬱々タル九州ノ森林、漫々タル南海ノ白浪、又以テ国ヲ富マスニ足ル。而シテ日本人之ヲ開拓スルヲ知ラズ之ヲ利用スルヲ覚ラザルハ何ゾヤ。蓋《ケダ》シ知ラザルニ非ザルナリ覚ラザルニ非ザルナリ資本ノ乏シキヲ以テ完全ナル工事ヲ起スニ難ク快活ナル商業ヲ営ムニ力ナケレバナリ。余竊《ヒソカ》ニ之ヲ患ヒ聊カ一奇策ヲ案出セリ。然レドモ富国ノ策素トヨリ容易ノ談ニアラズ。実業家之ヲ試ミ学者之ヲ説キ論客之ヲ唱ヘ而シテ常ニ失敗ノ淵ニ沈溺スルヲ免カレズ況《イハ》ンヤ余ガ経験ナク学識ナキ白面ノ一書生タルニ於テヲヤ。然ルニ余漫リニ奇策ト称シ之ヲ議スルヲ憚カラザルハ蓋シ故アルナリ。夫レ其策国ヲ富マスニ近キモ数十年ノ後ニアラズンバ用ヒ難キモノ。或ハ今日ニ施シ得ベキモ夥多ノ資本ヲ投ゼズンバ成功シ難キモノハ決シテ富国ノ奇策ト云フヲ得ザルナリ。資本ヲ投ズル事極メテ僅カニ、時日ヲ費ス事極メテ少ナク、而シテ利益ヲ得ル事、極メテ大ニ、国家ヲ富マスコト極メテ速ナルモノ、始メテ之ヲ奇策ト云フ。余ノ奇策ヲ以テ自ラ許スハ蓋シ此ニ在リ。何ヲカ国ヲ富マス奇策ト云フ。曰ク風光明媚ナル土、山水閑雅ナル地ニ西洋旅館ヲ建築スルノ一事此ナリ。請フ詳ニ之ヲ論ゼン西洋人ハ好奇心ニ富ミ風景ノ美ニ遊ブヲ喜ビ又古代ノ建築、彫刻、絵画、器物等ヲ探リ以テ歴史ノ沿革、美術ノ起源等ヲ詳ニスルヲ嗜ミ且ツ異邦異土ヲ踏ミテ奇話珍談ヲ齎《モタ》ラシ帰ルヲ好ム、故ニ中等以上ノ米人ハ夏日ニ至レバ概ネ暑ヲ欧州ニ避ケ、仏蘭西ノ美術ヲ観察シ、伊太利ノ風光ニ転遊スルヲ以テ一大快楽トナサヾルハナシ、宜ナリ仏国年々ノ歳入ハ旅館ノ収納其多キニ居ルヤ。其他欧州人ガ皆本国ヲ去リテ或ハ世界一週（ママ）ト称シ或ハ東洋観察ト唱ヘ履跡ヲ諸国ニ止ムルヲ以テ其一般ヲ覗ヒ知ル可ナリ。夫レ我日本ハ美術ノ点ニ於テ仏蘭西ニ譲ルコトナク風光ノ点ニ於テ又伊太利ニ劣ルコトナシ而シテ気候ノ西洋人ニ適シ古跡ノ西洋人ヲシテ喜バシムルモノアルハ遥カニ之ニ勝レリ。然ルニ従来西洋人ノ来遊スル者仏蘭西、伊太利ノ如ク多カラザルハ二原因アリ。其一ハ日本ノ新開国ニシテ久シク東洋ノ僻隅ニ蜿マリタル為、西洋人ノ之ヲ知ルモノ少ナク、其儘ニ来遊スルモノハ新聞ノ記事、朋友ノ紹介ニ過ギザルニ由レリ。故ニ先ヅ旅行ノ手引、土地ノ案内及ビ地図等ヲ広ク香港、新嘉坡、志度尼、桑港、紐育、其他都市ノ各所ニ配附シ以テ山川景色ノ美、四時気候ノ順、礦泉海浴ノ便、霊地旧跡ノ勝ヲ知ラシムベシ。其二ハ日本ノ仙境楽土ナルヲ探聞シ意ヲ来遊ニ抱クモノ多シト雖、西洋人ノ旅館乏シクシテ大イニ来遊ノ便ヲ欠クニアリ、偶々西洋人ニシテ日本ノ旅館ニ泊スルアルモ言語通ゼズ。風俗熟セズ。待遇、当ヲ得ズ。食物宜シキヲ得ズ。家屋ノ結構、庭園ノ装飾、皆西洋人ラノ不快ヲ感ゼシムルニ由レリ。故ニ箱根、日光、熱海ノ如キ西洋旅館ノ建築アル地方ハ言ヲ待タズ。京都、大阪、松嶋、宮嶋、橋立、明光浦、富士山麓ノ如キ勝地ニモ宏壮ナル西洋旅館ヲ建築セバ外人ノ来遊スル者日ニ益々多キヲ加フベシ。然レドモ一時ニ全国到ル処ノ勝地ニ旅館ヲ築クハ資本ノ点ニ於テ躊躇スル所、無キニ非ズトナサンカ、即チ先ヅ京都ノ収納ヲ以テ之ヲ大阪ニ及ボシ、大阪ノ収納ヲ以テ之ヲ漸次ニ波及スル等ノ策ヲ取ルモ可ナリ。蓋シ斯クスルモ数年ヲ出デズシテ成功スルガ故ニ時日ヲ費スコト極メテ少ナシト云フヲ得ベク。夥多ノ金銀ヲ要セザルガ故ニ資本ヲ投ズルコト極メテ僅カナリト云フヲ得ベシ。而シテ此策ガ果シテ利益ヲ得ルコト極メテ大ニ、国富ヲ増スコト極メテ速カナルヤ否ヤニ至リテハ余更ニ進ンデ詳論スルヲ憚カラザルベシ。

抑々《ソモソモ》西洋旅館ヲ建築スルニ方リ日本人民ガ受クベキ大利益五アリ。其一ハ外国ヨリ来ル所ノ旅客ヨリ毎年数十万ノ金ヲ得ルコト是ナリ。見ヨ夏時ニ際シテ太西洋航海ノ汽船ハ米人ノ欧州ニ遊ブモノヲ以テ充満シ其多キハ日ニ二百人ヨリ一千人ヲ過グルヲ、故ニ巴里《パリ》ノ花ニ戯ムレ竜動《ロンドン》ノ月ニ遊ブモノ年ニ万ヲ以テ数フルニ至レリ。我邦ニシテ宏壮ナル旅館ヲ設ケ以テ旅客ノ軽便ヲ計ラバ仮令《タトヒ》遊客ノ多キ仏国ニ及バザルトスルモ猶其旅客ヨリ得ル金ハ夥多ニシテ歳入ノ一部分トナルベシ其他欧州ハ冬時ニ於テ気候、最モ宜シカラズ病客ノ如キハ勢ヒ我日本ニ寒ヲ凌ガザルヲ得ズ何トナレバ支那、印度ノ如キ地方ハ市街汚穢ニシテ僻土不潔ナルガ為、足ヲ停メテ鬱ヲ散ジ労ヲ医スベキニ足ラザレバナリ。且ツ西比利亜鉄道ニシテ全ク其落成ヲ見バ益々来遊ノ便ヲ加ヘ魯西亜、西比利亜ニ住スルモノハ殊ニ日本ヲ以テ寒ヲ凌グノ良土トナサン其他印度、濠州、亜米利加ニ住スルモノハ暑ヲ避ケテ身ヲ清風ニ浴シ、眼ヲ奇景ニ洗フヲ以テ一大快楽トナスニ至ラン。此等ノ旅客ガ漫遊スルハ必ズ財産ニ余裕アルモノニシテ貧窮ノ為ストコロニアラズ。且ツ此等ノ旅客ガ滞在スルハ数日或ハ一週日ノ短時日ニアラズシテ一ケ月ヨリ数月ノ長キニ渡ルベシ而シテ此等ノ旅客ハ商売ノ旅行ト異ナリ多ク金ヲ散ジテ顧サル傾向アルベシ斯ク考察シ来リ毎年千余ノ旅客ヲシテ日本ニ滞在セシメバ一人百円ヲ費ストスルモ十万余ノ金ヲ得ベシ況ンヤ年ヲ経ルニ従ヒ旅客ノ増加スルモノ二千トナリ三千トナリ遂ニ一万ヲ超ユルニ於テヲヤ。其二ハ旅客必ズ日本産物ヲ購ヒ以テ本国ニ携ヘ帰ルコト是ナリ。余嘗テ箱根ニ遊ビ森林ヲ経過シ峻坂ヲ攀ヂ登ルニ必ズ銃ヲ肩ニスルノ西洋人、犬ヲ供ニスルノ外国人ニ遇ハザルハナシ而シテ此等ノ旅客ガ持スル所ノ諸品ヲ見ルニ及ンデ始メテ其箱根ノ物産ヲ携フル多キヲ知レリ転ジテ市街ニ到レバ湯本細工ト呼ブ産物ヲ売ル商店アリ、而シテ之ヲ買フ者概ネ西洋婦人ヲ以テ満タサレザルハナシ此等ノ旅客ガ夥多ノ金銀ヲ散ズルハ己レハ富裕ニ依ルト雖、蓋シ西洋ノ一弗ハ我一円廿五銭内外ニ当リ日本人ノ西洋ニ遊ブモノハ難ク西洋人ノ日本ニ遊ブモノハ易キニ由ルナルベシ、凡ソ人、甲ノ土ニ遊ベバ必ズ甲ノ産物ヲ買ヒ、乙ノ地ニ到レバ必ズ乙ノ物品ヲ購ヒ、西洋人ノ日本ニ遊ビ日本ノ品物ヲ携ヘ帰ルハ豈《アニ》怪シムニ足ランヤ。啻《タダ》ニ怪シムニ足ラザルノミナラズ携フル所ノ日本品ヲ朋友ニ贈リ親族ニ与フル（一字不明）ハ一大広告ノ媒トナリ、西洋人一度之ヲ好ムニ及ベバ書ヲ日本ニ在ル知友ニ寄セ日本品ノ購買ヲ委托スルニ至ルベシ蓋《ケダ》シ利益ヲ得ル最良ノ手段ト云フベシ。其三ハ外国人、日本品ノ要用ヲ知ルコト是ナリ、今日西洋諸国ニ輸出スル重要ナル品物ハ絹、茶、陶器、磁器、漆器等ヲ以テ最多トシ其他ノ品物ハ僅少ノ輸出無キニアラネド顧ルニ足ラザルモノ、如シ、然レドモ日本ノ物産豈此等ノ数種ノミニ止マランヤ、他ノ最良最美ナル品種アルモ西洋人之ガ要用ヲ感ゼザルノミ、否要用ヲ感ゼザルニアラズ知ラザルノミ、故ニ旅客日本ニ遊ビテ種々ノ物産ヲ愛好シ未ダ外国ニ輸出アラザルモ頗ブル有益ナルヲ見バ携ヘ帰リテ之ヲ四方ニ伝播シ遂ニ日本ノ輸出品ヲ増加スルニ至ルハ難キニアラザルベシ。其四ハ日本人ヲシテ産業ヲ盛ニスル心ヲ抱カシムコト是ナリ。夫レ日本人ノ耐忍、支那人ニ及バズ。勇気、仏人ニ及バズ。剛毅、英人ニ及バズ。敏捷、米人ニ及バザルハ日本人ノ天性全ク及バザルニアラザルナリ。唯日本人ハ仙境楽土ニ優遊シテ外物ノ刺衝ヲ蒙ルコト少ナカリシ為、常ニ振天動地ノ活劇ヲ世界ニ与エザリシト雖、旅客日本ノ品物ヲ愛シ食物ヲ嗜ミ日本ノ米穀ガ世界ニ無双タルヲ賞シ、醬油、味噌、皆特色ヲ帯ブルヲ喜ビ売買盛ニ行ハル、ニ至レバ日本人ノ冷淡ナルモ漸ク製造、産業ニ心ヲ傾ムクニ至ルベシ、日本人ニシテ既ニ製造、産業ニ心ヲ傾ムケバ支那人ノ忍耐、仏人ノ勇気、英人ノ剛毅、米人ノ敏捷、我ニ於テ何カアラン、此利益タル前者ニ比スレバ稍《ヤヤ》迂遠ナルニ似タリト雖決シテ雲烟過眼ニ附シ去ル可ラザルナリ。其五ハ外国交際ニ非常ノ影響ヲ及ボスコト是ナリ。文学士、千頭清臣氏嘗テ航海ノ途次、数人ノ西洋人ト船室ヲ同フシ談、日本ノ事ニ及ブヤ、西洋人問フテ曰ク日本ナル国ハ支那ノ属国ナルヤ。日本ノ人民ハ古昔人肉ヲ喰フト聞ケリ真ナル歟ト氏大ニ憤激シ席ヲ蹴リテ起チ米人著ス所ノ日本旅行記ヲ取リ之ヲ擲《ス》ツ。彼等其一節ヲ一読シテ大ニ驚嘆シ謝シテ曰ク余輩実ニ貴国人民ノ温厚斯クノ如ク貴国風土ノ佳景斯クノ如キヲ知ラズ漫ニ一属島ヲ以テ比ス、願クハ意ニ介スル勿レト、噫此談話ヲ聞クモノ果シテ何等ノ感情ヲ抱クヤ、苟クモ日本ノ土ニ生レ、日本ノ粟ヲ喰ミ、日本ノ恩ニ浴スルモノハ誰カ潸然トシテ涙下リ泫然トシテ襟湿ハザランヤ。西洋人ガ日本ノ事情ヲ知ラザル為、土地ヲ目シテ不毛トナシ人民ヲ呼ンデ蒙蛮トナスハ実ニ今日ニ始マリシニアラズ而シテ一度日本ノ地ヲ踏ミ日本ノ民ト語ラバ其開化遥ニ支那ヲ凌ギ、敢テ欧米ニ劣ラザルヲ見ルベシ故ニ宏壮ナル旅館ヲ設ケ此等ノ遊客ヲシテ我国ノ美術、絵画、旧跡、霊地ヲ観察セシメバ彼等ハ漸ク日本人ヲ軽ンズルノ念消ユルト共ニ日本国ヲ敬愛スルノ心ヲ生ズベシ此ニ於テ始メテ国際上ノ基礎ヲ鞏固ニスルヲ得ベク対等ナル条約ヲ結ブヲ得ベシ。之ヲ一挙両得ノ奇策ト云ハズシテ将タ何トカ云ハン。

余ガ奇策ハ実ニ這般《シャハン》ノ五大利益ヲ包含スル西洋旅館建築ノ一事ヨリ外ナラズ而《シカ》シテ此旅館建築ノ一事タル。彼ノ石炭ヲ購入シ器械ヲ設置スル如ク莫大ノ資本ヲ投ゼザレバ能ハザルモノニ非ズ。又彼ノ教育アル商人ヲ養成シテ新天地ニ新運動ヲ試マシムル如ク、今日ニ行ヒ得可ラザル漠々茫々タル空論ニ非ズ。只僅カニ山川ノ風景、旧地、古跡、寺社、絵画、彫刻、古器等ヲ保存シ公園、遊戯場、博物館等ニ修繕ヲ加ヘ、先ヅ欧米各国ノ汽船汽車、停車場内ニ地図、案内ヲ配附シ其建築スル所ノ旅館ハ欧米各所ノ旅店ト同ジキヲ期シ、通弁ヲ設ケテ彼我ノ言語ヲ通セシメ各地互ニ共同団結シ規則ヲ厳ニシテ奇利ヲ貪ラズ以テ信用ヲ買フコトヲ務ムレバ可ナルノミ。人或ハ曰ク西洋旅館ヲ建築スル、可ハ即チ可ナリト雖、外人ノ歓心ヲ買フ一手段ニ過ギザルガ如シ男子ノ宜シク行フベキニアラズト、然レドモ今日、短カキ時日ヲ以テ利益ヲ得ルコト極メテ大ニ、少ナキ資本ヲ以テ国富ヲ増スコト極メテ速キハ西洋旅館建築ノ右ニ出ズルモノナシ何ゾ区々タル外人ノ歓心ヲ買フガ如キ卑計拙策ニ依レルモノナランヤ。人又曰ク日本ハ商業ヲ以テ天下ニ誇ルノ置位ニ立タザル可ラズ而シテ今ヤ区々タル山水風光ヲ以テ僅ニ国財ヲ維持スルハ亦悲シムベシト然リト雖、商業ノ戦闘ヲ以テ宇内ノ強国ト争ハンニハ資本ト云ヘル糧食無カル可ラズ。而シテ日本ハ資本ニ乏シキガ故ニ西洋旅館ヲ建築シテ此糧食ヲ製造セザル可ラザルナリ。

語ヲ寄ス、大和ノ民族ヨ、松吹ク風ノ颯々タル山崖ヲ超ヘ、岸打ツ浪ノ滔々タル海辺ヲ過ギテ美術ノ観念ヲ抱カシムルモノハ、是豈木曾ノ山中ノ景ニアラズヤ。雁ハ青天ニ点ジテ字一行、風ハ白浪ヲ翻ヘシテ花千片、是豈東海ノ道中ガ観ニアラズヤ、巴猿叫ンデ行人ノ衣褒ヲ霑ホシ、胡雁一声商客ノ夢ヲ破ルモノハ是豈南海ノ旅宿ニ於ケル威ニアラズヤ。卿等ハ惨憺タル木曾ノ景、閑雅ナル東海ノ観、蕭々タル南海ノ威ヲ以テ徒ニ詩中ノ山トナシ、句中ノ水トナシ、言語ノ感トナシ、樵夫ノ住家トナシ、漁人ノ宿所トナシ、以テ烟滅木朽、聞エザラシメントスルカ。時ハ金ナリ、場所ハ金ナリ而シテ人ノ心ハ又金ナリ。卿等請フ、金ノ時ヲ以テ金ノ場所ニ利用シ、而シテ金ノ心ヲ発揮セラレンコトヲ。》

横浜という開港地にそだって諸外国をみつめ、そして商業学校にまなんで日本のおかれた現実を考えているありさまがおさないながらよくつたえられている。《東洋の諸国が、西洋の強国に、攻略せられ、奴隷にせられ、我が祖国の独立とても心配された時代》にそだったことは彼自身が書いているのだが、《日本は伸びなければならない。頭上の重圧力を、刎《は》ね返さなければならない*12》という時代に生きた少年の、ささやかな証言としてこれを読むこともできる。

横浜商業学校時代に今井幸吉という文学仲間のいたことは、さきにのべたとおりだが、ほかに原田久太郎、西山元ら同好者があったことは「生ひ立ちの記」に書かれている。在学中にこれらの仲間たちとともに久太は「小桜文庫」という文学雑誌を発行したことがあった。

《仮綴ぢの赤表紙で、本文も粗雑極まる洋紙に印刷し、私がたしかゴツ〳〵とした発刊の辞を、漢文直訳調で、堅ツ苦しく書き、原田君が、得意の都々逸や、人情小説の続きものを書いたやうに思ふ》[*13]と彼は書いている。一団の文学青年たちは、このようなかたちで文章表現の場をつくろうとしていた。これは美沢校長の叱責をうける羽目になって、ながつづきはしなかったが、そのぁと明治二十四年になって、蛍雪会を組織して「学燈」という雑誌を刊行している。その奥付には、編集人・小嶋久太、発行人・今井幸吉、印刷人・原田久太郎とぁって、同人たちの時事評論、歴史読物、狂歌、俳句、小説のたぐいが発表されている。これは校外からも購読者をつのって、卒業してからも刊行がつづけられた。久太はここに「近世豪傑物語」を書き、また紀行文を発表している。彼らは青春の一時期を、このように自分のおもいおもいの文章や詩歌をつくって、雅趣にぁそんでいたのである。

久太が「少年文庫」の後身である「文庫」や、おなじ少年園の刊行になる「青年文」（田岡嶺雲編集）に投書しはじめるのは、明治二十八年になってからである。

第三章　滝沢秋暁との出会い

「少年園」「少年文庫」のころから、その愛読者であり投書家であった小島久太が、「文庫」において頭角をあらわしたのは、かなり早い時期のことであった。第五号（明治二十八年十一月）に「燕石十襲」（二月）に「歴史家としての曲亭馬琴」が採用されたのをはじめとして、七号に「燕石十襲」（二十九年一月）、九号に「閨秀小説中の『萩桔梗』を読む」（同二月）、十号に「函嶺紀行」（同三月）、十一号に「横浜に於ける外商と内商」（同四月）、十二号に「『堀川浪の皷』を読む」（同五月）、十三号に「夢の跡」（同六月）が活字になってあらわれている。出世作ともいうべき「一葉女史」が掲載されたのは、十九号（同十一月）においてであった。

「文庫」には光風霽月（評論）、山紫水明（紀行文）、錦心繡腸（小説）、鶯歌燕舞（詩歌）、飛花落葉（雑報雑文）などの欄があり、掲載作品のいずれにも記者が評言をくわえるのを特色としていた。「少年文庫」の記者として活躍した高瀬文淵[*1]が「新文壇」の主幹に転じたあと、滝沢秋暁は残星、五十嵐白蓮は浩濤、河井酔茗は青嵐と、それぞれの別名でもって、投稿に簡潔な批評をくだしていたのである。あるときは絶大な讃辞となって投書家をよろこばせ、あるときは苛酷な忠告文となって文学青年を激怒させた。こういう編集組織は、記者を中心とした詩文の修練の場をつくっていき、また誌友のあいだでは、たがいに遠隔の地にありながらきわめて親密な交友をかもしだしていたようである。島本久恵の記録風小説『長流』はその一部をよくつたえていて、記者は後進にたいして一日の長をかざして臨むというわけではなく、むしろ記者と読者のあいだには兄と弟のような親しみが生まれはじめていた、と書いている。

小島久太その人にとっても、このような同志的な集りにひきつけられ、記者の批評に発奮を感じていたであろうことは容易に想像できる。《故ありて読書の人となることを許されず》という少年の日の環境にありながら、読書と文章表現をこころがけてきた彼だけに、「文庫」という場はかけがえのない存在であった。

彼が少年のころから江戸中期の文章、ことに馬琴や近松の作品をかなり読みこんできたことは、「文庫」初期の投稿文によって知ることができる。

「歴史家としての曲亭馬琴」は、この小説作者に史家としての評価をあたえようとしたものである。そのはじめに《余は常に好みて馬琴の小説を読み、馬琴の文章を誦せり。然れども、只だ其趣向の偉大、其行文の瑰麗を愛づるのみ、只だ其忠孝の二字を捉へ来りて、武士気質を直写し、其過去の三百年を仮り用ゐて、江戸の失政を曲描せるを見たるのみ。未だ小説以外、戯文以外、彼が歴史家として、伎倆の超逸なる、着想の抜群なるを知らざりき》とあるように、歴史家としての馬琴をとり出そうとする。そして『平豊小説弁』や『昔語質屋庫』を例にあげながら、彼がいかにすぐれた眼識をもっていたかをのべている。さらに『江戸地名考小識』のような雑記を読んで、久太は、それがほとんど『南総里見八犬伝』の材料になっていることを指摘する。作者はできるだけ歴史的事実を応用し、地理的描写についてもそれをふまえていて、たとえば、『八犬伝』中の千住河の地勢をのべるあたりは、一篇の風土記を読むようだと書く。この評論では、作家と作品を論ずるための初歩的なあやまりや、文学そのものにたいする理解不足があって、「馬琴論」としてはおさないものだが、烏水の読み方、好みがよくあらわれている点に興味がある。「馬琴ほどのもの、元より幾分の史眼あるべしと雖ども、彼決して史家と称すべきものにあらず。此の篇題を設くる不穏当、従て多少の附会の弁なきにあらず。乍併一種有趣の文字たるを疑はず」という浩濤の選評がそえられたが、たしかに立論自体に牽強附会の要素、強いて言えばひとりよがりのおもむきがある。

　しかしながら傍証の博引はおどろくべきもので、自分の知っている材料のあらゆるものを投入している。一篇のエッセイをまとめあげるために、彼はあまりにも饒舌でありすぎる。烏水・小島久太の数多くの著作のなかで、しばしば考証癖があらわれているのを見ないわけにはいかないが、考証該博であることは読書の人であったことをありありとしめしている。小説を風土記の一篇として読むという読み方と、古来からの紀行文や地誌に造詣の深かったことをおもいあわせると、後年の仕事につながるものとして読むことができる。

　横浜の外国商人の驕暴ぶりと日本人の卑屈さをのべた「横浜に於ける外商と内商」のような社会批判、あるいは当代の文学にかんする読後感など、この時期の久太は筆のおもむくままに「文庫」へ投稿して、「曰く菊池海城、曰く関清村、曰く小島久太、皆之れ本誌上の新勇将」[*2]（青嵐）とまでいわれていたが、なかでも紀行文がおおかた好評であった。

「函嶺紀行」は、徴兵検査のとき知りあった友人岡野金次郎と冬の箱根をたずね、一周したときの紀行で、残星、青嵐、浩濤の三人は異口同音にほめたたえている。「山紫水明欄に於ける近時稀有の好篇なり。作者の四囲の風光に接する、大抵一睨して直ちに其個に景中の最好趣を見出し得るものゝ如し。故に首尾を通じて殆ど蛇足の描写なし」（浩濤）「簡勁にして多趣なる文字、錯綜排列精錬の跡特に深きを覚ゆ、山中の人事見るに従つて録し、却つて風光の美量を増さしむること尤もよし」（残星）と書かれた。その力を得てか、久太はひきつづき紀行文を投稿する。春の鎌倉めぐりを描いた「夢の跡」では、「華麗にして趣ある文字、巧みに雅俗の間を過ぎて用語の富胆を極む」（残星）「小島君の文は最も紀行に適せるが如し、而して本篇は往日の函嶺紀行を超ゆる一歩なり」（青嵐）「論文に、紀行に、批評に、皆これを能くして、而も必ず毎に先頭を立たむと期するもの丶如し、作者の多技感ずべきかな」（浩濤）とまで絶讃された。

記者滝沢秋暁（残星）の文章には辛辣なものがあり、作者の肺腑をえぐるほどの筆力があった。ことに文芸批評、小説にたいする論評にそれがよくあらわれ、久太も痛烈な批判をうけた一人であった。『堀川浪の鼓』を読む」にたいして、秋暁は久太の「眼光を徹はんとするの痕」を見ぬき、内田魯庵の『文学一斑』におさめられた「網島」の解釈にたよっていることを指摘する。近松のこの世話浄瑠璃にたいする解明の方法と叙述について「各段落の首尾の怪しく似たるのみか、梵天六帝釈と阿修羅王との闘争を援用する如き、最も其著しきものにあらずや」とせまられて、久太は次の号で秋暁にあててその心中を告白している。[*3]

《嚮《さき》に「『堀川浪の鼓』を読む」の一篇を投ずるや、落筆怱忙、着想浅露、且つ内田不知庵氏の唾余を舐りたりとて残星氏の咎むるところとなる。余は実に不知庵氏の『文学一斑』を参考し、阿修羅王の例証を援引したり。然れども『天の網島』と『堀川浪の鼓』とは其事実といひ、其文章といひ、似ても似つかぬこと砥石と蒟蒻ほどの相違あり。随ひてかの評言を以て此評言に代用するは竹に木を接ぐより尚ほ難きものあり。不肖余の如きも敢て為さゞるところ、況んや不知庵氏の『天の網島』の解釈は我評の四分の一に及ばざる簡文なるをや。余の批評の精神が全然彼と異なるは余の敢て揚言して憚らざるところなり。只だ余が不知庵氏に私淑するところあり、或点に於て其布置語格を仮り用ゐたるは実に然り。残星氏の所謂「段落の首尾怪しく似たる」譏を受くる所以なる乎。嗟吁余の菲才不文なる、経営未だ足らず推敲殆んど積まず、妄に他の融化を試み、苦心愈よ多くして斧痕益す存し、竟に他の糟粕を嘗むと称せらる。鵜の真似をする鳥水に溺る。余竊に赧然たらずんばあらず。

余、残星氏の批評を読み、痛憤胸に逼り、其夜衾を擁して眠らんとすれども、余の神経質なる、竟に睫を交ふる能はず、謂へらく我には自から我あり、他を模すればとて我を超えて巧妙なる能はず、亦他に傚はざるとも我の平生たるを失はず、何を苦しみて人の後塵を趁ひ、爾く残星氏の舌をして擅にせしめたる。若かず余は自ら余の面目を示さんにはと。即ち床を蹴りて起ち、「夢の跡」一篇を燈下に綴了し翌朝之を投寄せり。仮令批評文と紀行文の差違あるも、余は之を以て他にたよらざる余の文なるを告白し、謹みて雌黄を加へられんことを乞ふ。余尚ほ別に批評文数篇あり、其行文例の如く冗漫、其構思例の如く平凡、大方の清覧を煩はすに足らざれども、満引したる弓は放たざる可らず、余は行掛り上之を公布して所謂前号の模倣文と幾何の径庭あるかを見んとす。余に眼光なきか、将た眼光を衒ふか、余に批評家の資なきか、将た批評家の仮面を蒙むれるか、残星氏願はくは之を今後に徴せよ。》

ここには、久太のすさまじい気魄を読むことができる。不安と自信のいりまじったおもいで「夢の跡」一篇を送っているが、秋暁の方では「委細承知何事の申すべきなし」とさりげなく書いた。文学評論が手いたい欠陥指摘をうけたことは、この一例でもわかるように烏水に緊張の度をふかくしたことは十分に理解できるが、二つの紀行文が好評をうけたのはさきに述べたとおりである。

その年の九月末、久太は「文庫」編輯所にあてて長文の評論「一葉女史」を送った。しかし十一月になっても音沙汰はなかった。久太の秋暁あて書簡のなかに次のものを読むことができる。東京府下北豊嶋郡上駒込村十九番地少年園編輯局にあてた明治二十九年十一月七日の発信のものである。

拝啓　秋冷の候益す御清栄奉賀候　その後は私用にかまけて御無沙汰に打過居候段御海容ヒ《（ママ）》下度候　さて去九月三十日を以て御投稿申上候「一葉女史」と申す評論めかしきもの、例の如く下手な長談義に過ぎたる故にや、没書ヒ仰付候段、誰も哀れとおもふてくれる人も無之候に付き我と我身で御愁傷申上ぐるより外なく候　併しながら凡夫の浅ましさ、執着の心休まねばこそ、せめては遺骸なりとも一ト目対面仕度く候間「原稿返戻の乞に応ぜず」とある御刑法は能く存じ罷在れど貴兄の御取計らひを以て右特別に小生まで御返戻ヒ下候はゞ大慶此上もなく候　たゞし已に紙屑籠に御埋葬相成候上は是非に及ばず候へども、成べくは遺骸御点綴の上、御回送下されたく此段偏に懇願仕候也

十一月七日　　横浜戸太町戸部六百十番地

小島久太

滝沢彦太郎様

二伸　この手紙商店にて認め候まゝ貴兄の本郷に於ける御住所の番地を捜すことを得ず已むなく少年園宛にて差出し候　来春は上京の機会有之べく候に付きその節、是非、拝眉を得たく存じ候　　頓首

この手紙では、久太は、「一葉女史」の原稿が秋暁の許にあると思いこんでいた形跡がある。しかしこの年の九月中旬、秋暁は大患にかかり信州小県郡塩尻村（現在、上田市秋和）の郷里に帰っていた。「一葉女史」は久太の懸念にもかかわらず、この手紙を出した直後、五十嵐白蓮の推薦によって「本誌空前の大批評蓋文壇近時の雄篇」とうたわれ、「文庫」十九号[*4]に飾られることになった。秋暁は病気恢復ののち、数ヵ月は「文庫」の編集に従事したが、家業（養蚕）の繁忙もあって引退せざるを得なくなっていた。

「一葉女史」は、久太の初期作品のなかで論旨にまとまりをみせる唯一の文芸評論である。「文庫」の編集にたずさわった約十年間に、久太はしばしば文芸批評の筆をとって、紅葉や露伴をはじめ鏡花、風葉、魯庵、蘇峰、雪嶺、麗水、水蔭、花圃、楠緒子、晶子、漱石、藤村など同時代の作家や作品を論じているのだが、それらの時評的な文章は、生来の文学好きと「文庫」記者としての現場感覚から生まれたものであろう。しかし樋口一葉にたいする関心は、通り一遍のものではないらしく《読みて其の暗所に至るや、之を悪《にく》まずして之を哀れむの念を生ず、之を撻《う》たんことを欲せずして却て之れがために哭《こく》さんことを思ふ》という読み方をしていることからみても、一葉の描いた下層社会に作者とおなじ共感のこころをいだいていたようにおもわれる。

この評論は「たけくらべ」「にごりえ」の二傑作を中心に「ゆく雲」「十三夜」「わかれ道」などをとりあげて、《其採れる材料、其作れる小説、其抱ける理想》を解明しようとしたものである。一葉が淑徳を重んずべき女性の身にありながら、みずからあえて醜猥な題材をえらんだのは、作者が女性にたいして一種の悲観をもっていたからだ、と久太は言う。《楊台の花、狭斜の月、是れ最も女史が燃えるが如き同情と、涌くが如き熱涙を濺ぎたるところにあらずや》とのべ、彼は江戸文学との比較から書きおこしている。遊里教坊に取材した西鶴や近松は色慾的歓楽の頂点にあった元禄社会を軽妙な筆で写して人をよろこばせたにすぎず、京伝、春水にいたってはいたずらに通を衒い粋を粧って卑猥露骨であり、風俗史の一部を補うことはあってもその社会の人間が書けていないと批判しているのだ。しかし一葉にあっては前人と同じ材料をとっても着眼を異にし《女史の彼等を描くや、明所を写す所あれども暗所却て多く之に伴ふ。感情に脆き所あれども理性の強きこと寧ろ之に過ぐ。その明所を写すや、温乎として愛すべく親しむべし、彼等も人なればなり、良心を有し理非を弁別する人なればなり》《女史は仏を作らずして魔を彫《きざ》む、春雨芳草を賡《かう》する景を描かずして、秋風枯荷を折るの観を写す。其作る所の小説を概括すれば、殆ど一部の堕落史を成す。而もこの堕落史を一貫するものは同情なり、已に同情を以て一貫す……材を狭斜に藉れる如きは、他の作家が或は陳腐なりとして捨て、或は醜猥なりとして拾ふに躊躇せしところ、一葉即ち之を吾香奩《かうれん》の中に収めて却て出色の小説を作りたるは、文字の巧も在るべし、想像の妙も在るべし、然れども殊に同情の力与りて大なるにあらずや》と一葉論を展開するが、同情といい熱涙といい、作家の内面にまで喰い入ろうとする久太の追及はすさまじさをおびている。

紅露逍鷗といわれた明治二十年代の文壇にあって、一葉の名声が不動のものとなったのは、「文学界」に分載されていた「たけくらべ」が、「文芸倶楽部」に再録されてからのこと、一葉の死の七ヵ月まえのことだ。「めさまし草」における鐘礼舎（鷗外）脱天子（露伴）登仙坊（緑雨）の合評「三人冗語」で「たけくらべ」が激賞され、鷗外の有名な「われは縦令世の人に一葉崇拝の嘲を受けんまでも、此人にまことの詩人といふ称をおくることを惜しまざるなり」という一節が世人の注目を喚起せしめるにいたって、その位置が決定づけられたといわれる。しかしそれ以前に一葉を論じた文章がなかったわけではない。田岡嶺雲に「一葉女史」（「青年文」明治二十八年三月）「一葉女史の『にごり江』」（「明治評論」同十二月）「『鰻旦那』と『にごりえ』」(「青年文」同十二月) その他があり、内田魯庵、原抱一庵、宮崎湖処子、後藤宙外などに批評文がある。また久太にも「閨秀小説中の『萩桔梗』を読む」(「文庫」二十九年二月) にみられる花圃と一葉との比較論がある。一葉が禿木、孤蝶、秋骨、藤村らの知己を得て「文学界」に小説を発表していたころは、一般にはさほど読まれたというわけではなく、二十八年一月に創刊された「太陽」「文芸倶楽部」という大きな舞台に立って、はじめて多くの世評にむかえられている。

久太は後年《顧れば余が十幾歳の時なりけむ、「文学界」といへる雑誌を購ひしに……》と書いて「文学界」との接触をおもわせぶりな表現でほのめかしているが、そこで一葉を読んだという形跡はない。はじめて一葉の作品に接したのは、二十八年五月「太陽」誌上の「ゆく雲」においてであった。したがって読者としてはごく自然なりゆきから、この不世出の閨秀作家をむかえたのであろう。しかし久太の二つの一葉論をとおして考えられることは、彼が新聞や雑誌にあらわれた文芸批評をかなり注意ぶかく読んでいることに気づく。

「萩桔梗」論は、「閨秀小説」と名づけられた「文芸倶楽部」の女流作家特集号(二十八年十二月) をとりあげたもので、三宅花圃、小金井喜美子、若松賤子、樋口一葉、北田薄氷、田沢稲舟、大塚楠緒子らの諸作のなかで、一葉の「十三夜」が好評を得ているのに、花圃の

「萩桔梗」はなぜ評家の口にのぼらないのかという発想が執筆の動機となっている。二組の夫婦の日清戦下における他愛のない運命的なものがたりのなかに、烏水は不調和の世に調和の微光をみとめ、一葉の「十三夜」には人生の真相にせまることの「直截大胆」さを読みとって、その結果、花圃を春の花、梅に啼く鶯、一葉を秋の月、紅葉に鳴く鹿にたとえて両者を比較しているのだが、そこには花圃を曲線的、一葉を直線的とたとえた「新文壇」の時文記者の表現をみないわけにはいかない。また「一葉女史」で論じている作者の創作態度、「にごりえ」のお力の解釈、人間善悪の社会的な考察など、田岡嶺雲の所説をなぞったところもみうけられる。

〈吾人は一葉女史が、「濁江」一篇を読みて深く作者が犀利の眼光と、溢るる如き同情とに服す。女史は小説家として優に其の技倆滔々たる当世に抽《ぬき》んづ。……作者はこの厭悪すべき女性に向つて無量の同情をそそぎ、細やかにその同情をうつし来る〉(「一葉女史の『にごり江』」)

〈看よ作者が如何に万斛《ばんこく》の同情を運んで彼等の心情を描き来れるかを、惻々として人をして泣かしめんとす……彼等が所業は素より淫猥なり、彼等が行跡はもとより放縦なり、而《しか》れどもまた一片憐れむべきの心情、かくの如きもののあるを忘る可からず〉(同右)

右に摘出した嶺雲の文章は、一葉の創作態度を簡潔についた個所だが、さきに引用した久太の文章と比較して読むと、嶺雲との共通点がよくわかるのである。

主人公銘酒屋菊の井のお力について、嶺雲の人物解釈は詳細をきわめ、放縦、野卑、浮薄、無貞操のなかに、はかなくあわれな女の心情をたどっているが、「これが一生か、一生がこれか、あゝ嫌だ嫌だ（中略）情ないとても誰も哀れと思ふてくれる人はあるまじく、悲しいと言へば商売がらを嫌ふかと一トロに言はれて仕舞《しまふ》、ゑゝ何うなりとも勝手になれ」（第五章）とお力がうたいかけた端唄をやめて外へとび出すあたりにいたって、「誰か之を読んで衿を沾《うる》ほさざるものぞ、境遇はお力を悲惨の深谷に擠《おとしい》れたり、而かもその父祖遺伝の気象はかくの如き醜陋卑猥の間に在つても猶銷《け》し得ざる也」と、「にごりえ」論の核心にせまっている。「境遇は人をつくるといふ、然り、人の境遇に制せらるること洵《まこと》に大なりと雖も、されども人また其の内奥一点の霊性、之を熱して融けず、之を鋳て而して変ぜざるものあつて存ぜずんばあらず」と冒頭にのべて、このあわれむべき賤婦に深い同情の眼をもって描いた一葉女史、すなわちヒューマニストであるという説を提出したのが嶺雲の論文であった。偽文学者よ去れ、今の日本は汝の如き穀潰の譫言《たわごと》に耳をかすの遑《いとま》あるの時にあらず、偽文学者よ地を払えよ、と叫んで硯友社の文学を徹底的に批判し、社会文学を提唱した嶺雲にしてはじめてなしうる一葉論であった。

久太はその論文の中段「其作れる小説」のなかで「にごりえ」一篇を解剖して、生まれて生活の自由を失い、財のために身売りしたお力であるが、《天は生来の麗質を人に付す、社会則ち其麗質を奇貨として之を弄せり。お力は遂に境遇に改鋳せられて堕落したり》と言っている。その上、嶺雲が引用した五章の一節を援用して《誰か惻怛の情、油然として起らざるものぞ、人を挙げて皆濁れり、白糸安くんぞ染まらざるを得んや》《人は境遇によりて変じ、境遇は第二の性格を作ることとあり。……偶《たま》ま境遇によりて其常態を変じたれど、扨《さ》てこゝに至れば天真の人間あるのみ》と述べている。同情といい境遇といい、田岡嶺雲の所説への共感をよみとることができる。

久太はさらに一葉の諸作や花圃、薄氷の作品に描かれた女性たちについて、《彼等は社会の圧制のために、或は甘んじて人生最大の幸福を犠牲に供し、或は忍びて社会最醜の罪悪を犯す、是れ豈《あに》人生の悲調にあらずや》といっているが、ここにもあきらかに嶺雲の口うつしがみられる。それでは一体、彼の一葉論はどのような位置をしめるものであったか。一葉は、芸術派ないし耽美派的な見地から詩人としてとらえられる面と、女として自由の確立を訴え、社会へのプロテストを行なった作家、下層社会の同情者等々、それぞれの時代によって、読者の考え方によって、さまざまな解釈がなされてきたが、久太のそれは嶺雲のいうヒューマニスト説に同調して自説を展開しているようにおもわれる。久太にはこののちにも「放火犯の少女」をはじめ社会悪をにくむエッセイが多くあるが、社会改革への志向、下層社会への働きかけがあるならば、一葉の存在は彼の若き日の文学体験として何らかのかたちをしめしたはずである。しかしこれだけの大論文を展開したのにもかかわらず、また「一葉女史」の発表されたのが一葉の死の直前という時期であったにもかかわらず、これ以後、彼は一葉文学についてなにもふれていない。嶺雲は一葉の死後、すぐ自分の主宰する「青年文」に「明治二十九年の文壇」を書いて「痛恨のやむ能はざる」こととして一葉の死を悼んでいる。

滝沢秋暁は「一葉女史」を一読したのち、烏水に次のような手紙を書いた。*5

〈小生も、実は過月来、かやうなものを書かんと存じ候ひしが、止まるといふ程でもなくツヒ書き申さず仕舞候。小生の腹稿も大体貴兄のと同じやうなものにて違ふところは、ただ女史の男性に対する見解（蛇足のやうなれど）を添ふること、露伴と比較して批評するとの二つこれあるまでに候。どの作といふことなく、一葉の作を読めば到るところ男子を冷笑し、翻弄し、且つ往々詬罵《かうば》するを見る事にて、一葉自身はドンナ雌物かと思ひやられ候。小生密に思ふ一葉はどう見ても明治の清少納言なりと。鷗外や文淵の、実歴とか閲歴とかいふ議論は、どちらが当るか存ぜねど、小生は嘗て白蓮兄と語りて「一葉は少くとも処女にあらず」

と断じ申候、呵々。

また一葉の文章は、西鶴より来れるやうに人は申し候へ共、小生は西鶴より寧ろ『風流仏』『対髑髏』時代の露伴より来れるやうに考へ候。露伴の文は熱き文には候へ共、思ひもかけぬところに往々冷か至極のところ有之、一葉のは更に其冷たさが甚しく存候。西鶴は笑ふと雖も冷笑は余り致さぬやうに思ひ候。其他細かき語句のさまなどにも中々よく似たるところ有之、勿論露伴とて西鶴より出でたる事は出で候へ共、露伴は自ら西鶴とは違ひたるところ多く、独り文の体のみならば露伴より寧ろ紅葉の方西鶴に近かるべく、然して一葉の文と紅葉の文とは大違ひに候。

理想の点も、露伴と一葉とは、よく似たるやうにて要するに蓋し西鶴は此二百年の間に、更に深くなりて男性の方は露伴となつて現はれ、女性の方は一葉となりて現はれたるものにて、紅葉などは無論他所の子なりと小生は深く信じ候。〉

「一葉女史」によって烏水はその文才を認められることになるが、つぎの秋暁あて烏水書簡（明治三十年一月二十七日発信）では、彼の身辺におこりつつあったあたらしい事態がつたえられている。

拝啓　小生儀去十六日の土曜日に上京　その夜知友の宅に一泊し翌日兼ねて承り居候根津西須賀町なる貴寓を御訪問申上候ところ御帰郷以来未だ一回も御上京無之よし折角の拝眉の栄を得んものをと存居候ところ誠に失望仕候　その后亜山兄の新体詩に対する御評言を拝読仕候ところ未だ御病気御全快無之よしその后の御経過いかに候や　一刻も早く二竪の怠たられんことを祈り居候　さて先日白蓮兄より御書状にて、小生横浜に居てもよろしければ、その地にて文庫編輯の一部分をやつて見よといふ山縣先生の御伝言なるよし、ともかくもと去廿四日の日曜に上京、初めて先生及び蠡湖先生と拝芝の栄を得たり　その節ともかくも来二月廿五日発兌の分を一回だけ試て見よと先生の仰せにて、その日はそのまゝ原稿を持参して帰浜　只今編輯しつゝあるところに有之候　たゞし先生には文庫を毎月二回発兌する御計画有之その可否は貴兄の御上京を待て白蓮兄と共に御相談の上、孰れにか御決断有之候よし、ともかくも小生儀は今回の分だけを分担仕候にて、無経験、無才、無力のことなれば旨く出来れば能いがと余ながら不安心に堪へず尤も小生一先づ取纏め候はゞ東京に郵送し白蓮兄の御校閲を願ふつもりに有之候　又来月の下旬頃に小生今一回上京するつもりにてそのうちには貴兄御全癒御出京の御運びに

相なるべくと存じ候間その節いろ〳〵御指教を累はしたく右願上候　先は右の一事御報知まで　艸々不宣

廿七日　　　　小嶋久太

滝沢彦太郎様

この手紙にみられるような経過から、新記者小島久太は五十嵐白蓮によって二十三号（明治三十年二月）誌上に紹介され、同時に、ひとたび筆を絶とうとした河井酔茗の社中復帰もつたえられた。記者として誌友の原稿を批評するとなると、記者らしい雅号をもたなくてはならない。雅号は文人の袢であるというのが当時の一般的な風潮であったからなにかつけなければならなかった。そこで彼は滝沢秋暁に相談したところ、〝烏水〟をすすめられた。それは《鵜の真似をする烏水に溺る》という彼自身の言葉からとられたものにほかならない。久太は自戒の意味をこめてそれをうけとったのであろう。このことについて後年彼は、「余はそれまで、何にでも本姓名を用ひてゐたので、雅号などとは生意気らしく気がさしてつけられなかつたが、秋暁君より拝領した号を名のることになつてから少しく臆病でなくなつてきた」と回想している。[*6] 秋暁と烏水は、これまで原稿や手紙での親しい往来はあったが、まだ面会の機会はなかった。

「文庫」二十三号は、酔茗と烏水の共同編集になる第一冊として世に問われた。そのとき烏水は二十三歳であった。

「一葉女史」によって烏水の技倆が山縣悌三郎、五十嵐白蓮の認めるところとなり、「文庫」記者に登用されたのは、右のような経過だが、浩濤が「蓋し此の人、批評家として優に大人文壇に闊歩するを得べし」と言わしめ、白蓮をして、「批評大家をして畏れて気死せしむるに足るべし」と言わしめたことは、烏水の「文庫」における活躍を予言したようなものであった。久太が記者として採用されたことは、彼の文筆家としての生涯の方向を決定づける転機でもあった。三森達夫の烏水年譜[*7]では「一葉女史」によって「一躍評論家としての地位をかち得た」とあり、また河井酔茗は「論旨妥当、今日でこそ一葉論を求むれば無限に在るだらう、明治三十年以前に於て此れ丈け的確なる論断を下した人は多くは居ない[*8]」と書いている。たしかに「文庫」における烏水の存在はきわだったものであった。しかし、若年のころの烏水の文章には、なにかに典拠しているところがあって、その上で自分の論陣をはっている。「一葉女史」は田岡嶺雲の所説によっていることはあきらかである。こんなところにも、自身のいう《鵜の真似をする烏水に溺る》の言葉が生きているのであって、烏水という雅号の命名者であった秋暁の慧眼とアイロニーをおもわずにはいられないであろう。同時に槍ヶ岳登山（明治三十五年）の同行者岡野金次郎の「小島は自然に素直に名士たることを享受した」[*9]という人物評を読みかえさないわけにはいかないのである。こう言ったからとて烏水の明治三十年代の輝かしい業績が消え去るわけではない。

「文庫」記者として、原稿の選択、加評文の執筆にあたりはじめた烏水は、正金銀行につとめるかたわら、精力的にその仕事にあたっている。論文、紀行文、小説、詩歌のほか雑文にいたるまで閲読して詳細な論評を書きくわえ、誌友の指導者として「いかにして文を作らん乎」という手引きも書いているが、自分自身の文章は筆にする暇もないくらいの状態となった。この明治三十年には、箱根の宿で不幸な亡友の面影をしのぶ「山中三日」、志賀重昂の『日本風景論』にもとづく感想文「幽寂」、そして「古人の詩歌に見えたる大磯駅」「神武寺の秋夕」などを発表しているにすぎない。そのほかは記者としての役目から、彼はＸＹＺという署名で雑報記事を書いている。いまだに面識のない滝沢秋暁にあてた三十年五月六日付の手紙のなかで《忙はしいといふことは近ごろ一種の符牒となりて責任を避くる屈強の辞柄となり上戸にも下戸にもあまり嫌はれぬ調法に有之候へども小生のは全く忙はしく……朝九時迄に出勤して夕の六七時頃に帰宅、その中より亦食事の時間と眠る時刻をさし引きて正味は朝一時、夕より夜中までの間に文庫の方をかたづけねば相成らず、尤も日曜は終日自由なれど友人に舞込れるやら誘れるやら碌におちつかず候　矢張夜分ならでは真面目な仕事は出来ず候》[*10]と愚痴をこぼしている。島本久恵の『明治詩人伝』によると、記者にあたえられる月々の手当金は七、八円だったという。山縣悌三郎はその晩年、「諸君が、こんなに偉くなられるのやったら、あの時せめて十円か十五円でも出しとくのやったのになあ、いまみたいに原稿料を払うわけやなし、諸君がやってくれさえいれば固定した読者がふえるばっかりやった文庫で、出せんわけなかったんやけど、諸君はええ家の息子やったし、心配ない気がしてしもてたなあ……」[*11]と語っていたというが、烏水は良家の子弟ではなかったから、正金銀行勤務のかたわらの記者としての労苦は察するにあまりあるものがある。

第四章　紀行文家としての出発

高松に生まれ、横浜において成人したという小島烏水にとって、老松小学校時代の二人の友人の存在が、はやくから山水旅行趣味を芽生えさせたことは十分に考えられる。二人の友人とは「乞丐児《こつがいじ》」の一節にみられたとおり、一人は漢文学の久保天随であり、他の一人は沢田牛麿であった。二人が高等学校から帝国大学へとすすみ将来の栄達が約束されてゆくのをみて、《余慚恚《ざんい》血を溺《でき》せり》と烏水が書いたのは、羨望と落胆のいりまじる悲痛な心情の吐露であったが、彼が算盤の人となり了したとはいうものの、さきにのべたように、この二人の友とその家庭環境から、実にかけがえのない「感情教育」を享けていたのである。

『江戸末期の浮世絵』（昭和六年）序文によると、文章、ことに漢文のたくみな久保天随の家では、父の書斎にあった版画と地図入りの『新編相模風土記稿』をみせられて、烏水は歴史と地理と旅行についての興味をおぼえた。沢田牛麿の家では、芳年のかずかずの錦絵をみせられて、子供ごころにも絵草紙蒐集のたのしみを知り、後年の広重や北斎の研究につながっていく。これらは刻苦勉励型の烏水の生いたちと紀行文家としての出発をかんがえる上で、きわめて重要な事柄だとおもう。明治二十九年になって『日本風景論』第六版[*1]を読み、大きな感化をうけたと烏水は語っているが、ひとくちにその影響云々とかんたんに片づけるわけにはいかないものがあるのだ。

《貧乏人に生まれた私は、どんなにか牛麿さんの芳年が羨やましかつたか、又得二さんの家に、相模風土記のやうな立派な本のあることが、嫉ましかつたらう、仮に今の私が、写楽の雲母《きら》摺《ずり》を持ち得たとしても、又沙翁の初版本が手に入つたとしても、恐らく芳年に感心したり、風土記が欲しかつたほどに純真に心を動かされないであらう、おかげで私は、絵紙(浮世絵などといふ名称は知らなかつた)が大好きになり、一つは身体も虚弱なところから、務めて遠足をするやうになつた、それには医師の勧めもあつたが、風土記の誘惑もあつた》と烏水は書いて、のちに登山をはじめたのはその一変形であったと言っているが、少年時代につちかわれた美的感性と旅へのあこがれが、算盤の人、商館の小僧という自己卑下からときはなたれて明確な自覚をもちはじめるのは、「文庫」記者になってからのことである。烏水の書く紀行文が記者仲間や誌友から評判がよかったという直接の原因もあるだろうが、

《我元来衣物を買ふ銭は爪を剝がすより惜しけれど、書を購ふとき、旅行に遣ひ棄つるときは、垢を洗ふほどにもなし》（「浅間山の煙」）[*2]という文章に接すると、その自覚のほどがよくつたわってくるのである。誇張にみちた初期烏水の美文のなかでも、これは真実の表現として素直に読める。

烏水の生涯にわたる一貫した旅行趣味ないし山岳渇仰のこころの生成過程には、少年時代から読んでいた頼山陽や斎藤拙堂の漢文紀行、貝原益軒、沢元愷の文章、あるいはまた中世の紀行文、同時代では幸田露伴、遅塚麗水らの紀行文学に負うところが多いし、浮世絵風景画や歴史地理の書物をとおして東海道や木曾街道に想いをはせていたこと、志賀重昂の『日本風景論』から「江山洵美是吾郷」（大槻磐渓）という国土への愛を学び、さらに重昂や徳富蘇峰の紹介を通じてジョン・ラスキンを知り『近代画家論』に傾倒したことなど、さまざまな要因があげられるが、烏水のおさなごころを刺激した小学校時代の二人の友の名を逸することはできない。

明治三十二年五月、新声社から刊行された『扇頭小景』によって、烏水は自他ともに紀行文家として出発することになるが、この前後の時期に、人間形成と山岳への開眼に大きな役割をはたした、三つの山旅をあげることができる。

　明治三十一年三月十六日、烏水は一人で多摩川上流の旅に出た。勤務先の正金銀行からはじめて賞与金をもらったので、休暇をとってそれを旅の費用にあてたのである。《みすゞかる信濃路の友を訪ひて、木曾より飛驒に入らむか、多摩川を溯りて、なまよみの甲斐に入らむか》[*3]とおもいまよった末、江戸幕府編纂の『新編武蔵風土記稿』のなかで読んだ山間地の風物と人情美にひかれ、後者をえらんだという。信濃路の友とは、兄事していた上田の滝沢秋暁のことだが、このころまだ手紙の往復だけで、秋暁とは面会の機会がなかった。木曾街道は永年にわたる憧憬の地であったが、丹波の風景や言語風俗に触発されたというのは、なにか民俗的な探査の旅というおもむきがあって、『日本風景論』のいう「登山の気風を興作すべし」とは程遠いものである。《弓の如くなる崖に沿ひて流るゝあたり、練絹の茵《しとね》より柔き嫩草を踏み、羽弱き蝶を追ひて、そゞろあるくもいと興あり》とあるように、実際には、おさえきれぬ漂泊へのあこがれが烏水を未知の土地へといざなったのであろう。

　脚絆に草鞋ばきというでたちであった。こうした旅姿はとくに西行宗祇風に好んでつくったというのではなく、日本古来の伝統的な装束が、当時にあっても一般人の実用的な旅姿であった。後年の烏水に「心を鍛へる草鞋の旅」[*4]という文章があり、旅といえば語原に関係なく足袋を連想するといって、継ぎ刺しの厚足袋に草鞋をはいた往時のことどもを回想している。交通機関のそれほど発達していない当時にあっては、旅はすなわち歩行そのものであり、と同時に人間の修行でもあった。彼はこれまで箱根・鎌倉・丹沢（尊仏山）など近隣の土地しか歩いていなかったから、青梅から多摩川をさかのぼり柳沢峠をこえて甲州へ出るという一人旅は、彼の生涯のなかで、はじめての旅らしい旅であったといえる。

青梅から雪をついて歩きだしたが、綿入羽織の下に尻をはしょり、脚絆草鞋に洋傘一本という体たらくでは、山路の困難なことをおもい知らされ、その日は坂上屋という旅籠に泊まり、《小暗き行燈の下》で蕪村の句集を読んだという。翌日、多摩川に沿って上りはじめ、渓谷の筏流しや山村の風景をみて小河内にはいる。十八日は春の雪になやまされつつ丹波山村から柳沢峠をこえるが、猟犬に襲われたり、鹿を捕獲した四五人の猟師たちが《まどゐしてその肉を割く》ありさまをつぶさにみつめたり、また薪を背負う美少女に出会って小説の腹案を得た。雪はおもいのほかふかかったため、丹波山村では《草鞋は旅人の甲冑なりといへる曲亭翁の言葉をおもひ出て、二双ばかり購ひたるに一双は信州草鞋と名けて堅固なるものなり》と記録しているが、この日の行程は困難をきわめたらしく、《火を恋ふ青蛾は焔に焼かるといひけむ、見ぬ柳沢峠の雪景色にあこがれたる我は、この日一生涯に又あるまじき辛い目にあひたりき》とはじめての一人旅の感想をもらしている。その後、彼は塩山の鉱泉宿から甲府城趾、昇仙峡を訪ね、鰍沢から富士川を舟で下って東海道へ出、汽車で横浜に帰った。この旅の体験は「多摩川を溯る記」「丹波山を踰ゆる記」「昇仙峡」「富士川を下る記」などの紀行文、岩殿山についての歴史的考察「鞭骨記」、短篇小説「丹波山」になってあらわれている。

山中で出会った美少女と山村の印象から、露伴の『風流仏』を憶い出し、「丹波山」を書いて「万朝報」の小説募集に応じたというのは、若き日の烏水の客気というべきであろう。村の婚礼、馬にのせられてゆく花嫁、不本意ながら轡をひいてゆく青年、そこに生まれた一瞬の悲劇をえがいたものだが、斎藤緑雨の選によって十月二十三日付の「万朝報」紙上に発表され、彼は賞金十円を得た。

《「たつたひとりの妻鳥を、人に取られてけふ七日、十分の春の好い景色を、七分は涙にくれて見ず、三分は恨に泣いてゐる、聞えやうかや妻鳥に、霞の外の妻鳥に」と聞いて見上るお百合の艶色、身に沁みて瞋恚《しんい》の焔苦雨凄溟、秋気骨を彫みてはつたと睨むおそろしの眼ざし、鞍に堪まらずあれッ勘忍してと叫ぶ女を横抱にしつたくり、、、供の人に吃驚仰天、駈け寄る暇もあらばこそ、我から崖を踏み外せば、悍馬の急坂に鞭つ勢ひにて渦く水にざんぶとば

かり、流れは迅し岩嶮し、黒髪長く恨を木の根に曳きて、それが重いか萩の花ほろほろと翻れ落ちける。》

このような結末を設定したことは、そのころはやりの硯友社小説、とりわけ広津柳浪や江見水蔭の深刻小説を模したものといえる。露伴の紀行文「酔興記」(『枕頭山水』所収)の、洗馬における「額のびやかにして鼻筋通り、菩薩眉、菩薩眼したる」美しい少女は、『風流仏』における花漬売りお辰となって、彫刻家珠運の恋愛に重要な役割をあたえられることになるが、烏水はそれにあやかって「丹波山」に美少女を登場させ、深刻小説のまねごととしてそれを書いたのであろう。露伴の旅の体験は創作のための大きな動機となったが、烏水には生来、小説を書こうとする内的必然性がなかったから、たんなる筆のすさびに終わっている。烏水の初期作品のなかに、小説風なものとしてこのほかにも「よしあし草」に発表した「蛇のぬけ殻」、「万朝報」の懸賞当選作「髑髏盃」などがあるが、たんなる遊びとして人生の一断面をとらえているにすぎない。

烏水は「文庫」の編集について、自作について、ことあるごとに滝沢秋暁に報告し、率直な批評をあおいできた。そしてまた山旅の計画も彼に相談していた形跡がみうけられる。妙

義山登山をおもいたったとき、秋暁からの返信[*5]（明治三十一年八月二十六日付）には、

〈十月には妙義へお出のお催のよし、……実は小生も昨年五月にて候ひしか浅間と妙義を各々一日づゝに見物致候。せはしくあるき候故、妙義は金洞山を見候のみにて、白雲金鶏は一向足踏み仕らず、……あの雄大（大はチト附言なるべし）俊偉の景色は今尚眼底に罷在り、願はくば、も一度と存じ居候。また余計な事をお勧め申すやうには候へども、妙義を御覧され候はゞ、其次は浅間へ御登山可有之と存候。妙義の岩組は、誠に奇らしく、不思議な出来には候へ共、聊か細工に過ぎ候やうにて、浅間はかやうにコセ〳〵したるところは無之候へ共、噴火孔のながめの壮なるは言語に絶したる次第にて、小生は密かに「火山を見ざれば山水を説くなかれ」と云ひたく思ひ居る事にて候。（『日本風景論』にかぶれたるやうなり）〉

妙義山から浅間山へとつづく烏水の登山体験には、このような秋暁の示唆のあったことがわかる。さらに秋暁はおなじ手紙のなかで、白骨温泉についてつぎのように書いている。

〈此春飛驒境の白骨といふ温泉へ参り、雨中十二三里の深谿を跋渉致し候処、此辺半は火山岩、半は花崗岩にて、最も奇怪なるは温泉附近の石灰岩にて候。温泉は性質甚だ峻烈なる炭酸泉にて入浴者、就中小生の如き弱蔵は、先づ睾丸より初めて、全身の表皮クリ〳〵と剝げ申候。かやうな泉質にて候故、所謂湯花といふ硫黄と硅酸石灰質の沈澱物は、見る〳〵湯

槽や湯筧へ滞積致し、人の手を出さぬところは、恰も海産の菊目石のやうに相成居候。湯槽より剝離致候ものを宿にて見候処、厚き石盤やうのものにて、頗る堅緻なる面白きものにて候。かゝる場所にて候事故、附近の岩と土との合の子のやうな処は、空然たる洞穴、縦横にあき居りて、殊には雲霧深き山中故、苔蘚の類、見事に附着致し申居候。この辺にての大奇観は「鬼ケ城」と申す鍾乳洞に候。天下に響き渡る程の大きさには無之候得共、奇観は奇観に相違無之、入口には周り二尺、高さ一丈程なる鍾乳石の自然柱があり、洞の奥には寒冽なる水を湛へ居り、殊に第一番に驚かれ候は、其石化作用に候。此辺に木の葉石など沢山に有之候が、甚だしきは鍾乳の尖より滴り落る水が、楢の枯葉などの上に、落ち〳〵候もの次第に沈澱を生じ、手に取りて見候へば、一面は石にて、一面は全くの木の葉なるもの有之、不思議らしい事に有之候。

此処へ参る道中は、先きに申候如く、火山岩及花崗岩にて梓川といふ河が、矢鱈無性に浸蝕致し殊に昨年の大水にて、道路のコワれ候処は、何と申したらよろしきや。小生は生れて初てあの様な処を通り申候。上からは大石が会釈なく落て参る。下は深さも知れぬ蒼潭にて、オマケに道の形跡は一向なく、僅に丸木を一二本渡したやうな次第にて、ソレは〳〵命がけの道中に候。併し小生は妙義などより、却て面白いやうに存候。貴兄のお出なされ候昇仙峡

といづれかと疑ひ居候。いつか御都合よろしき折、御案内致し度きものに候。〉
画道を志して美術学校に学んだ秋暁だけに、かなり視覚的なとらえ方をしていて、この文面が烏水に遊志をそそのかせたことは容易に想像できる。明治三十五年の槍ヶ岳登山のとき、烏水は白骨温泉経由の迂回路をとることになるが、そこには秋暁の表現が大きく作用したものと考えられる。
この年の十月十六日、烏水は久保天随と妙義山へむかった。天随は赤門派の青年文士として「帝国文学」に漢詩や評論を発表して名があったし、旅の延長として登山を好み紀行文を書いていたから、その活動範囲はむしろ烏水よりひろかったといえる。紀行文家としての天随は、烏水とほぼ雁行して世に出たが、『山水美論』（明治三十三年）の巻頭に「旅行特に登山に就て」いうエッセイがあるのをみてもわかるように、経験といい行動範囲といい、烏水より一日の長があった。この妙義山行について、天随みずからこの旅行の目的を「こたびは人力の及ぶべきほどのところ、残さず探りくれむと、平生旅を命の天随、友なる烏水をそそのかして共に立ち出づ」（『七寸鞋』所収「妙義山の秋」）と書いているように、彼が案内役を買って出たものとおもわれる。事実、五年前の浅間登山の帰りみちにこの山にのぼったことがあるから、今回は二度目の妙義山であった。

烏水にとって、中山道に足をむけることにはもう一つの目的があった。《信濃路の友》である滝沢秋暁に会うことである。秋暁にあてた手紙のなかで《是非とも貴兄と拝顔の栄を得て多年の渇望を慰し併せていろいろの御高教を仰ぎたく》と訴えているところをみても、書面の往復だけでは満足できなかったのかもしれない。秋暁の《洗礼をうけて記者の末班に列し》（三十年九月一日付書簡）た烏水にとっては当然のことであろう。

このころ秋暁は商用で上京し、下総に出かけていたが、烏水からの手紙をうけて、その日は東京の宿舎へもどることになっていた。烏水は約束の午後一時半に、上野車坂の群玉舎に秋暁を訪ねた。

《馬車は上野に停まりぬ。久保青琴結束して停車場に待てり。余は約せることありければ秋暁を停車場前の一旅亭に訪ふ、偶ま白蓮座にあり、絮談僅に半時、発車の時刻迫りしかば、匆忙席を辞して去る。秋暁詩を贈りてわがこの行を餞せらる》*6

これが烏水と秋暁との初対面であった。明治二十八年十一月に「歴史家としての曲亭馬琴」を発表してからの三年間、おそらくその脳裡をはなれることのなかった秋暁が、はじめて烏水の前に姿をあらわしたのである。わずか三十分ほどのなかで、いかなる会話がかわされたのか知る由もないが、「文庫」七十三号の「鬼百合姫百合」で、烏水が《甫めて秋暁と語る、容貌鷙《し》厲《れい》、史記の始皇伝を読む如し》と書いているのは、このときの印象であろう。彼の文章に覇気と鋭さをよみとっていた烏水は、想像していたとおりの、まがうかたなき秋暁をみた。彼から贈られた詩[*7]とはつぎのとおりである。

秋風通ふ関の戸に
いばゆる駒は古の
武蔵野わたり露白く
笛吹き凮すさひては
寒かるらめや旅衣

信濃路近き山々の
朝な朝なに霜あらは
煙りは深き金洞の
峰のもみじ葉などにてか
から紅ゐに染まざらむ

鎌倉山に跡ふりし
つはものどもの夢路をば
もの〻夫ならは弓杖の
筆もて辿るまめ人に
まみえざらむや立田姫

硯が窟文人の
暫しの筆を待ちつけて
さながら写す岩々の
それにも霊の声ありて
仰げば高し石の門

叩きて聴きねこ〻に又
嘗てはめぐる峯々の

奇しく壮きく恠しきに
折るる我慢のまが角の
短きかいな断たまくと
愧ぢつ恨みつ悶えけん
なにがし男なかりしかと

ここには烏水の山川漂泊のあとがうたいこまれ、妙義山への旅立ちにあたたかな声援がおくられている。

この旅は「妙義山の秋」という紀行文にまとめられ、「文庫」六十三号（明治三十二年一月）に発表された。上野出発後の車窓描写からはじまり、高崎より軽井沢線にのりかえて松井田に一泊、金洞金鶏の頂にのぼり紅葉の美しさを満喫して下るという、あいかわらずの美文調で、旅中の出来事が逐一書きこまれている。ただおもしろいことに、秋暁の評語が六号活字で随所にくみこまれている。この形式は江戸期から明治中期ごろまでの漢文にみかけられたものだが、たとえば山路にさしかかって秋の七草を叙するあたりでは、秋暁は「余が登攀は初夏なりき、杉檜路を擁して前に暗く、天南星の花あるかなきかに咲きぬ。風物一変、余れも又来ん年に妙義の秋遊を必ずせん哉」と書きくわえ、鉄鎖をくりよせてのぼった絶頂で《騁望《ていぼう》して我初めてこの山の高きを覚りぬ、信甲の山々、紫騮の鬣を振ひ、跌踶して走るが如く、……浅間山は蒲団着て高臥したらむ如く、迢々たる白雲、巨馬に騎して之に肉薄し……》とその景観をつづるところでは「烏水這《こ》の大観を縮して、如是精細、如是真致、殆ど一繊の遺憾なし。而して余れに至つては却つてまたこれを評するに語なからんとす、愧ぢざらんと欲するも得んや」と秋暁は書きこんでいる。そのほか「山間の実景、写し得て髣髴」「精細及ぶべからず」「頓作対句、此妙烏水にあらざれば能はず」という調子の添え書きもあって、秋暁の妙義登山の経験、または烏水との交友ぶりがにじみでている。こんな文章を掲載したのは、「文庫」記者仲間がしめしあわせて作った、読者とくに投書家へのサービスだったといえるかもしれない。秋暁も烏水も「文庫」においては最も人気のある文士であったから、この紀行文は三十二年新年号の呼びもの記事としてあつかわれている。ともかく横浜と上田において二人の友情が成立してからの、記念すべき文章である。烏水は秋暁から弱点をえぐられて目覚め、そして発奮し、賞揚されて成長してゆく。青年文士の梁山泊をもって任じていた「文庫」のなかにあって、秋暁は烏水のもっともよき先導者であった。

おなじ文章のうち、烏水という雅号の由来について、意見の対立しているのがみられる。

高崎に近い烏川を汽車が通過するところで《かくて日全く没し、烏川をわが名に似たりと青琴のいひたる外は手帖に入らず》と烏水は書く。秋暁は〈烏水が名、余れ其由来を疑ふこと久し、会するの日卒然問ふて曰く、子豈に自から彼の「鵜の真似をする烏」云々に採るところか、其の余れに銜む何ぞ夫れ甚しき烏水洪然笑ふて曰く、然り、たゞ人の問ふあらば隋書の某語に依るといはんと、水滸伝に曰く、九里山前作戦場、牧童拾得旧刀鎗、順風吹起烏江水、好似虞姫別覇王と、詩何等の風流、知らず烏水肯ずるや否や〉と書きこんでいる。烏水は秋暁の命名がみずからの言葉《鵜の真似をする烏水に溺る》によるものと信じ、秋暁の方では《順風吹起烏江水》によったというわけだが、自分がその命名者でありながら、烏水の文名にすこしく遠慮した心づかいをみせている。

この妙義山行は、天随と烏水がはじめから紀行文を書くことを目的にした旅であった。書くために歩き、記事にするために山に登っている。山中の難所にいたって《今まで放たざりし鉛筆と手帖を懐に収め》とか、天随の方でも《烏水は命に亜ぎて宝とせし眼鏡と鉛筆とを刎ね飛ばし》などと描写しているのを読むと、滑稽な取材紀行ともうけとれるし、読者にはそれがおもしろく読まれたのかもしれない。ところが二人の新進紀行文家が合作という意図からはじめた仕事なので、「妙義山の秋」の発表にはおかしな手違いがおこってしまった。

天随は烏水の原稿を借りうけて、ところどころに手を加えたのち、二人の署名で「読売新聞」にわたしてしまったというのだ。

記事は十一月二十八日から連載されはじめたので、「文庫」に発表する予定をたてていた烏水の方では唖然としないわけにはいかなかった。秋暁にあてた十二月九日付の手紙では《今更拍子抜けがして、拙稿訂正するが厭に相成申候。二度のお勤めを「文庫」にさせるとおもへば》とあって、つぎのように訴えている。

《併しあの男、なかなかおもしろき人物にて、小生とは五六歳頃よりの交はり、いはば竹馬の友に有之、このところ少しく鮑叔を気どらねばならぬ事情も有之候につき、不問に附し居候。今ごろは「不意討を喰はしてやつた」とひとりで腹を抱へて悦に入り居候事と存じ候。憲政本党ならねど、看板を取られて、少しく凹み申候。併し新聞のと拙稿とは、文句にいくらも差異有之、殊に貴評を願ふて世間に顔向けすることとなれば、大晦日に買つた花を元日に活けるぐらゐの値ではあるべくと、今夜力めて删正を施し、本便に附して郵送、何分の御高閲を仰ぎ候。「一」より「七」までは前稿を加減したるもの、「八」は先月下旬、東京へ参り候をり、図書館をあらして材料を萃《あつ》め、新に書き足したるもの、新聞には全く載せざるものにて候。尤も、あつてもなくても影響のなきものに有之候。本文の批評につき先日御意見拝聴、冒頭に御加筆願はれ候はゞ小生に取りては最もありがたく、成るべくは左様願ひたきものに候。たゞし御覧に相成候はば、「触れ込程の品物ではなかつた、これなら結尾に二三行書き入れて済むのであつたに」と仰せられけむこと、鏡にかけて睹《み》る如し。これだけが心配に有之候。》

「妙義山の秋」は七章で半紙約四十枚の紀行文だが、烏水は「木曾名所図絵」「毛游紀程」（細川潤次郎）「漫游文集」（沢元愷）などから地名考証をおこない、それを第八章としてくわえている。天随との合作という、やや演技めいたこの紀行文は、以上のようないきさつから「読売新聞」「文庫」発表のものと、『七寸鞋』『扇頭小景』所収のものと、四種類の成稿が活字になっている。

烏水の処女作品集『扇頭小景』[*8]は「多摩川を溯る記」「丹波山を踰ゆる記」「昇仙峡」「鞭骨記」「富士川を下る記」など三十一年春の山旅の成果を巻頭に、鎌倉、大磯、伊豆、箱根、足柄山、妙義山などの旅の記録や随想、さらに漢詩十六篇をくわえて新声社より刊行された。田岡嶺雲『嶺雲揺曳』、田山花袋『ふる郷』、久保天随『山水美論』とともに、初期新声社本の記憶にのこる一書であった。この本のなかで「妙義山の秋」が、冒頭の二章しか収録されなかったのは、久保天随との合作発表といういきさつがあったからであろう。

《宿帳に駄句を書くいたづらが嵩みて、旅に日記は、茶碗に箸より離れがたくなりぬ。……はかなき空想の、上塗り禿げたる古机より、引き出し一杯の反古日記をえりぬきて、こんなものが出来たり》と序文にあるが、好んで書きつづってきた時事的な評論や文芸批評をはずし、山水紀行を中心にまとめたところに、烏水の出発点があった。もちろん若き日の烏水の全貌をつたえるにはいたっていないが、明治の紀行文のなかで幸田露伴、饗庭篁村、遅塚麗水ら文人の流れをつぐものとして位置づけられる。状景描写に誇張が多くみられるのは、漢文脈の影響をまぬがれなかったからとしても、しばしば露伴の『枕頭山水』と比較して論じられてきたのである。秋暁は「蓋し露伴に私淑して、殆んどこれを踰えんとするものか」[*9]という好意的な批評をよせ、江東・千葉亀雄は情、景、文の三点から長文の読後感をのべて「近くは夫れ露伴なる哉、麗水の勃窣《ぼっそつ》、花袋の繊巧、共に高閣に束ねて午睡を誘ふの料となさむのみ、吾今茲《ここ》に烏水を得つ……」[*10]と書いた。これらは「文庫」内部からの批評であったことを加味して考えなければならない。しかしこの新進の処女作集にたいして、つぎの批評のあったことは記憶されてよいであろう。

〈……露伴が往年の枕頭山水、境地の取捨宜しきを得、文章簡勁、垢ぬけして面白かりしが、近年太陽などに見るものは、いたく品下れり、乙羽の千山万水は、名のみいかめしく、文に軽浮の気習あり、時に人をして嘔吐を催さめしむす（ママ）。嗚呼難い哉、紀行の文たるや。こゝに扇頭小景は、十四篇の紀行文を蒐集したる、灑瀟たる小冊子、中は見ぬさきより、その机上の珍たるを覚えぬ。其著者烏水の名にいたりては、屢之を文庫新声等の少年雑誌の上に見て、記臆（ママ）せし所。通談一過、概して之をいへば、根が面白をかしくて而かも罰なき旅のこと、其筆は濃艶、枯澹爾ら之を備へ、時に枕頭山水の彿を伝へたるらしき所あり。文字富贍《ふせん》にして多少の変化を能くするは、大に望あり、勉めて止まずむば行々は確に物に成り了すべし、などは少しく失敬の申分なれども、是れが歯にものきせぬ所、悪しくな御思召されそ、ことの序に、悪まれ口、少したゝけば、時に文法の誤謬あり、漢語の誤用あり、もう一つ描筆才にまかせて走りすぎるの極、瑣砕に流れ、軽卑に陥らむとするにあり。〉[*11]

烏水はこのようにして紀行文家として世にむかえられたのであった。

翌明治三十二年十二月十一日、烏水は浅間山登山に出発する。妙義につづいて浅間をめざしたのは、あきらかに秋暁の示唆によるものであった。そして上田の秋和に秋暁を訪ね、長野の善光寺に詣でたのち、長年の宿願であった木曾路に足をふみ入れることになる。

勤務先から休暇をまとめてもらい、《長の旅路なれば傘を小脇に掻いこみ》小笠原産の行李を肩にかけて、みずから西行被ぎという旅姿で出立した。この旅の成果として、「浅間山の煙」が「文庫」(三十三年一月)に発表されたのをはじめとして、「新声」に「木曾路の話」(同年一月)「本州横断記の一節」(同年三月)を、『水あふひ』(文庫記者編、三十三年八月)に「木曾山中の虹」を、「明星」(三十四年七月)に「鳥居峠」を書いたほか「諏訪湖」「洗馬宿」などの紀行文となってあらわれている。

標高二五四二メートルの浅間山は、烏水が体験したはじめての高山である。妙義山や昇仙峡がその山水趣味をみたしたものとすれば、浅間山は『日本風景論』の著者の強調する火山岩の山であり、そこで壮大な山の空気を味わったにちがいない。のちに烏水が《山岳を好むに至ったのも、浅間山からはじまったので、その当時の印象は、今に忘れられない[*12]》と書いているように、この山旅を契機として、高きを求め未知の山々を探る姿勢が急激にたかまってくる。いわば日本三景式の山水趣味からの脱皮であり、山岳人烏水の誕生をむかえたといえるだろう。その意味で明治三十二年は烏水の年譜のなかで特筆すべき年なのである。

「浅間山の煙」によると、烏水はその日のうちに予定していた追分宿に入ることができず、御代田の宿屋に一泊(当時の軽井沢線には追分駅がなかった)、翌日、宿の五十七歳になる隠居とその息子の案内で追分原から登りはじめている。連れの二人、ことに酒瓢をたずさえた隠居は山登りどころではなく、《休みては歩み、歩みては休む》というありさまであった。そんな尻の重さにあきれつつも、烏水はおもしろおかしい土地の話をききながら、寒さのしみるなかを頂上の火口壁へとたどりつく。

《満山皆砂と焼石とにて、道てふ道もあらずなりぬ、さすがの案内者もかうではなかりしと怯む色あるを、我は絶頂なる火桶のごとき赭ら岩に目をつけ、爺の介抱を忰に任せてわれ只一人胸衝く坂の焦石に杖を深く穿ち、紛々たる露華を眉毛に貫きて匐ひ上りしが、山上の羅紗三領は下界の紙衣一枚より寒き。唐松、五葉松、はや絶えて一寸の青蕪なし、よしや西風白草を吹いて夕日影淡からんとする今なりとも、せめては手の凍らであるべきに、唇辺の青髭に雲母のごときもの凝結するに至りては、淅瀝《せきれき》たる風に吐く息苦し。》

登山の模様と景観をおさめるために鉛筆を寸時たりともはなそうとしない烏水の筆は、あいかわらずの美文調となってあらわれるが、これまでの箱根、鎌倉、相模野、多摩川、甲州、妙義山などの旅を綴った文章などにくらべると、「浅間山の煙」と「秋の木曾街道」連作には、やや硬さがとれてきている。ふくらみのある文章を持つようになったのは、自然のなかに自己を投入してありのままを描こうとしはじめたことによるし、自然観察者として描写に具体的な表現をこころがけたからであろう。

その上、あらずもがなの考証も少なくなってきている。しかし烏水の筆の走りには、粗忽、早のみこみという彼の性格がよくあらわれていて、見えぬはずのものを見たと書いたり、非科学的な表現があって、それが「文庫」投書家の憤激を買うことにもなる。たとえば〈烏水さんに一寸申上ますがね、「浅間山の煙」の中に熊の平からは下りになる様に仰しやいましたが、何うして貴方、軽井沢迄は、矢張り十五分の一とかの上りなんですよ、そして横川から浅間山が見えるつて、嘘ばかり、云つていらつしやるわ……屹度何かの御間違でせうよ、失礼ですが、一寸注意迄に（美佐子）〉[13]という女名前の投書が「文庫」に寄せられている。烏水はすぐさまそれにこたえて《誤謬を指摘せられた美佐子氏に謝す、このことは信濃の秋暁よりも注意を与へられて初めてそれと知りぬ、全く記臆の誤なり、猶至つて粗忽なる小生のことゆゑ今迄の紀行文にもかゝる事なきを保せず、そのときは又御指教を仰ぐ》[14]とあやまってしまうありさまであった。かつて花筏から「紀行文は勧工場にあらず」[15]とからかわれたことのあった烏水の細微描写も、おそらく彼の性格的なものであったかもしれない。

烏水はその後、上田から浅間温泉へむかうことになるが、稲倉《しなくら》峠の頂きで飛驒山脈を遠望し、そのなかに『日本風景論』のいう「海抜三五三一米突《メートル》」の日本第二の高峰槍ヶ岳を見出したのであった。「本州横断記の一節」に《遠くは飛驒の山々蒼茫々として冴えたる空に嶙峋高く踏み跨がり、乗鞍岳の頂ははやくも白雪を戴きて皓衣いとゞ潔らかに、それにつゞきて鎗ヶ岳の中腹には消え残る毳ほどの雲、一抹の中帯ゆたかにうち流して、腰を繞れる群山畳岳、飛蛾の灯にあつまるごとし》という風景描写を読むことができる。これは槍ヶ岳の名が烏水の文章にあらわれた最初のものであろう。後年、青年時代の山旅を回想して、彼は口ぐせのように「槍ヶ岳からの黎明」を語って、あたかも日本登山史上の栄誉を自分自身にひきつけているかのような口吻がみられるが、その初見参は右のようなものだったのである。三十六年執筆の「鎗ヶ岳探険記」では、稲倉峠での遠望について、《突兀として尖葉形の高塔、霄漢《せうかん》に聳えたるさま、四囲《あたり》に山も無げなり、余はかの塔には人間の覗ひ得ざる何物かを秘めたるにあらずやと疑ひぬ、そは宇宙の創造記を刻みたるにてもあるべし》という、登山を終えてからの充足感と気負いにみちた文章となってあらわれている。もしこれがたんなる表現上の変化でなくて、真実の把握であるならば、烏水にとって衝撃的な体験だといっていいであろう。槍の尖塔に《覗い得ざる何物か》をほんとうに感じていたとすれば、明治三十二年の旅は烏水にとって一つの事件であった。

第五章　やれだいこ

明治三十二年を烏水年譜のなかの特筆すべき年としるしたことについて、私には自分なりのもう一つの理由がある。第一著『扇頭小景』の刊行、それにつづく浅間登山と木曾周遊の旅が「槍ヶ岳望見」という大きな衝撃を烏水にあたえたとすると、一方では、この年の「文庫」記者としての体験が、彼に内的な変化をもたらしたと考えられるからである。記者に推輓されて三年目、滝沢秋暁という英才のうしろだてもあって誌上で縦横にふるまっていた彼に、「文庫」内部における筆禍事件がふりかかってきて、はじめて反省の機会を得たといえるかもしれない。

烏水の新体詩批評をめぐる横瀬夜雨、近藤野水、一瀬若葉ら一群の病詩人たちとの諍い、それに関連した秋暁の仲裁、秋暁の「寄稿家諸君に告ぐ」（三十一年十一月）、夜雨の「落栗」（三十二年一月および三月）の発表、烏水の「批評につきて吾所思を告白す」（三十二年二月）の発表および野水にたいする謝罪など一連の事件が、前記三詩人の「文庫」詩壇脱退という結果をまねくにいたったのである。実作者と批評家との確執はいつの時代にもあることだし、またこの事件が文学そのものの本質にわたりあうほどのものでもなかったから、ややともすると見すごされがちだが、「文庫」における記者烏水の成長過程をかんがえるとき、きわめて重要なポイントになっているのではないかとおもう。記者と誌友という間柄のなかでの感情的露出は、批評や紀行文を書いていた烏水にいちじるしい内的変化をあたえ、それが後年の仕事へとつながっていくようにおもえるのだ。

この三十二年をさかいにして、事実、烏水は急激に「山岳」へ傾斜してゆく。乗鞍岳・槍ヶ岳の登山紀行をはじめ「日本山岳美論」のような啓蒙的な論文が「文庫」の山紫水明欄をにぎわし、記者としての本領はむしろ山岳紀行文の開拓に発揮されることになる。そのような誌面の充実ぶりをみて、伊良子清白は「山岳雑詩」連作[*1]を寄せ、その序詩に、

行者烏水は山博士
都出づれば秋風の
信飛の境に雪を喞み

水晶の骨齎らしぬ
即ち彼の手に編める
年のはじめの此巻よ
興獲て玆に題は成る
卓上の山高からず

とうたったほどであった。「年のはじめの此巻よ」とは、具体的には烏水の「鎗ケ岳探険記」第一章が発表された「文庫」第二十二巻第二号（三十六年一月）をさしているのだが、「文庫」は烏水の《山》とともに大きな飛躍をとげてゆく。そこには信州・飛驒・甲斐の未知の自然を探ろうとする、はげしい気魄がこめられている。登山者・文筆家としての烏水の心理的な、内面的な系譜をたどってゆくと、この三十二年の詩人たちとの交渉が起因となって、自己本来の方向をつかみはじめたのではないかという仮説が立てられるのである。

事件そのものの発端は、近藤野水の「八雲小琴」中の「月」（三十一年五月）にたいする烏水の加評にあった。

古へ、人の歌に聞く
筑波の峰ゆ書き添へて
友なる人が語り来し
悲しきとき〻しおもかげの

にはじまる、若葉へ贈る詩について、鳥水は《贈答の歌、これも古より流行の一に数へられたるもの、詩人たるもの須らく七八篇を製して常に坐右に備へ置くべし、いつ何時、返礼をさせらるとも限らねば》と軽くあしらってしまった。これは記者の冷笑とうけとられてもいたし方のないもので、詩人をもって自任している青年にたいして、芸術家であるよりは職人であれといった侮辱的な言辞とよめるものだ。些細なことかもしれないが、これが物議をかもしはじめたのである。

指導的な立場にあった酔茗をはじめ、夜雨・清白らの出現によって活況を呈するにいたった「文庫」詩壇では、このころ贈答詩がひろくおこなわれていた。二、三の例をあげると、夜雨から八朗、秋暁へ、清白から山百合（島木赤彦）へ、自適から小藤（野水の別名）へという具合に、それぞれ遠隔の地に住む詩友が詩を交換していたのである。野水と若葉もその例にもれなかった。「文庫」詩人の贈答詩は、いわば流行現象の一つであった。

月二回刊行の「文庫」に、烏水は毎号といっていいほどに評論を書き、随想、紀行、小説の選をおこなってきたが、ときには酔茗、白蓮とともに新体詩の選にもあたっていた。贈答詩については、たとえば《作者八朗君に贈るに錦繍一反を以てせり、八朗君たるもの又白玉一顆を酬いて之に応ぜざる可からず、詩人互に詞壇に立ちて相見ゆ、おのずから礼儀作法の存するあるなり》《秋暁定めて何とか唱和あるべし、希くば金声玉振を聞くを得む》《朋友の行途を餞するため苦吟一日せる、厚誼欽すべし、余は小藤君が満腔の感謝を作者に捧げられんことを望む》などという加評文を書いて、誌友間の交通整理をおこなっていたのである。論文、小説、紀行文に烏水の的確な加評文があったのにくらべて、「鶯歌燕舞」（詩歌欄）に右のような文章がめだつのは、詩作をしたことのない烏水にとって、贈答詩なんぞどうでもよい事柄だったのである。さすがに俳句や漢詩の選にはあたらなかったが、酔茗・夜雨を頂角とする「文庫」の新体詩にたいして、《詩には全くの盲目で平仄《ひょうそく》と蠟燭を取り違へるほどのあわてもの》と自嘲しながら、記者の役目上、担当せざるを得なかったのであろう。もちろん、右にあげたような文章ばかりを書いていたわけではなく、精読明確な批評文も多く書いている。しかし、みずから詩壇の先頭に立つ酔茗や、「肺腑的批評」を武器とし、詩作もすれば小説も書き、中国文学の翻訳もおこなうという万能の秋暁などと資質を異にしていたところに、烏水の記者としての限界があった。

「月」は、心臓病に苦しみ結核を病む野水が、おなじ「悲しき運命に立てる」若葉に同情して贈ったものである。それにたいし、幼時から佝僂病におかされていた夜雨が同情しないわけはなかった。

人に生まれてかひもなき
　我身のほどは知りながら
思ひかへせば中々に
　呼びしくすしの身にかなひ
かりの命をとどめけむ
　人の情ぞうらめしき*2

とみずからの悲惨な病状を詩に托していた彼は、野水・若葉と親しく詩友の交際をしていただけに、鳥水の言葉をめぐって、秋暁にあてて憤然と怒りをぶちまけたのである。

〈小藤又の名野水（近藤君）はもと薄命の士なり、楽しからぬ故山に在りて心臓を病めり。我語るに若葉君が悲しむべき運命に立てるを以てす。野水君同情禁ぜず、若葉君に贈れる「月に歌うて、古里をこふる心はあり乍ら厭ふは我も等しきに」と言へる、これ豈いたむべき語ならずや。前に若葉が「帰郷賦」を激賞したる鳥水兄は、野水が「月」を冷笑の中に葬りて、よく快きを得べきか。曰く詩人たらんとする者は、かゝる詩を予じめ作りおきて、いつ何時人に返歌さぜらるゝとも、差支へなきやうにすべしと。君は鳥水兄が此言を以て、作者に忠なるものと思ふや。

鳥水兄はわが擁して「文庫」第一の人物なりとなすものなれど、「月」に加へし其評言は、断じて不当なりといふを憚からず。野水亦怒る。依て書を贈りて此意を致せば、兄は誌上を以て弁ぜんと答へらる。まつこと二月、其文出でず、評亦絶ゆ。兄又曰く、

小生の癖として、善罵善謔、言ひたいことを言つて見たきまで。到底小供のお守をするやうな御愛想はかけず候。弁妄の文、アノ批評位に気持を悪くするお方に、小生の弁妄の文を示しなば、ドンナ騒ぎになるやも知れず。矢張やめ申すべく候。

と。是に於て意見の終に合はざるを知り、又かく馬鹿にせられしを憤り、野水と若葉に檄し、

相携へて「文庫」を退かんと促し、ついで別れを君に告げしに、君直ちに書を賜ひて、この度は必ず弁解の文を出すべしと契り玉へり。（中略）翻りて思ふ、兄等僕が輩を以て、兄弟とし視朋友とし視、譴責せんとして、時に残酷におちいり、挑発せんとして、時に熱罵に流るゝことなかりしや[*3]〉

　夜雨が秋暁にあてて、このような激烈な抗議をしめしたのは、秋暁が「寄稿家諸君に告ぐ」で「往々寄稿家諸君の尊厳なる裾裳を胡沙に汚したる読不書生てふ悪虬は、何を隠さむ、かく言ふ秋暁が化身にて候なり。又の名残星。これなる名もよからぬ方面にて今尚諸君が記憶に存すべき名なり」と仮面をぬいだことに触発された結果であった。詩人たちのあいだにわだかまっていた不満が、ここで堰をきって爆発したのである。それもそのはず、夜雨にしてみれば、秋暁が「読不書生」という仮名のもとでおこなった「寄書家月旦」において、彼の詩は十二銭の安本を引用しているのではないかとスッパぬかれたほどの被害者であったし、にくにくしい論争相手の読不書生とは知らずに、親しく秋暁へ詩を贈ったこともあったのだから、夜雨のうらみつらみは二重三重のものであった。敵はあきらかに秋暁であり、烏水なのだ。

　三十一年初夏あたりから詩人のあいだで物議をかもしはじめた烏水の新体詩批評は、秋暁をまきぞえにしてここで完全に燃えはじめた。烏水ははやくもそれを察知していたらしく、三十一年八月三日付の秋暁あて書簡に《この頃、新体詩に対する小生の評が乱暴なりとて大分グズ〳〵いふ人有之やに承り能い機会に遁げ出し申候　この一欄だけ助かると大に楽に相成候》と書いているが、グズ〳〵とか、遁げ出しなどという表現に烏水の苦衷を察することもできる。ともかく三十一年の秋あたりから詩の選は白蓮・酔茗にまかせてしまったのである。

　そこにあらわれたのが秋暁の「寄稿家諸君に告ぐ」という一文であった。

〈語れば長し、さても其昔し、甫《はじ》めて「文庫」の記者たりし頃、「評は甘からんよりは寧ろ苦かれ」てふ主幹の旨をうけつ、及ち諸兄と相識りて専ら寄稿の欠陥のみに目を注ぎつ、一たびかくと見てとりぬれば、言はでに止まぬ詮索三昧、よく〳〵興に乗じて大それたる嘲謔の筆を弄したるも、誰人にも一たびはありとこそ聞け、若気のあやまりに他ならず、但しかくいふも言ひわけめきたらんや。

　文につきて評言のみにては未だ飽かぬ心地もして、時の儕輩文淵高瀬兄と諜り、乃ち「寄書家月旦」の稿を起しにき。たゞ心は只管寄稿者諸君になれど、いはん方なき慮外者とのみや思はれけむ。〉

残星、読不書生の名においてなされた鋭利な批評文は凄絶をきわめていた。そのため投書家はもっともおそれていたのである。秋暁の証言によると、公開の文、匿名の私信で幾度となく詰責をうけたというが、「不親切極まる、酷評といふより寧ろ悪口だ、これから寄稿しやうと思つて居たが、もう嫌になつた」「残星記者の如きは妄語放言其極に達するもの」というものもあれば、ある女名前の投書家をして「妾は憮然として縫針を投げざるを得ず」といわしめたこともあった。このなかで烏水をめぐる事件について秋暁はつぎのように言っている。

〈諸君の物議、これを作家の挙動とし視る、余りに乳臭なり、単にまた男児の行為とし視る、また余りに女々し。僕に於て今諸君を攘責するの権利はこれ有らずと雖も、自然に出づる哄笑の抑ふべからずを奈何せむ。……烏水、彼れ今や諸君が荊鞭の下に引据られ、口には鉄錠の堅きあり、筆には千鈞の重を荷ひて、忍苦の状中々に憐れなれど、嘗ては僕が「堀川波の鼓の評」の評言を苛刻とし怒りて、「残星氏の評言を読みて」の一文に嗔恚の炎を吐き尽し、「一寸の虫にも五分の魂、残星氏これを今後の余が文に徴せよ」と喝したりし気色の凄ましさは、諸君が今日に比して譲るなき一寄稿家なりき。境遇の変人心を更めしむと言ふこと勿れ、寄稿者に反責の権利あれど、記者にはまた故らに嘲謔をなさゞるを得ざるの義務

を有す。蓋し彼は此の権利を有するが為に抗議をなし、また此の義務を有するが為に嘲謔をなせるものに外ならず。〉

そしてただ悲しむべきことに、子供っぽい騒動のために、新体詩欄から一人の警敏なる「指示教導者」を失ってしまったではないか、烏水のような「苛刻にして而も刻薄ならざる」刺戟物は、ほかにどこをさがしても求めようがないのだ、と口をきわめて弁護している。これを読むと、秋暁が弟分である烏水をいかに敬愛していたかがわかるのである。記者の甘言と慰撫を期待して詩作にふける詩人たちに、また「文庫」の将来にたいして、わが烏水の気魄を見習えとばかりに檄をとばしたこの一文には、秋暁の男性的な、しかもスパルタ式教育者の面目をみることもできるだろう。烏水は、秋暁の期待にこたえるべく記者のつとめを果たしてきたが、「文庫」における彼の加評文をかんがえると、秋暁の方法をひきついでいたようにおもわれる。

このようないきさつのなかにあって、詩人たちの憤懣と批判は直言的な発言をする秋暁のみならず記者烏水にもふりかかってくる。夜雨の書面や「落栗」を読んで、烏水は三人の詩人が「文庫」脱退をほのめかしていることを知り、「批評につきて吾所思を告白す」を書かねばならぬ状況に追いこまれてしまった。「月」をめぐる夜雨の激怒に《小供のお守をするやうな御愛想はかけず候》といっていた烏水だが、つぎのように弁明する。
《「月」に加へたる評言の、誣妄なるよしを言ひ越されたるときは、僕はその評言の如何なる物なりしか、即に忘却したりしなり。冷淡といふなかれ、無責任といふなかれ、僕「文庫」記者となりてより今に逮《およ》ぶまで凡そ三年、加評したる詩文の多きは、一千以上に算せらるべし。誰の作、某の題、已に十の八九は脳中を逸し去れり、況んや評言をや、只だ幸に忘れざるものは、自己の姓名と飯を食ふことばかりなり。……僕の「文庫」の記者たるや、当らず障らず、毒にも薬にもならざること、麩の如きを諸君の饌に上さんとはせで、力めて歯ごたへある肉を撰びたりき。されどあまりに多く鯁骨あり、喉を刺すを以て諸君のために叱斥せらる。而して僕猶悔いず、撞木は鐘に、よし折るゝとも、僕のペンは大江の汪洋たるが如く、大岳の邐迤たるが如く、……感興の汪溢に任せて春雷の万蟄を破るが如く、狂ひ廻らむと、心は惴れと腕之に副ふ克はず、悲矣。駑駘いかにして驪黄と競馳を試むべき、肆然筆を下して、贖々の末路に陥り、竟に諸君の弾訶を忝うして、創痍永く癒へざらむとす。》
秋暁のいう烏水の「忍苦の状」と考えあわせると《贖々の末路》と《創痍》は、彼のうちに大きな変化を生じさせはじめたのではないかとかんがえられるのだが、記者の立場と誌友の立場とが根本的に異なることについて、彼はあえて訴えようとしているのだ。騒動の一半は諸君の小心狭量にあり、また一半は自分の放縦恣睢《しき》にあったことをおもい、彼は良心の呵責に苦しんだという。毎月、少年園から送られてくる約三百篇の原稿の採否、刪正、加評を短時日のうちにほどこさねばならない。《神ならぬ身の、いかで全く差謬無しと謂はむや》といい、雑誌が出来上がってあらためて冷静な眼で読みかえすと、ほめ言葉の濫用に《諛に近かりし》ことを後悔することもあったし、けなしすぎて《気の毒でたまらぬ》こともあったという。しかし、それもほとんどおぼえていないといい、「月」にたいしてどんな加評をしたのか忘却したというのは、記者の発言として、無責任な言辞ともうけとれる。「文庫」の寄稿家の多くが、沢田東水（桜木歌二）ののちの発言*4に代表されるように、十年後にいたっても記者の評言をそらんじているほどであったし、烏水にしても残星の言葉を忘れることはなかったとおもうが、記者となってからの烏水が、いちはやく職人的な熟練を身につけて、月々の厖大な投稿を処理していたと想像できないこともない。しかし「月」へのこの加評は、事件のおこるわずか三、四カ月まえになされたものなのだから忘れるはずのものではなく、烏水の発言はかえって「荊鞭の下」のくどくどしい弁解にみえるのである。

一方、野水にたいして烏水は《君が戚々として友を悼《いた》むの情に堪へず、病を力めて推敲したる詩を、それと区別なさざりし吾凡眼は、げに節穴より多く効あるものにあらざりき。よりて玆にかの評を抹殺し、罪を君に待つ》と率直に謝罪の意を表明した。[*5]

この結果、夜雨は「落栗」の続稿を「文庫」に出し、火の手をあげた自分の目的は達せられたとして「わが事畢んぬ」[*6]と書いている。秋暁の懺悔、烏水の弁疏と謝罪によって〈一切の事局をこゝに結びて、楽しき哉、われ枕を高うするを得たり……「落栗」草し終はる時報あり、曰く野水一詩集を留めて文庫を去ると。若葉既に去り、野水亦去る。嗚呼我や終に如何せむ〉と心のこりをいだきながら、夜雨も「文庫」詩壇を去ることになった。若葉は「文庫」にとどまって秋暁の「鼻をヒンマゲテやる筈なれど」とからかい半分に告別の辞を書いた。[*7]三人はその後、酔茗と清白にすすめられて浪華青年文学会の「よしあし草」に作品を発表することとなる。

「文庫」記者の歴史をみると、文淵・秋暁の草創期から、秋暁・酔茗・白蓮の三人時代（駒込千駄木町の植木屋に三人が下宿していたことからその名がある）をへて、烏水をふくむ四頭政治がおこなわれてきたのだが、社主山縣悌三郎の「評は甘からんより寧ろ苦かれ」という主旨をうけながら、編集をおこなってきたのであった。それだけに記者の奇警な、紙背に徹する評言が文学青年におもしろがられていたし、「文庫」には論争がたえなかった。読不書生の「寄書家月旦」、含忍坊の「傑作評判記」「寄書家漫評」、清白の「玉手凾」などをめぐって実に多くの青年たちが筆戦に参加していた。烏水もきわだった文筆活動のゆえにしばしば批判の対象とされ、また売られた喧嘩を買ってでるというぐあいに、だれはばかることなく議論し、立ちふるまっていたのである。記者の力があずかって「文庫」は自由の天地となり、活況を呈するにいたったといえるのだが、この明治三十一年から三十二年にかけてくりひろげられた烏水をめぐる論戦も、「文庫」論争史のひとこまであった。しかし結果として自分の評言を抹殺するにいたったことは、他に例のない事件であって、烏水は内心の苦悩をかくしきれなかったにちがいない。

「わが事畢んぬ」と述べて「文庫」を去った夜雨であったが、彼は約半年後に「文庫」にもどることになった。そこには彼のよき理解者であった酔茗の精神的な支援と、清白や、一色醒川の大宝村訪問、長期滞在ということが復帰のための力になったものとおもわれる。しかしどうしてこんなに早く激怒を癒しえたのか、よく納得できぬふしもあるが、病身ながらやんちゃな一面をもつ夜雨は、かえって烏水に親近感をもつようになる。横瀬隆雄の『横瀬夜雨』（昭和四十一年）によると〈「文庫」の方も一時の感情から勝手に飛び出した形であったから、冷却期間が過ぎれば旧に復する性質のものであった。その間誌友の斡旋もあったに違いないが、九月には白浪（醒川の旧号）との合作を「文庫」に載せ、烏水とも旧に倍する交わりを結ぶようになったのであった。夜雨の性格が引き起こしたような小事件であった〉という。

十月十五日、夜雨は病軀をおして上京する。東京における醒川の不遇を知って「あづまのみやこはわが久恋の地にあらざりけり」*8（酔茗あて書簡）と失望をおさえきれなかったが、十一月三日の松風会（「文庫」誌友会）を待ちのぞんでいたのである。その前夜、夜雨は従妹につきそわれて横浜山王台の税関官舎六十三号に烏水を訪ねた。烏水にしてみれば信州・木曾路の旅から帰ってまもなくのことで、まだそのほとぼりのさめやらぬころであった。「折よく烏水君かへり来れり、洋服にてめがねかけたる背の高き方なり、夕飯お馳走にあづかりて従妹は品川迄かへり、小生は広き室に烏水君と雑談中使をや走らしたる、山崎紫紅君来り、ます〱快きまどゐとなりて十一時まで語り、其夜は小生は烏水君のへやにねたり、見れば机といはず本箱の上といはず、壁より棚をつるしてかざれる書物の多き」と二人の初対面の状景を酔茗あて夜雨書簡によむことができる。烏水の方では松風会のあとで記した「松の落葉一ツ二ツ」のなかで、つぎのように夜雨を描いている。

《翌朝我は夜雨君を護りて上野に赴く、……夜雨君は幼き頃より脊髄病にて悩みたまふ、その歩むや足に微顫あり、四周を物色するとき眼に些曇あるが如し、聴感亦甚だ敏ならず、傴僂の状をなして矮軀を席の一隅に運び、喋黙して古仏の如くに端坐したるとき、風骨一層の秋を添ふ、その貌殆ど真摯の権化なり。紫紅君嘆じて曰く我初めて真箇の詩人を見たりと、彼由来悪謔、人を人とも思はず、この時初めて真面目なり。》

このころ上京して、やがては「文庫」記者に推されることとなる千葉江東は、この日の印象を烏水にあててつぎのように書き送っている。

〈名にのみ聞きたる詩友の会合、薄倖詩人夜雨君を始めとして諸氏の面貌躍如、只今猶睫間を消え申さず、実に近来無比の大快事と存ぜられ候[*9]。〉

夜雨は烏水と枕をならべて寝たこの松風会の前夜、一つの詩想を得た。失われた恋、病いとのたたかい、「文庫」の仲間たち、「月」をめぐるさまざまな言動、「あづまのみやこ」、筑波の山、慈母……烏水の書斎にあって夜雨の脳裡に去来したのは、このような思いであったろうか。それは夜風の傑作の一つ「やれだいこ」のひびきであった。

花なる人の
　こひしとて

月に泣いたは
　夢ぢやもの
たて綻びし
　ころも手に
涙の痕の
　しるくとも
うき世にあさき
　我なれば
きみもさのみは
　とがめじ
――花なる人の
　恋しとて

月に泣いたは
　ゆめぢやもの――
つらけれど、紅葉
　綾なす葦穂ろの
麓に今は
　帰らうよ
破《ヤブ》れ太皷は
　叩けどならぬ
落る涙を
　知るや君

島本久恵の『長流』によると、夜雨は、酔茗にだけは「どんな些細なことでも報告し、余人には打明けかねる心の中のこまかいことまでも」書き送ったというから、秋暁と烏水の間柄とよく似たものであったにちがいない。この「鳥水の家に宿りて」との副題をもつ「やれだいこ」は、酔茗あて夜雨書簡によると十二月二十三日の夜十二時に完成したという。翌年二月「文庫」七十九号に掲載されたが、酔茗は「洗錬正に足る、熟したる哉夜雨の調、夜雨一度京に上る、日ならず去て又故山に帰れり、其間の消息此詩に於て窺ひ得ざるとせんや」と感想をつけくわえた。

烏水は後年、「筑波根詩人」[*10]という題のもとに夜雨追憶を書き、詩に大して執着をもっていない自分であるが、「やれだいこ」の最後の一節ばかりは、時おり口を衝いて出てくると語っている。薄幸詩人の境涯をおもう、烏水の悲痛な嘆きがつたわってくる好文章だが、「文庫」における夜雨との確執には一言もふれていない。

第六章　本州横断の山旅

烏水が『日本風景論』をはじめて手にしたのは、第六版（明治二十九年六月）であったというが、この啓蒙的な地理学書が、彼の文章のなかにふかく影をおとしはじめるのは、明治三十三年以降のことである。それ以前には「幽寂」（三十年七月）のような文章があるが、『日本風景論』開巻第一章の日本風景の瀟洒、美、跌宕にならい、烏水は幽寂をあげて《古館荒廃して人見えず、空尽す年年満地の花》《駅馬暁烟を踏みて残月に嘶く、悠々たるかな、馬上の人、路傍白玉一峯璨として我を邀《むか》ふるを知らず》などと三十項目をかかげている。それはきわめて文学的な、情緒的な受けとめ方であった。ところが、三十二年秋の信州・木曾の旅以後は、地理・地質・気候などの描写に志賀重昂流の科学的な表現が随所にちりばめられてくるのである。

烏水と同年の木暮理太郎は少年時代から宗教登山の講中にくわわって富士山や木曾御岳に

のぼっていたが、『日本風景論』第三版（二十八年三月）に接するにおよんで「中部日本の大花崗岩塊」の記述に触発され、その代表的高山を一つのこらずのぼりたいと念願したという。翌二十九年八月には、彼は単独で針の木峠から立山にのぼり、つづいて乗鞍岳・木曾御岳・木曾駒ヶ岳・甲斐駒ヶ岳・金峰山をきわめたが、「恐らく当時の多くもなかつたらうと思はれる登山者で、此書を読んで多大の感化を受けなかつたものはあるまい。二十八、九年から三十五、六年頃にかけて、北アルプスの登山者が次第に増加するやうになつたのは、これは私だけの考であるが、其影響によるものと想像する。しかし多いと言つても知れたもので、河野齢蔵君が三十一年に白馬岳に登り、三十五年に小島烏水君が槍ケ岳に登つたのが著しいものであつた[*1]」と書いているように、『日本風景論』が日清戦役後の興隆期にあった日本の青年たちにつよい刺戟をあたえたことはいうまでもない。ましてや煙霞の痼疾あるものを未知の大自然へとみちびいたことは十分に納得できる。

志賀重昂の風景論の基調をなすものは「日本には気候、海流の多変多様なる事」「日本には水蒸気の多量なること」「日本には火山岩の多々なる事」「日本には流水の浸蝕激烈なる事」の四項目である。そして青年にたいして、登山の気風を興作すべし、風景の保護につとめよと訴えているが、そこには西洋のあたらしい科学的な知識と日本古来の情緒的な表現が混在している。

烏水にとって『日本風景論』の新鮮味は、未知の高山の紹介記事と、地理的概説における科学的分析と綜合にあった。それ以前の彼のなかに、もし風景鑑賞法なるものがあったとすると、絵草紙や地誌的な知識、もしくは漢文紀行によるものであったから、『日本風景論』のなかの伝統的な要素はことあたらしいものではなかったであろう。むしろ興味の対象は「水蒸気の現象」であり「古生紀山脈」「火口湖」「花崗岩の山岳」などという科学用語であった。三十三年一月、彼は「浅間山の煙」を発表したが、その登山記で肝心の噴火口を五、六行ですませたことを遺憾とし《かの後半は断然截棄すると同時に、新に稿を起したいとおもふ》と書いて「浅間山の噴火」をKK生の名のもとに二回にわたって「文庫」に書いている。この年の一月から三月にかけておこった浅間山の鳴動と噴煙について資料をあつめ、天明の噴火におよんでいるが、このなかに「地文学者の説に由る」として、地球の生成から日本の山脈の生いたちを縷々説明している。

《日本の山脈を大別すると、樺太山系と支那山系、この二つに属するので、この二系には地皮凝固の際に構成された古生紀山脈と、これから次に噴起した火山質脈と凡てを含んでゐる。……先づ火山で支那山系に属するものは、九州四国中国（白山彙）濃飛山脈（立山彙）

木曾山脈（御岳駒ケ岳等）などで、信濃の山の大部分はこの支那山系中の、木曾山脈に属してゐる。それで浅間もこの帯に属するかといふと前にも話した通り、信濃は両系の山脈が撞突した焦点であるから、諸系の山が混じ合てゐて……》

このように鳥水の文章にはききなれぬ学術用語が横行しはじめる。登山記を《截棄》し、このような補足をして火山を描こうとしている。そこには「日本国や、実に北来南来二大火山力の衝突点に当り」と説く『日本風景論』の影響のあとがみられ、その祖述に興味をもちはじめているのだ。その後に発表された「日本人の風流と植物保護」においては《我日本、秀立天に参する山岳と、その山岳より漉下して隘峡を開闢し……或は流水作用によりて滓渣的沖積を堆積し……》という講義録のごとき口調で日本の国土を説きおこし、日本人がいかに自然を愛し樹木や花卉を保護したかをのべて、足柄の古刹最乗寺で写し得たきびしい制札(足利時代）を紹介する。「山中草木総而猥不可切事。於本木截者可截頸事。於截枝者可截手脚事。於截葉者可截指事。於刈草者可截鬚髪事。」ここには重昂のいう日本風景の保護の教えが生きている。また「嚼氷汎歯」では、日本の油絵の色がうすぐらく、詩歌に厭世の傾向がつよいのはなぜかという問いから、気候風土と生物との関係、水蒸気の多量なること、嗜好の濃淡、日本人の色彩の観念などをのべて《僕も水蒸気多量国に人となつた仕合せに、濃よりも淡を好み、快活よりも陰鬱を愛する傾きがある》としるしたり、あるいは「湖論」では、湖水を分類して平地湖、砂土湖、高岡湖、火山湖の四つをあげ、なかでもとくに曾遊の地からみて火山湖の美しさを菩薩、清僧にたとえ《沈黙、澄徹、塵なく翳なし、何ぞその真理の如く哲学者の如く》とたたえている。ここでいう曾遊の地とは芦ノ湖、富士五湖、諏訪湖、赤城大沼、榛名湖、中禅寺湖の六カ所をさしているのだが、後三者はそれまでに行ったという形跡はないから、烏水がいかに背のびをしてこれらの論文を書いていたかがわかる。それも新詩社の与謝野鉄幹からの依頼によって「明星」に自説として発表しているのである。

このような烏水の文筆活動のかげに『日本風景論』があったことは否めない事実である。「日本人の風流と植物保護」は第七章「日本風景の保護」により、「嚼氷沁歯」は第三章「水蒸気の多量なる事」により、「湖論」は第四章中の「火口湖」に触発されて、興味のおもむくままに書いたものであることは歴然としている。群馬県生まれの木暮理太郎は他者に吹聴することもなく、黙々と自己のたのしみを培養していったが、横浜育ちの烏水は『日本風景論』を理論的な武器として、自己の領域を拡大していった。ここに山岳人の二つのタイプをみることができるだろう。一方は山そのものとの永劫の対話をつづけ、他方は山を書くために登り、人に知らせるために登るのだと。どちらを選ぶかは人の自由である。

「文庫」記者としての烏水のこのような急激な転移をみて、慧眼なる滝沢秋暁がそれを見のがすわけはなかった。この時期の文章が『銀河』にまとめられた直後、彼はすぐさま「『銀河』小評」[*2]を書いて、《系を矧川に承け》ていることを喝破しているのだ。烏水がいそいで『日本風景論』『河及湖沢』を吸収しようとするありさまに業をにやしているのである。〈彼の国人挙げて戦勝の余威に酔ふの時に際し、巧みに其驕慢を迎ひ、今日より見れば、一部尨大の冊子、徒らに名山案内記たる他に何等の価値もなき『日本風景論』なるものを崇拝すること祖師の如く、粗雑なる科学的智識を衒はんとするの形跡あるを惜まずんばあらざる也〉と書いて、国粋的な言動に酔う烏水へ苦言を呈しているが、さらにつづけて〈想ふに烏水は生れながらにして詩人也。其の科学者たらんには、湿潤に過ぎ、多血に過ぎ、最も頭脳の粗雑に過ぐ。されば其考窮は毎に志すところの一方に偏して、自家先づ嘉すところ、例へば如上の数種の如き、庇護、動《やや》もすれば苦々しきもの莫《な》くんばあらず〉という言葉は、烏水その人の性情を知る秋暁の的確な批評であった。しかし、その酷評に抗して烏水が自分の道をえらび、『日本山水論』や『山水無盡蔵』の形成にむかっていったことは、彼が剛の人であったことをしめしている。

三十二年の事件以来、「文庫」記者としての烏水の批評には鋒先が鈍ってきたようである。秋暁あての手紙では、評論がさびれ自分も多忙と怠惰から書けぬことをほのめかしているが、実際には誌面のおもしろさを匿名批評によって再興させようと画策していたこともあった。誌友のかまびすしい声のなかにあって、彼自身もしばしば六号記事において槍玉にあげられている。秋暁はすでに編集をはなれ、三十三年一月には千葉江東が入社する。古株の烏水は「文庫」の実権をにぎるようになっていたが、「烏水といふ人は旅行の好きな人だから、必然色の黒い人だらう、白蓮は小説が好きだから、何んとなく神経質な男だらう」「子が号は何処から出たか、秋暁子は鳥江の水と仰せられたが、どうだか。ほのかに聞けば、鵜の真似する烏水に溺ると言ふ処から名づけたそうな」などという記者評が散見されるほどに、彼は誌友の間でたえず話のたねにされているのだ。また読者からは、「馬糞をたたいてみるあなただから万事ぬかりはあるまいけれど、へんな気取りはやめてもらいたい」という投書をうけたりもしている。

「文界雑報」(三十三年四月)によると、烏水は近く新声社より「本州横断記」を出版する予定で、四月、ふたたび美濃に入り、これより飛騨の深山幽谷を跋渉し越後の海岸に出る旨がつたえられている。これは前年の旅につづくものであった。「浅間山の煙」や「木曾路の話」

などに、「本州横断記」の一節であることが注記されていたように、当初から中部地方の旅行記の執筆を計画していた。八月の「新声」にはその出版予告[*3]が出されている。そんなことから烏水の旅は当時の青年文壇の注目の的となっていたようにおもわれる。しかし彼は旅行の時間を得られぬまま、春をおくり夏をすごした。九月には山縣悌三郎の招きで、白蓮、江東、清白、秋暁、夜雨、酔茗、紫紅ら記者および同人格の面々と箱根塔の沢に旅行し、楽しい二日間をすごしたことは、合作文「寄木細工[*4]」にくわしい。懸案の本州横断の旅が実現できたのは、十月に入ってからであった。

明治三十三年十月六日夜、横浜発。その出立のまえに、横浜港検疫所に医員としてつとめたばかりの清白は、自宅に烏水と紫紅を招いて祝宴をはってくれた。そして清白は「信濃路は火の山多し火の山の荒神さきく旅をまもり給へ[*5]」の一首を旅立ちの烏水に贈っている。同行の岡野金次郎は、二十七年の徴兵検査のとき、同じ不合格のよしみで知りあった山仲間であった。

旅程については、平湯温泉から白蓮にあてた十月十四日付の手紙「飛驒客信[*6]」につたえられているが、それによると七日朝、誌友余語琴雨にむかえられて名古屋着、市中を散策し名古屋城の金鯱をみて夜汽車の眠りからさめたという。午後岐阜にむかい誌友神戸春酔の家に泊まる。近傍に住む「文庫」誌友があつまって《酒を置いて胡坐文を談ず》とあり、この夜の小宴は箱根以来の歓会であったと白蓮につたえている。このような足どりをみても、「文庫」の中心的存在としての烏水がいかに歓迎されていたかがわかる。翌日からは益田川をさかのぼり中山七里の道をあるき、「籠渡し」の体験を壮絶壮絶としるし、二日がかりで高山に入る。ここでもまた初対面の誌友にむかえられ、宮川にのぞむ月波楼という料理屋に招かれた。悪態狼藉の青年画家に栗々坊主の似顔絵をかかれ《兀山に薄《すすき》多からぬ恨みかな》の句をそえ、芸者の歌をきいて和歌を一二首ものした。夜がふけて宿に帰ると、岡野金次郎は《孤影粛として猶日記を認めつゝあつた》という。岡野は烏水の山仲間であったとしても、文学上の交友にははいりこまなかったのであろう。各地で「文庫」仲間の歓待をうけて、下戸の烏水は酒をすすめられるままに附きあっているのだが、《小生の文中酒の字多きを以て、往々「水鳥記」中の人物に誤解せらるゝには閉口》とあるように、連日の酒宴には困惑していたのである。しかし、高山禿筆会（「文庫」誌友会）の仲間から多くのものを学びとってきたし、高山の書店主平田山栗から曾我耐軒の『幽討余録』二巻を借りうけているところをみても、こうしたつきあいをけっして無駄にはしていなかったようである。烏水にとって『幽討余録』は『風流使者記』（荻生徂徠）とならんで紀行文学の古典の位置をしめるものとなり、後年、耐軒小伝を書いたほどであった。

十二日、八里の道をあるき、平湯にはいる。前年、洗馬峠から木曾街道を南下したことのあった彼は、《さる仔細ありて》念願の飛驒にはいることができなかった。仔細とはおそらくあたえられた休暇の日限をさすのであろうが、このたびの旅行は、志賀重昂が「飛驒に入るの記」の末尾に言う「飛驒の山水に秀絶せる此の如し、我れ詞人書客の此処に遊ぶ者特に少きを憾とす、請ふ飛驒に遊ばん哉」という言葉にこたえるのに十分な日程であった。それだけにこの約一年間、彼は「地文の書」をよみあさって飛驒の研究をかさねてきたのである。

烏水は平湯滞在と乗鞍岳登山の様子を、白蓮にあててつぎのように書き送っている。

《乗鞍岳麓の平湯に二日間滞在入浴す、地誌に曰く「此地は万山囲繞の中にあり、霜雪早く隕ち、田禾登らず、故に播種の候に至れば、温湯を隴畝《らうほ》の間に注ぎ、始て耕作に従事す、然らざれば秋穫を失すと云」と、生活の低きこと、住民の樸魯なること、確に三世紀以前の状態にあり、今時の日本にかやうな土地を見るのが不思議に感ずる程なり。入浴の他に無為、平田氏より借りたる曾我耐軒の飛驒紀行『幽討余録』を読むで且抄す、王荊公の詩に曰く「茅簷相対坐終日」と今日の境遇なり、山妻也た解す羈客の情、栗を焼き、蕎麦餅を製して羞《すす》む、風味殊に可なり。

全山雲霧、この地に入りてより未だ旭光を見ず、今日意を決して乗鞍登山を首尾よく決行したり、乗鞍絶頂の大観は、それこそ天下無比といふ字を、七たび累ねても多きを厭はず、孰れ「文庫」にて紹介いたしたき心組に候。寓に帰れば既に七時半、雲扯れて初めて星光を仰ぎぬ、快太甚。

飛驒の紀行は、確に前人未着手のところに及ぶことを得るのみならず、従来本邦に散見する飛驒紀行中、最版図のひろきことを自信す、明日は結束船津に向ふ筈なり。

露華涼冷の夜、平湯の客窓に、カンテラを掲げ、破机の上に禿筆を走らす。山中に入りてより茲に十日、未だ一葉の新聞紙を手にせず、北清の雲気如何、「秋気入金創」北京城中横槊の武夫に、領たばや傷に特効ある平湯の鉱泉を。》

このときの紀行文は「文庫」第百号の巻頭に「乗鞍岳に登る記」として発表され、さらに「飛驒乗鞍岳の絶頂」が書きつがれた。紀行は論文とおもむきを異にして、念入りに書かなければ気がすまないと語ってきた烏水だけに、かなりの時間をかけて取りくんでいるのだが、これまでの例にもれず、前文がながく、登山の実際については簡単にかたづけてしまっている。そのため未完のままに終わっている。しかし飛驒の山川によせる積年のおもいと、信飛国境の乗鞍岳をめざす、若き日の烏水の意気ごみがよくつたえられている。

高山を出て袈裟山千光寺をこえたあたりで、《斑らに雪を戴きて山鳩の翼を張りたるがそのまゝ化石しけむやうに色鮮かに、形は両端突兀として骨高く、央やゝ凹みて長く亙れる不規則の円錐体》を発見し、それがめざす乗鞍岳だと知る。そのときのよろこびを彼は次のように表現している。

《あはれ乗鞍岳よ、威厳ある乗鞍岳よ、昂々然として大丈夫の風貌ある乗鞍岳よ、草枕うたゝ寝の夢に夢みたるを、今初めて見参に入りたる乗鞍岳よ、快し、明日かの頂に跨りて東山東海を睥睨せむか。》

平湯へ行く道すじの自然景観、丹生川にかかる一本丸太の危橋、巡査、行商人の往来、茶屋で出された隠元の塩煮のことなどを書きとめながら、平湯峠をこえる。当時十四軒しかなかった平湯では、彦助宿にとまるが、混浴の共同浴場、食物、人情などを生き生きと写していて、その紀行は文学作品としてゆたかなものになっている。そして《九月まではこの猫額大の土地に浴客三百名許ありたり、時に五百に上ることもあり、昔は全村の戸数二十一なりしが、今は纔《わづか》に十四を残すのみ、婚家は一村内にのみ限りて通ぜられたりしが、今はさる偏狭なる制度もおのづと撤去せられたりとか》と人文地理的観察を書きつけている。

十月十四日、六時起床。彦助を案内に出発する。彦助宿の前の駄菓子屋の主人も同伴する予定だったのだが、《物忌み》のため山を汚すおそれありということで参加しなかった。全山雲霧という状態のなかを三人は登ってゆく。いつしか森林帯をつきでて、岩ばかりの涸れ沢をつめ、偃松の尾根にたどりつくが、寒気のため水洟をすするほどであった。《振り仰げば乗鞍の山腹以上、模糊としておぼろに一幅の山路、槎枒たる怪石狼藉飛躍、ひた押しに天に参して本土の骨髄なる、信飛境上、わが乗鞍や、木曾の御岳や、はた直立一万一千七百尺、富士に亜《つ》いで峨々たる攢峰に一頭地を挺んでたる、かの姿雄々しき鎗ケ岳や、こや周天の二十八宿、億兆の群星乱れて飛べる山々に衛られて、森然として霄漢に聳立するを見ずや》と、はしょったかたちの文章でこの紀行をしめくくっているが、実は頂上の描写におよんでいないのである。登山行為の終極点が絶頂にあるとすれば、その記録はその到達点まで書きのこすべきである。天候不順によりくわしい紀行を作るだけの材料がなかったため、未完に終わったという同情の声もないわけではないが、烏水がうたた寝の夢に夢みた宿願の乗鞍岳であるだけに、いかにも残念なことである。白蓮あての「飛驒客信」では、絶頂の大観を《それこそ天下無比といふ字を、七たび累ねても多きを厭はず》と抽象的な美辞でもって綴っているが、実体はない。

一行が平湯の宿にもどったのは、午後七時半、皮肉なことに雲がきれて空には星が輝いていた。

岡野金次郎の証言によると、頂上では霧が濃くてあいにく展望がきかず、風は寒く坐ることも休むこともできないので、頂上を歩きながら握りめしを食ったという。突然、霧がはれて槍のように尖った高山があらわれた。

〈案内者に聞くと槍ケ岳だという。二人は暫く呆然として、槍の尖端部を見詰めた。それは私の人生における最初のそして最大の感激のクライマックスであつたが、それは小島にとつても同様であつたようだ。〉[*7]

明治二十五年八月、ウェストンは友人ミラーとともに信州側からはいって、おなじ平湯からこの乗鞍岳の頂上に立ち、北方の「偉大な岩塔や切り立った尾根」を眺め、いったん下山したのち安房峠から島々、徳本峠、槍沢を経由して槍ヶ岳をきわめたのだが、烏水・金次郎の一行は、乗鞍岳登山の二年後に白骨温泉から槍ヶ岳をめざすことになる。日本アルプスの早期登山者のうち、この二組の登山者を槍ヶ岳にむすびつけた乗鞍岳は、まさに奇しき因縁の山であった。

乗鞍岳登山をおえた二人は、高原川にそって船津、東茂住、富山へと下り、船を利用して直江津に出た。東京へ直行する岡野とは田口でわかれ、烏水は妙高山に登る目的でひとり赤倉に入った。香岳楼という宿屋に草鞋をぬいだが、日本海での船酔いがなおりきっていないため妙高登山を断念、温泉にひたって旅のおわりをたのしんだ。宿の園丁からきいた話として《外国人の測量器を携へて登山したること、外国婦人の平気にして山嶺を窮めたること、それに反し邦人の至つて意気地なく、わづかの山阪にも駕の中にへたばること》などの見聞を「赤倉温泉」のなかに記録している。

烏水が意図した本州横断徒歩旅行が、二年がかりで達成されたことになるが、刊行を予定していた「本州横断記」はついに陽の目をみずにおわっている。しかしこの年の山旅についても、横浜から赤倉にいたる約二十日近くのあいだ、彼はその旅程の忠実な記録者として終始したのであった。しかし乗鞍山頂の景観だけは、後年の回想というかたちでしかあらわれていない。「鎗ケ岳探険記」のなかで、乗鞍岳についで妙高山をきわめたといい、《面に当りて直前槍目、天柱の屹として揺がざるものあるを見る、その頂は純白に洗はれて瑩然たり》とそこからの槍ヶ岳展望を記しているが、妙高の山頂には立たなかったようである。

十一月三日、天長節を期して秋期松風会が上野公園韻松亭でひらかれた。この集まりはたびかさなるごとに参会者がふえて、この日は、四十六名の誌友が一堂に会したと「文庫」に記録されている。当日のプログラムのなかの演説、談話において横浜党が大いに活躍した。その立役者は烏水であり、清白、紫紅であった。烏水は飛驒の山旅のみやげ話を語り、清白はその反対に水に縁のある船について、紫紅は近松の院本と謡曲との関係を語るというぐあいに、それぞれ得意の領域の話題をくりひろげたのだ。司会者であった酔茗はつぎのように烏水の演説の模様を書いている。

〈愈よ演説となつた。茶碗をのせた机を前に控ゑ、坐をかためて旅行談を初め出したのは小島君である。今秋廿日ばかり飛驒より北陸の山水を踏破した実歴談で、山の事に就いては新しき咄が少なからずあつたやうだ。舌の運転の早い事と言つたら、九段の坂を自転車で駈下りるより早く、滔々と述べ去り述べ来りて、山へ登るのに登り易い山から初めて、険山に及ぼすのは平凡な旅行家のやる事で、私は人の登らない高い険しい山から先づ探険を遂げて、常の山にも登つてみやうと思ふ、それでなくては面白くもなく利益もない、併し低い山から段々探険しやうと思ふ人があつたら先づ其辺の摺鉢山から始める事だと、言放つた時は、一箇の負けじ魂が躍々として浮動して居た。〉*8

ここには烏水のはげしい登高欲があらわれはじめている。しかし、この酔茗の書き方が烏水には不満であったらしく、次の号で《それでなくては面白くも利益もない》というような断定は、決してしなかったつもりだと取消している。[*9] 烏水みずからの品位にかかわる発言だけに気にかかったのであろうが、深山幽谷をきわめ、自信にあふれた烏水の発言として、気魄がこもっている。この旅行談をもとに彼は「飛驒山水談」を翌年一月から四回にわたって発表することになるが、そこには「登山家」としての烏水が明確にあらわれてくる。

この松風会はたいへんな盛会で、二室十五畳の部屋に参会者がはいりきれず、障子をはずして縁側に坐りこみ、ついには庭に床几を並べて席を設けたほどであった。烏水はこの盛況を主幹（山縣悌三郎）や常陸の夜雨にみせたかったと語っているが、「文庫」の先頭に立つ彼としては、快心の演説をしたこの日の盛況が、よほどうれしかったにちがいない。会のなかばごろ「演説談話身振評判記」なる一文を投書するものがあって、それには「烏水氏の高山の呼上げ方は流石に本職だけあつて、決算報告的に、七《なな》、四《よん》の字の読方に、銀行張たるが耳立ちぬ、口調は其文の如く鋭俊なり」とあり、一同の喝采をあびた。夕色が不忍池にうつるころ、烏水は閉会の辞をのべ、森田米松（のちの草平）の発案で、両陛下、東宮殿下万歳を三唱、さらに白蓮の発議で松風会万歳、「文庫」万歳を三唱した。散会したあとで、烏水は「松風会の人々は、凡て兄弟の様な心地のみする」[*10]と江東につたえたという。

旅先から白蓮にあてた「飛騨客信」は、おなじ三十三年執筆のエッセイ「日本人の風流と植物保護」「絵画と色彩」「湖論」や、「冬の富士」「富士の姿絵」「法師蟬」「丹波山」「懺悔」「小壺日記」などの紀行・随想・小説とともに、翌三十四年八月刊行の『銀河』[*11]（内外出版協会刊）におさめられた。

秋暁からきびしい批評をうけたことは前述したとおりだが、河井酔茗は「『銀河』を読む」[*12]と題して、六連からなる詩をつくっている。

月はみそらに生れたり
君、地の上に生れたり
まびさしあげて仰がんに
光は胸を射透さむ

霊ある山はふところに
よき湖を抱きたり
神の文箱をそとあけて

人、山水をわたくしす

狩場の裾野駿河の海
雪よ雲よと仰がれて
姫なる神はもどかしく
呼びたまはんをのぼれ君

小さき富士を手に撫でゝ
山王山の森かげに
詩をあざやかにいろどらん
雲の絵巻の紐を解く

世をわらんづに踏みしめて
あとみかえらぬ旅の子の
姫蔦からむ岩角に

裾こそ裂いて帰りたれ

花が匂いに足りぬとて
夕、山百合に頬はふれで
日記に洩れたるひめ言の
恋は袂にかくしたり

『銀河』は奥付によると明治三十三年八月十八日発行となっているが、以上の経過をたどってみてわかるように、これは完全な誤りである。三十三年十月の「明星」に発表された「湖論」も、十月十四日付で平湯温泉から発信された「飛騨客信」も、そのような本に収録されるはずはないからである。単純な誤植だといってしまえばそれですむことだが、鳥水自身が作製した著作目録でも三十三年となっており、そのために明治文献研究家や山岳史研究者がみなおなじ轍をふまされている。

第七章　飛驒山水談

明治三十四年一月から四回にわたって「文庫」に分載した「飛驒山水談」は、烏水の二回にわたる山旅のみやげ話である。実地見聞と文献資料の調査をもとにした飛驒概説である。これがたとえ松風会の席での講演であったにせよ、彼の本領と目される紀行文の執筆にさきだって誌上に発表されたこの文章では、山に深く入りはじめた《登山家》烏水の姿がはっきりとあらわれてくる。酔茗の言う「一箇の負けじ魂」が、彼のうちに大きな自信をともなって躍動するのである。

彼が本州横断の旅行を企てたのは、信濃・飛驒が地理学者のいう支那山系、樺太山系の結合点であり集中点であって、太平洋から日本海へと横断することによって、日本の頂稜を綜合してみることができるとの意図にあった。それとともに古代さながらの自然相を秘めている飛驒の山々が、彼の遊志をそそのかしたのであった。

はじめに烏水は自分がなぜ《山遊び》を好むか、ということを誌友に説きおこしている。《自然はどれもこれも皆美である。山野河海孰れに優れ劣りはないが、私が殊に山を愛するのは、仁者は山を愛すとかいふ格言から、割出したのではない。山は多くの自然若しくは総べての自然を包含するからである》と言い、動物・植物・鉱物・天候などあらゆる自然界の珍客に接することによって、彼はそこに至上の幸福を得るのだと語っている。また自分のような欠点だらけの人間が、最も高潔で円満になり得る瞬間は、高山の絶頂に立ったときで、《何物の在はしますかは知らねども》とおのずから涙がこぼれると語っているところをみても、烏水のなかの博物学的な興味と精神的な悦楽が、あたかも信仰のように彼を山へ追い立てはじめ、《山が高ければ高いだけ、包含が広く、大きくなるから》と高山にたいする全面的な肯定がくりひろげられる。烏水がこのような山岳への姿勢を率直に表明したのは、はじめてのことである。浅間登山以後、虚心になって熟読したとおもわれる『日本風景論』の「山は自然界の最も興味ある者、最も豪健なる者、最も高潔なる者、最も神聖なる者、登山の気風興作せざるべからず、大いに興作せざるべからず」の気概が、はじめて烏水の口をとおしてあらわれたといえる。

このころの烏水の高山にたいする認識は、『日本風景論』をはじめとする地理学書と陸地測量部のきわめて不完全な輯製図によるものであった。富士山につぐものとして高度順につぎの十一座をあげている。鎗ケ岳、穂高山、乗鞍岳、御岳、白峰、赤石山、駒ケ岳、立山、八ケ岳、鳳凰山、白山。《この中で鎗ケ岳、穂高山、乗鞍岳、御岳は北から南へかけて連つてゐる富士帯に属した飛騨山脈で、日本では峻秀無敵である、中に就いて一番高いのは鎗ケ岳で、一番大きいのは乗鞍である。穂高山は乗鞍岳の北に隣つて居る山で峻秀鎗ケ岳に亜いで、日本第三の位置を占めて居るが、あまり知つた人はない》とあって、三十三年の秋にその頂をきわめた乗鞍岳は、実に日本第四の高峰という自覚にもとづいている。烏水がその頂上に立ったとき、全山雲霧のなかで槍の穂先を雲の切れ間にみたことは前章でのべたとおりだが、飛驒山脈の山々および越前美濃の境上にある白山山系について、彼はその大観をおさめたかのような口調で語っている。ここにみられるのは地理上の概観であり地誌類による認識であり、烏水のうちに醸成されつつあった山岳知識の綜合的な表現であったといえるだろう。

これら日本中央部の高山につよく惹かれはじめたのにくらべて、古来からの宗教登山の山々にたいする批判が生まれているのは興味あることである。日本の盟主ともいうべき富士山は、《遠望の好きな割合に、登るのは私は好ましくないのです》と言って、つぎのようにつづけている。

《白妙の衣を着て雲を劈いて屹立したところは、自分で理想化するのかも知りませぬが、詩神の権化のやうに念はれて、崇拝の念を固めますが、現実の山を踏みたくおもはないのです。何故といへば、富士山ばかりではありませぬが、立山でも白山でも、少しく俗間に持囃される山は、毎年夏になると、白衣の道者どもの迷信から汚されるので、山頂は一種の宿屋とでもいふべき小舎もあり、水も銭で売る、妙な印形も銭で押す、御師とか山伏とかいう俗物が、御弊を担ぐ、役の行者だとか、本地垂迹の霊場とか、胎内潜りだとか、夢の浮橋だとか、天狗だとか、何が何だとか、人間が細工をするだけ山が繁昌する、それだけ自然を毀ちもし、汚しもするのであるから、私は近づかない方が賢いとおもふ。》

この発言は、烏水が近代登山の精神をおのずともちはじめたことを意味している。これがのちの登山事蹟とつながってゆくことはいうまでもない。彼のいう《非人寰》の大自然こそ、探索の最大目標であった。二回にわたる信州飛驒の山旅によって、いわゆる文人墨客の山水趣味からの脱皮がなされているのであって、未知なるものをさぐり、高きを求めてやまない彼のなかのアルピニズムがうちだされてゆく。

「飛驒山水談」では、まだ交通の未発達であったこの国の地形・水系・気候などが概説されている。とりわけ彼が興味をしめしているのは山上の火口湖である。乗鞍岳登山にさきだって「湖論」を発表した烏水は《今秋飛騨に入りて日本第一の高湖、乗鞍岳の大池（周回三里）に遊ばんとす、結束の日近きにあり、感興自ら禁ぜず、湖論を作りて遥かに山霊に捧ぐ》と書き、紀行のなかに実地見聞を書くと言いながら、結局、書かずにおわってしまったのだが、ここでは火口湖の観察がすこしくのべられている。

《飛騨には火山が攢列してをるから、火に湖が多からうと想像するが、地誌は僅に二個を挙げたばかりで、これは前にも述べた乗鞍岳南麓の大池（別名杣ケ池、周囲三里東西一里余、南北三十丁余）と同岳北麓大丹生池（周回二里東西二十丁、南北一里余）とである、大池は水が清澄で、旱魃のときは土民が雨乞ひにゆくさうであるが、私は北麓平湯口から乗鞍岳に登つたゝめに、この池は見ずに了つた。併し大丹生池は見た、これは水が藍の如く青く濁みて、障壁は煉瓦の燃え残りのやうに赭く禿げて、風物凄其、久しく居るに堪へなかつた。ところが愈よ絶嶺に上ると、在る、在る、大いに在る、亀ケ池、鶴ノ池、不消池《キエズガイケ》、五の池、権現ケ池などで、孰れも火口趾か、さなくば窪地に雨の堪へたもので、五の池などは大雨があれば、一ッの池と化《な》つて了ふのである。》

と書いて、頂上の池沼群に目をかがやかせている。そしてさらに、

《乗鞍一山ですら斯くの如くであるから、連綿たる峻嶺高岳を、片つ端から跨にかければ、池沼は決してこれに止まらないものとおもふ。健脚に任せて、載籍以外の池沼を発見するのも快心ではないか。》

と、未知の山々にたいする登高欲を横溢させている。

「飛驒山水談」を発表した三十四年の一月、烏水は「文壇に於ける『文庫』の位置」を書いて指導的立場を明確にしているのだが、あらたに「文庫」誌上において企画したのは、「山水談」「頭陀袋」の二つの記事募集[*1]であった。それは紀行文欄刷新のこころみでもあった。紀行文学は饗庭篁村、幸田露伴、遅塚麗水、大町桂月らの力があずかって明治文学のなかに独自のジャンルを占めるにいたったが、烏水はここではじめて《山岳》をその領域にとりいれようとしている。従来の紀行文のほとんどが、山様水態の描写を主とする美文調のものであったのにたいし、彼は《登山》そのものとそれにまつわる地質、植物、動物、気候、天体などに関する学術的な報告や、またそのほか各地の人情、風俗、言語、産業など多方面にわたる緻密な評論や記実を望んでいたのである。その一例として、彼は松代の「信生」の手になる「戸隠山植物採集紀行」という三年前の没原稿をほりおこし、朱筆をほどこして誌上に紹介した。そこで植物の形態、色彩、採集後の保存の方法などについて言及されたことは

《趣味を啓発し嗜好を動かすこと尠からざるべし》と言い、さらに投書家にむかって《かの何々文作法、何々字彙の類より、無意識の句を触手に抽きて、恣に文中に嵌する如きは沙汰の限りと知るべし》とうったえている。一記者の名において、烏水はあたらしい視点からの原稿を、つぎのようなかたちで募ったのであった。

山水談　山水の評論、もしくは紹介、何にても新らしきは可なり、成るべく瑣細なる談片よりも、首尾纏まりたる方を望む。たゞし誰も知れる名所古蹟の由来などを、長々と講釈する類は採らず。

頭陀袋　旅行中に起りたる一切の出来事、快きこと、可笑しきこと、恐ろしきこと、悦ばしきこと、怪しきこと、哀しきこと、腹立たしきこと、その外いかなる種類を問はず、長短に論なく寄せらるべし。旅行に関する一大談話室を、この袋の中の材料より、借りて築かばやとおもふはいかに。

右のような意図のなかに、修め得た学術、養い得た批評眼を十分にもちこむよう、誌友に期待をかけていたのであって、さらに彼は紀行文についての評論をおこそうとしたのである。

新しい紀行文家として自任していた烏水にとって、「飛驒山水談」の発表が大きな支えとなっていることも否定できない。それは槍ヶ岳登山後の「山岳案内募集」（三十五年十一月）にまで発展してゆく。

一大刷新とまでうたった「文庫」紀行文欄には、その後どのような成果があらわれたのか。「文庫」初期において「蝦夷山水」[*2]その他で頭角をあらわした菊池海城は文を捨てて行方がわからなくなっていたし、『煙霞小景』『七寸鞋』『山水美論』『檜木笠』などの紀行文集[*3]を出した友人の久保天随は、また「新文芸」の主筆として一家をなしていたし、「文庫」では烏水とならぶものがなかった。めぼしい存在といえば「日本人の富士紀行」「三峰詣」「なやみの旅路」「木曾御岳」[*4]などを書いた山崎紫紅と、「犀川を下る記」「秋の檜嶺越え」[*5]で登場した新人・吉江孤雁（喬松）であった。そのほか土屋竜鳳、山口吟風という常連をはじめ、すこしおくれて真下飛泉、大塚甲山、相馬御風らの名がみられるが、孤雁、御風をのぞいては、いずれも一家を形成するにはいたらなかったし、烏水の山博士ぶりをこえるものはあらわれなかった。烏水の意図が実現されるには、「文庫」以外のところで、日本博物学同志会の高野鷹蔵、武田久吉、河田羆、梅沢親光らや『日本山嶽志』の草稿を作成していた高頭仁兵衛の出現まで待たなければならなかった。

烏水が旅行先の各地で誌友の歓待をうけ、また松風会での講演「飛驒山水談」の内容がつたわるにおよんで、地方の読者のあいだでは、それが大きな話題となった。反響のなかにはこんど信濃方面へ旅行するときはぜひ立ちよってほしい、「乍不及勝地案内仕る可く候」というものもあれば、とくに高山からは、会えなかったのは返すがえすも残念だといわんばかりに「承はれば今春紀行成るとか、又松風会の席上にて飛驒山水通を振廻したまひしとか、都人士の哀れさも、さこそと想ひやられ候。迂生は断言す、飛驒山水を説かんと欲すれば、小白川大白川谷を見ざる可らずと、貴兄幸に二週日の閑暇を得ば、も一度来たまはずや」[*6]（前越千穎）という手紙が、烏水のもとにまいこんでいる。一月二十日にひらかれた「禿筆会」（飛驒文庫誌友会）では余興に福引があり、「烏水さんの飛驒土産」とかけて景品に大風呂敷がひろげられ、それをもらった今井天邑は「しらま弓斐太の美哉景を一つゝみ大風呂敷をうするひろげて」という戯れ歌[*7]を作った。それほどに烏水の山旅は注目されていたし、からかわれる対象でもあった。また地名・風俗・地理などの誤記についてのきびしい指摘があり「兄願はくばいま一度彼地へ御越し相成り、充分御調査被下度候」[*8]という注文もつけられている。このようなことをみるたびに短期間の見聞と文献資料によって〝地方〟を書くことのむずかしさが知らされるのだが、とりわけ烏水独特の刻明な描写にあっては、問題にされやすい。見たことのないものを見たように書くこと、知らぬものも知っているように書くことに、烏水のそそっかしい筆の走りをよみとらないわけにはいかないが、その点、彼は怖れを知らぬ図太い神経の持主だったのかもしれない。

「文庫」において、三十四年三月から源、平、藤、橘の署名による「青唐辛」という合評形式の作品評がおこなわれはじめるが、それが誰の筆になるものか誌友には見当がつかなかったらしい。司会役の頭取を中心に、まじめ、ひいき、詮索家、法律家、医者、劇通、警部、道徳家、翻訳家、皮肉、むだ口などの評者を登場させ、ほめたりけなしたり、ユーモラスな作品評を展開させている。

三十三年の中頃から、記者による加評がなくなったことは、秋暁・烏水と夜雨・野水の対立という一件に起因していると考えられるのだが、誌面に力がぬけてきておもしろみに欠けるむきがあった。加評をなぜやめたのか、作者にたいする鞭撻こそ必要なのだとの投書もみられた。森山繁樹の言うように「鷙鳥の巨翼を振うて小禽を打つ」ごとき秋暁、「巨匠の大鉄槌を揮うて打撃する」[*9]がごとき烏水の文章が、いざなくなってみると「文庫」はさびしくなってきて、批評再興の声がみられたことも事実である。烏水自身はここ一年ほど批評を手びかえてはいるが、雑誌づくりのおもしろさは厳正な批評にあると考えていたふしがある。文壇の党同異伐をきらい文閥打破を標榜していた烏水にしてみたら、誌友の言をまつまでもなく承知のことであったろう。源、平、藤、橘の四人による合評文「青唐辛」の登場は、かたちをかえた「寄書家月旦」であるが、実は烏水の筆になるものであった。というのは、三十四年十一月十日付の秋暁あて書簡に、

《お手紙拝見　青唐辛は毎号のことにてチト厭気がさしたところへ伊良子が上京してしまひ候のみならず何だか気の乗らぬことを言つて寄こされるので僕も心細くなり一層廃めやうかと考へ居候。鼻ッ先に飛将軍の到来にて少しく元気回復し先づ今回だけはいかに無人でもやつてみるべく候。毎号お手伝ひ下され候ことが願はれるなら、僕等も烈《(ママ)》げ味がつくといふものなれど、さなくば中止してしまふかも知れず、実際今まで詩は伊良子が大方評してくれたので其他は僕と山崎、殊に僕一人の手に成れるのが多かりし。自然言ふことが単調になりひとりよがりになり面白くなくなつて来るだらうとおもへばなり、萍水も手伝ふけれどこれは有れども無きに同じ。》

と書いているところから察せられるように、横浜組の烏水、清白、紫紅、萍水の策謀によるものだったということがわかる。それも主謀者が烏水であり、大半は彼の筆になるものと想

像される。

「青唐辛」では、もちろん烏水自身の作品も多く批判や推賞の対象とされている。たとえば六月発行の一〇二号（第十七巻第六号）では、

（頭取）乗鞍岳に登る記（烏水）を願ひます。

（まじめ）今までこの作者の文に見えた、局所々々の修飾は段々と退いて、全躰を通じて面白味が出て来たのは「浅間山の煙」以来で、殊に本篇などは露伴も篁村でもない、特殊の文躰が出来てをる、古人の成語を避けて、新らしいところへと目を注けてゐるのは、喜ばしい。喩へば「碁盤の目の如き水田云々」「掌に載せて一目に之を吸ひ得べき」「山鳩の翼を張りたるがそのまゝ化石云々」「船底を立てたる如き峭壁」「巨砲の往生」の類の形容詞の如きがこれである。

（第二のまじめ）……外に類のないスタイルである、乗鞍岳はまだ曾て文人の登つたことの無い山で、それを初めて作者が踏破した勇気は、先づ褒めて置くとして、次手に褒める方を片附けやうならば、作者の文には警句が多く転つて居る。……総じて作者の文が、細心して読めるのは、這般の警句に富めるが故であらう。

（法律家）　もし作者に犯罪ありとすれば（二）の大谷辺を叙した文の如きでおもふに平凡の山村を恣に筆先で美化して、年少人士の旅行心を挑発しやうとする形跡が見える。旅行のために親の勘当を受けるものがあつたら、作者は到底教唆罪を免れまい。

これが横浜組のだれの手になるものか判定するのはむずかしいが、秋暁あて書簡における告白と文体から推しはかってみて、烏水自身の筆になるものとみてよいのではないかとおもわれる。ここには例証として一部分を引用したにすぎないが、全体をみると『扇頭小景』以来の文章をよく読みこんだ跡のみえる批評文であり、用語の選択にも烏水好みの幽邃、豪宕などという言葉がちりばめられている。秋暁があとになって「青唐辛」をどのくらい手助けしたのか推論するには及ばない。しかし秋暁がかつて使用した読不書生の名で「青唐辛」の源平藤橘に論争をいどんだり、反論がくりかえされたことをみると、「文庫」記者としての役目上、烏水がいかにも演出たっぷりの芝居を打っていたかがわかる。こんなところに烏水の茶目っけをみることもできるだろう。一方では「文壇における『文庫』の位置」のような、主導者としての史的考察を書き、一方では誌友への心づくしから松風会の記録や「青唐辛」のような文章も書いているのである。

この年の春期松風会は、四月三日、上野韻松亭でひらかれた。これは「文庫」の歴史のなかでも、もっとも華かな時期を象徴する会合であった。社主の山縣悌三郎、俳句・和歌の選者であった内藤鳴雪、服部躬治、画家の一条成美を主賓格として七十九人の誌友が一堂に会したのである。幹事役の鮫島大浪の尽力があって、度かさなるごとにさかんになってきたことは、この誌友の集まりがどんなに楽しいものであったかを証するものであろう。松風会の名は「少年文庫」時代からあったもので、いわば「文庫」に拠る青年文士の会合だが、これが一つの規範となって全国各地に誌友会が出来ていたのだから、文学青年の多くが「文庫」に参集していたかがわかる。この当時、一高生徒の愛読雑誌調査*10によると、「文庫」は「太陽」「帝国文学」についで第三位にのぼっていたくらいである。

烏水は「文庫」一〇〇号の披露をかねて開会の挨拶をおこなった。つづいて内藤水彩から各地からの祝電や来信が披露された。来賓の講演があったのち、都々逸、落語、詩吟、あるいは薩摩琵琶の素吟、忠臣蔵八段目道行の声色がでるかとおもえば、生まれ故郷の民謡がとびだすというぐあいにそれぞれの隠し芸が公開され、和気藹々たる会合であった様子である。松風会の常連はともかくとして、松本から上京したばかりの吉江孤雁や十八歳の美術学校生徒高村砕雨（光太郎）もこの会につらなっていた。恒例の「課題文」では十項目のアンケートがもとめられ、烏水はつぎのように記している。

1〔年齢〕孔明出盧の齢より少し過ぐ、汗顔々々。
2〔生地〕讃州高松
3〔職業〕御勘定奉行
4〔短所〕「短慮功を成さず」
5〔長所〕睡眠時間の至つて少きこと（もし長所といひ得べくば）
6〔希望〕眼球の黒いうち遼東半島の復讐を見たきこと。
7〔嗜好〕花
8〔宗教〕迷、迷、迷
9〔愛読の書〕詩としては『平家物語』論策の文字としては『韓非子』
10〔理想の人物〕ルイ、コスート

この種のものはとっさの座興であるから、おどけたもの、まじめなものさまざまであって、深く詮索するにはあたらないが、二十七歳の時点での烏水の自画像の一端をここにうかがうことができるかもしれない。希望の項目に「二十世紀文壇の主」「東洋の革命者」という回答をよせたものもあって、多感な青年たちのまなざしをみることができる。夜雨の「やすらかに世を終ること」、江東の「貧民窟の小学教師」、酔茗の「一生詩を棄てぬ事」などの回答には、それぞれの人柄が読めておもしろい。烏水のいう《遼東半島の復讐を見たきこと》とは、日清戦役後の下関講和条約の結果が帝国主義列強の威圧（三国干渉）によってくつがえされたことへの憤りであろう。臥薪嘗胆をしいられた当時の日本人の、また外交の軟弱を憤慨した青年のおもかげがある。その点、徳富蘇峰や志賀重昂に相通ずるものが烏水の気質のなかにあったのであろう。「文庫」誌上には烏水の社会問題にかんするするどい発言がかなりあり、彼が現実の動きにつねに眼を向けていたことがわかる。

記者になってからの烏水の盛名は、「文庫」一誌にとどまっているはずのものではなく、当時の青年文学雑誌に執筆することになる。すでに佐藤橘香（義亮）の「新声」とのつきあいは三十一年からはじまっており、与謝野鉄幹の「明星」には創刊号（三十三年四月）からその名がある。二誌に求められて紀行文やエッセイを寄稿していたことはさきにのべたとおりだが、そのほか大阪文壇の「よしあし草」や名古屋の余語琴雨らの「東海文学」にもつながりがあった。いわば青年文壇の一翼をになう、中央の知名人であった。

ところが、この三十四年の春、烏水の身辺に親しい文学仲間からあらぬ嫌疑がかけられることになる。『文壇照魔鏡第壱与謝野鉄幹』という小冊子が、大日本廓清会の名で横浜から刊行された。それは「鉄幹は妻を売れり」「鉄幹は処女を狂せしめたり」「鉄幹は強姦を働けり」「鉄幹は強盗放火の大罪を犯せり」などという十六項目をかかげた悪意にみちた誹謗の書であった。裁判にまで発展したこの『文壇照魔鏡』事件は、文壇のあまりにも有名な怪事件であるから、いまその経過をくわしく逐う必要はないが、烏水は実に多くの疑いをかけられたことで不快な思いをし、悩みもしたのである。

横浜から発行されたこと、著者名を三人つらねたこと、そこから烏水、清白、紫紅の三人が文壇雀の話題になり、とりわけ烏水に風当りが強くなってきた。烏水は弁明する。

《横浜は至つて俗地で、文学趣味を解する人間は遺憾ながら極めて尠い、況して文士の行動に対して、文書ほどに緻密な観察眼を有してをるものが、住んでをらうとはおもはぬ。

僕はかゝる書を公刊することに就いては、少しく意見があるから、本書に接した後、直に著者を訪ねた、その一人の宿る所に販町五丁目とあるが、販町は二丁目が止まりで、五丁目などは在してをらぬ、曰くなにがし、曰くれがし、皆偽名だ、そこで捨て置いた。

ところが茲に不快なのは横浜に現在して、少くとも鉄幹君に「近づき」を有するものが三人ある、すゞしろのや君、紫紅君、及び僕で、僕と紫紅君とは鉄幹君に一面識こそないが、手紙の往復は一二度あつた。すゞしろのや君は「明星」第一号時代には、編輯を補けたこともあつたので、横浜ではマヅこの三人が「明星」に関係をともかくも有してをることは、大方の人は知らずとも、鉄幹君は思ひ当るであらう、何とそこに不快な意味があるまいか。

併し捨て置いた、がこの書の火の手が追々強くなつた、新聞雑誌の紹介は曰く、横浜の某々々三氏の合著云々。次いで僕は或人からの端書に接した、この著者等に、僕が何か、干係を有してゐるかのやうにいふて来たのである。横浜、三人、もう黙つては居られぬ、黙つて居ては男が立たぬ、鉄幹君に激しい手紙を書いて、最後の決心を促した、真の著者が知れるまでは、飽くまでも追窮してくれと依頼したところが、著者の実躰に就いて意外千万の返書が来た。（私情としてこの書面は公開するに忍びない。）横浜党の嫌疑は晴れたが、世間では猶横浜々々といつてをる。

その後某文学士に遇つた、「今度君の方から（横浜といふ意味ならむ）エライ本が出た、実際アンナ男がゐるのかね」と、僕は然らざる旨を弁解した、東京で遇ふ人が、皆僕に質す、僕は弁解に忙しかつた、このくらゐ神経に障つたことはない。

そこで僕は、かう思つた、著者諸君は、義人かも知らぬ、併し斯の如き卑劣なる方法を以て、人を懲らす義人は、僕は頌する所以を知らない。

鉄幹君は著者等が言ふ如き悪人であると仮定しても、斯の如き方法を以て闇打された悪人は、この点に於て哀れまずにはをられぬ。

世間の批評家が、斯の如き出所不明、無責任の書を争つて紹介した了簡が、僕には解らぬ。言ひたいことは、いくらもあるが、事相未だ曖昧の間にあるのみならず、こちらでは横浜の冤を雪げばよいのだから止める。これは圭角を和らげるために特に言文一致で書いたのだ。[11]》

その後、鉄幹との交友はかえって親密さをくわえたようだ。彼の誘いをうけて烏水が大阪文学者同好大会に出席し、講演をおこなったのは、翌三十五年一月のことであった。それは烏水にとってはじめての関西旅行であった。

第八章　槍ヶ岳への道

《我元来衣物を買ふ銭は爪を剃がすより惜しけれど、書を購ふとき旅行に遣ひ棄つるときは、垢を洗ふほどにもなし》と烏水が書いたのは明治三十三年一月であったが、このような反俗的な自覚が青年時代の彼にみなぎっていたのは、注目すべきことである。時間の余裕さえあれば《名山大山に放浪して霊魂の洗濯をするに若かず》という烏水の生活信条からすれば、当然のことかもしれないが、それほどまでに旅と読書にのめりこんでいたといえる。

しかしすでに社会人として俸給生活をしていた彼が、処世の上で全くなりふりかまわぬ男であったかどうか、その点については言葉どおりにはうけとれない。父が貧しい税関吏であったとはいえ旧高松藩士であり、烏水自身も横浜のY校の出身であり、半官半民の特殊銀行の行員であったから、弊衣のままで過ごしていたとはおもわれない。当時の写真にある蝶ネクタイ姿の烏水から推しはかってみても、外面上はいわゆるハイカラさんの部類に属していたとみてよいであろう。したがって《爪を剝がすより惜し》という表現は、彼の趣味趣向にかける心情的なものの対置として読むべきである。烏水が読書のたのしさを知ったのは、頼山陽の『日本外史』と馬琴の『八犬伝』によると、彼みずからが語っているところだが、そういう歴史好き、文学好きが芝居につながっていくのも当然の帰結であった。のちの「読書日記」[*1]にあるように《余の好むもの、一に旅行、二に読書、三に観劇》となるのである。

いくら旅行好きだといっても、規則正しい勤務を要求される銀行にあっては、想いをみたすのに不十分であった。長期にわたる旅行は、年に一回の二週間の休暇をそれにあてなければならない。多摩川上流から甲州へ、浅間山から木曾路へ、乗鞍岳から越中・北信へという内的な衝動のおもむくままにおこなわれた過去の三つの山旅も、その限定のなかの産物であった。年一回の山行はその後も計画的にすすめられて、三十五年の槍ヶ岳、三十六年の金峰山・八ヶ岳・甲斐駒ヶ岳および富士山、三十七年の富士山、三十八年の赤石岳および木曾駒ヶ岳、三十九年の燕岳・常念岳・上高地、四十年の大井川上流と富士周遊、四十一年の白峰三山および鳳凰岳、四十二年の悪沢岳・赤石岳、四十三年の槍から薬師岳、四十四年の穂高から槍ヶ岳、四十五年の鋸岳・仙丈岳・塩見岳、大正三年の双六谷から笠ヶ岳というふうに、彼のロサンゼルス転勤にまでつづく。これらの山旅の成果が『山水無盡蔵』『雲表』『日本アルプス』などの著作になってあらわれたことはいうまでもない。

明治三十年代の烏水の山旅を考えるとき、《現今身は劇職に在りて、閑暇至つて乏しきため、三日以上を費やす旅行は、一年の内僅に一回之を得る希望あるのみ》[*2]という文章からわかるように、つねになんらかの犠牲をはらわねばならなかった。したがってその山旅は《余を泣かしむる最愛の嗜好なるに過ぎず、かくて平生地図を披いて悶を遣るは、余が在宅の一事業となりむ》というほどであった。時間的な余裕にめぐまれて学生時代を送った世の多くの山岳人とことなって、とぼしい閑暇をすべてこれにかけ、さまざまな困難を排除しながら自分の仕事を作りあげた烏水の意志力は、大いに評価されるべきであろう。

《時を惜しむこと金を吝むごとし》とまで書いている烏水にとって、年末年始の一週間ほどの休暇も、みのがすことのできない旅行の機会であり、正月を旅先ですごすことは《余が定めた一家法》でもあった。かつては久保天随と伊豆や房総を漫遊することで渇望をいやしていたし、この三十五年の正月も、実は上州吾妻川辺の温泉に遊ぼうと考えていたのである。当時の未発達の登山技術では冬の山に入ることは危険視されていて、野中至の積雪期の富士登山をのぞいては例のなかったことである。山好きの烏水であっても《堅氷山を閉して生物皆蟄する時》(『日本山水論』)の登山行為は考えられなかった。まして彼は三月の柳沢峠越えで凍死にちかい経験をしたと語っているほどだから、冬山に近づくことは計画外のことであった。したがって正月の遊びは、文人趣味に満足していたようである。

与謝野鉄幹から関西旅行の誘いがかかったのは、《とつおいつ思案》していた矢先のことであった。と同時に大阪の小林天眠から鉄幹・烏水の下阪を期に「文学同好者大会」を開く計画のあることが伝えられた。酔茗も堺へ帰省するのでそれに参加することになった。《汽車汽船の便のある、人情の軽薄な、人間の雑踏する市中へは往きたくないと、今の今まで頑然として、祇園にも嵐山にも、石の如くであつたが、今度は我を待つ友大阪に在り、酔茗君は奈良の旧都を、鉄幹君は京都を東道してまはるといふ、三拍子揃つたので、それと決めた》と烏水は「蛇足紀行」に書いている。

烏水は大晦日の夜汽車で横浜をたった。一足さきに出発していた鉄幹・晶子の両人は、沼津から乗車して同室することになるが、約二十時間をついやして元旦の夜、大阪の宿に入る。《比良と比叡とは、あれとこれで、三上山はそれをそこに富士のやうな形に見えませう、今度は左の窓へ向き直つて、瀬多の長橋があれで、宇治川がその上でと、鉄幹君と晶子女史との説明で、眼の忙しさは並大抵ではなかつた》《京都へ着いたのは四時過ぎ、加茂川や本願寺の屋根や、何の山や、なに寺の塔や、お二人から叮嚀な説明を聴くと、いづれも耳には馴染の名、古人に遇つたやうに無性に嬉しく》と烏水が車中の模様を記録しているように、そこにははじめてみる関西の風物があった。

一月二日、北野でひらかれた会合は金尾文淵堂の支援もあってかなりの盛会であった。参会者四十二名、岡山から本山荻舟、京都から真下飛泉、そのほか和歌山、淡路、長崎、鹿島から来たものもあった。烏水は遠来の客として、中央の文士として歓待をうけた。のちの報告に「鉄幹君と、烏水君と趣味に関する一場の演説があり」と読むことができるが、どのような話をしたのかはわからない。詩文に命をかけ、その大胆な行動と社会的な事件で注目をあびていた一世の風雲児と、山に生き甲斐を見出した銀行員の「鉄・烏両君《おふたりさん》」がここに顔をそろえたのはおもしろいことだ。余興に義太夫が登場し「お俊伝兵衛堀川の段」が語られるが、報告者は「忠実な烏水君の、中途で席を立つたり、便所へ往くのは演芸者に大侮辱を与へるのだとの説を固く守つて、終局《しまひ》まで他目《わきめ》も振らず神妙に聴いてゐたのは我ながら近頃感心の至りであつた」[*3]と書いている。四日間の関西滞在中、烏水は鉄幹の案内で大阪市中を歩きまわり、文楽座で越路の廓文章をきき、また晶子や酔茗らをくわえて奈良、宇治、京都の名所旧蹟をめぐる。高松生まれとはいってもあずま男になりきってしまった彼は、大阪を大俗の地とする先入観にとらわれていたが、この土地の正月の優美華麗な風俗に西鶴や近松の筆につたえられた元禄のおもかげを見、街そのものの享楽的な風情がすぐれた文章を生み出したことは《掃溜の中から光沢のある蕈が自然に醸し出されたやうなもので、人世の罪悪が、あの美的製作物を結晶したので、してみると詩に酔ふのは蕈に中毒するやうなもの》と自分の木石ぶりを嘲笑するような感想をもらしている。

奈良について《今の日本にかういふ王朝的趣味を存在してる土地の、存在してゐやうとは想はなかつた、と同時に横浜の如き大俗熱鬧地と、奈良の如き詩的、絵画的、建築的、歴史的な土地とは、日本の光明闇黒の両方面の、その又両極端を代表してゐる……奈良をさまよふと、一千五百年以前の光景が、まぼろしのやうに現はれてくる》と言うほど、文明開化の浜っ子にとってあらたな発見があったようだが、実際には、山旅において感動したものとは、まったく異質のものであったらしい。神社仏閣の壮麗さに彼は形式的な美をみとめるだけであって、それは大自然のなかに躍動する美をしのぐものではなかった。彼のこころのなかの《山》を超えるものではなかった。

鉄幹夫妻と烏水の一行を京都でしたしく世話した真下飛泉は、当時、京都師範の教師であったが、烏水から帰浜の知らせをうけると「さてもここもとこそ、近年になきうれしき正月にて候ひしかな」と書信にしるして「かくて世を鞭とる男京にありてせめて一度は顧みたまへ」[*4]の一首をそえた。烏水の関西旅行は、詩友たちに大きな刺激をあたえたといえるかもしれない。

烏水の旅を好み書物を愛することは、沢元愷の「読万巻書　行千里路　我家以此両句　為山水之訣」（『漫遊文草』序）という言葉そのものであった。それにしても烏水が時間のないことを嘆き、地図をひろげて旅への憧れをみたしているさまが眼にみえるようだが、この時期に彼は『日本山水論』の原型であり、の主要部分を占める「日本山岳美論」の執筆に専念することになる。この年の七月から三回にわたって「文庫」に連載[*5]されることになるが、ここでは山についての綜合的な知識のなかで、烏水の山岳哲学が展開されている。山の絵画的容貌、山の詩的生殖、山の科学的結合、山の歴史的秘庫、山の時間ならびに空間的統計、山と人文との交渉というかたちで、山岳が絶大の巨人であり絶対の真理であることが述べられている。「飛騨山水談」のなかにみられた山岳にたいする全面的な肯定が、ここではさらに深められ拡大されて、山が人間と自然とを融和せしめ、科学と歴史とを綜合する《芸術》だという結論におよんでいる。《山之を析すれば万有科学、之を綜むれば詩、而して芸術に資すること天下何物か山に若かむ》と彼は書いている。

烏水はつづけて登山の実際的な面から、登山が青壮年の時代に限られるものであること、体力と忍耐力と冒険の気象を養うものであること、登山が志を大にし人間を大にするものであること、さらにティンダルやラスキンなどを援用して、西欧風の山岳と人間への讃歌をうたいあげている。また「登山準備論」として、その時季について、服装、携帯品、山中の露営について、飲料水、食糧について、天候上の注意などをこまごまと書いているが、これらは烏水の登山体験と研究の成果というべきものであろう。

科学と文学の調和、新知識と伝統的な感覚の綜合という点で『日本風景論』は日本の自然をとらえ、ガイド・ブックの役割をはたしたものであったが、烏水は重昂のもちえなかった登山の実際面からこの「日本山岳美論」を書きはじめたのである。ともに彼の《山岳》熱愛の歌をたからかにうたいあげたものであった。登山家烏水が年とともに大きなふくらみをしめし、成熟しつつあったとみるべきであろう。

この「日本山岳美論」の発表とともに烏水は「登山案内」[*6]を詩友に募った。それもたんなる登山記ではなく実際の経験に則した記実をもとめ、山の位置、形体、行程、登山の実際、山頂の模様などの正確な報道を欲したのであった。各地に散在する詩友の協力をえて未知の山々の実態をあきらかにしようとしたのであり、それはこのころ烏水のなかに鬱勃と湧いてきた「日本山岳譜」の作成という事業の着手でもあった。《その山岳はいづこにても可なり、高低深浅大小は必ずしも問ふ所にあらざれども、愈よ高く、愈よ大に、愈よ深くして、愈よ可ならむ》という烏水の言葉のなかには、高きを求めてやまぬ登高精神のみなぎっていることを読みとらぬわけにはいかない。「飛騨山水談」につづいて「日本山岳美論」を発表することによって、烏水は完全に《山》のなかに燃えはじめる。

さきに「山水談」「頭陀袋」を募集して、予期していた効果がさほどあがらなかったのとおなじく、この「登山案内」の企ては不発に終わった。「頭陀袋」は旅のおもしろおかしき雑文が集まって誌上をにぎわし、結果としては烏水が序文を書いて『旅行談』(三十五年七月刊)なる小冊子にまとめられたが、この「登山案内」募集では、四カ月たっても応募原稿は米子の西村松雨の「伯耆国大山」一篇という惨憺たるありさまであった。烏水は内心の苦衷をかくしきれず、つぎのように言う。

《実に吾が「文庫」創刊以来の募集の中、未だ曾て見ざるところの不結果にて、募集発案者たる余の不面目は極まれり、是に於て登山案内募集中止を告白すると同時に、をさなき意気地かは知らねど、山岳論の筆を絶つ能わざるに至りぬ。[*7]》

「日本山岳美論」はその第四章として「日本山系概論」の予告まで「文庫」に出していた

のだが、中断せざるをえなくなった。それはこのころ槍ヶ岳登山の準備におわれていたことにもよるが、実際には読者からの反響の少なかったことが一因となっているのではないかと考えられる。誌友の協力によって「山紫水明」欄の質的な向上をはかろうとしていたものが、意気ごみだけのひとり相撲に終わった感がなくもない。それだけに「文庫」における烏水の《山》の仕事には、つねに先駆者としての悲劇がともないがちであった。

あらためて言うまでもなく、明治三十五年は烏水が槍ヶ岳登山をおこなった年である。三十二年の秋、稲倉峠で槍の穂先を遠望し《かの塔には人間の覗ひ得ざる何物かを秘めたるにあらずや[*8]》と嘆息して以来、槍ヶ岳登山を熱望していたことは事実であろう。《覗ひ得ざる何物か》と表現したのは登山後の記述のなかであったから、そこには時間的な移行と内面の変化のあったことを加味して読まなければならないが、《余が鎗ケ岳登山をおもひ立ちたるは一朝一夕のことにあらず》と言うように、これはまさしく三年ごしの計画であった。

この年の正月の関西旅行以後、烏水は具体的に槍ヶ岳と取りくみはじめている。「日本山岳美論」の執筆はその前哨の一つであった。三月十五日には上京して久保天随を訪ね「夏期大旅行」の同行をうながしているし、天随が中国古典の評釈その他で多忙をきわめていて、同行がむずかしいとわかると、山崎紫紅や磯萍水に話をもちかけたという形跡もある。ここでなんとなく気がかりなのは、乗鞍岳の同行者であった岡野金次郎の名があがってこないことだ。スタンダード石油会社に勤務する岡野は、いわば文壇外の人であったから、文学仲間にむけた文章には書きつけなかったのであろう。あるいはすでに約束ずみであったのかもしれない。しかし出発の間際まで同行者としての名はあがっていない。

烏水は松本の役場や高山の知人にあてて登路調査の依頼状を出した。返書の一つに「一人二人の登山者は、何時も行衛不明、一生一代不帰、且目的を達せし者は殆皆無の由、是は事実談に候、熊、狼、山狗、猪の本場に候へば、六連発一挺に、山刀手槍の一振り位は、是非共御用意可然と被存候」とあったという。このような書信は烏水の両親の発覚するところとなって、父からは《扨も扨も心なき男にて侍るかな、一家の嫡子にして、老いたる親を戴き、幼き弟ども多く控へて、軽からぬ責めある身にてありながら、何を好みてさるところへは赴きたまふ……世の常ならぬ好奇に駆られて、さる深山に足踏み入れむとは、心なしとやいはむ、軽重本末を弁へぬ沙汰とやいはむ、まかりならぬことなり》と諫言される羽目になる。

しかし人跡未踏の槍ヶ岳、かたく神秘の扉をとざしている槍ヶ岳を想うと、烏水の空想はいやがうえにもひろがりはじめ、父母の中止命令をはねのけて《されど不孝の児たらざらむには、一片兀傲の意気地を奈何せむや》というありさまであった。文献の調査や山行の準備をおこたらなかったことは言うまでもない。

出立の約二週間まえ、七月二十五日付の滝沢秋暁あての書簡で烏水はつぎのように書いている。

拝読

小生こそ誠に申訳なき御無沙汰　例の疎懶とは申しながら又御多忙の際格別の用もなきに長々しき手紙を差上げるも如何哉と控へ目に致したるためにも有之随分と神妙な男に候

先日協会へまゐり千葉兄を訪ね候ところ折よく在宿にてそのをりの話に「滝沢君が十日許前に見えられたが今頃は埼玉地方へ行つてゐられるだらう何でも九月上旬でなければ帰郷せぬといふ話だ」と承はり大失望仕候は他にあらず今度といふ今度は是非お宅へ罷り越して拝眉を得たしと楽しみ居候鼻先に右の始末ゆゑ落胆いたし居候折柄おはがきを賜はりて蘇生の想ひ有之目下養蚕中にて御多忙ならば他へ宿を取つてもお話だけはゆるりと伺ひたきものに候

同行は山崎紫紅、磯萍水といふ顔触れなれど紫紅は目下倉庫新築中にてそれが落成せねば親父が外出を許すまじと心配の矢先に毎日ノベツ幕なし二十五段返しの大雨と来てゐるので大弱り候　併し十中の九は行かれる見込に候由来月三四日頃には可否確定すべく候

小生は勿論一人にても出掛ける決心　横浜出立は八月十日に御座候　それより突ツ掛けに上田へまゐる筈尤も山崎が確に行くことゝなれば同人の都合次第にて両三日は遅らすかも知れず孰れにせよ確定次第至急御一報申上ぐべく候

貴兄にして同行へお加はり被下候はゞ百万の援軍を得たるより力あり是非々々御都合下されたく祈上候

旅程は先づ松本へまゐり嶋々村より導者を雇ひて日本第二の高岳鎗ヶ岳を登り飛驒方面に下り高山市にて文庫誌友会に列席し（既に約定あり）それより白川の別天地をさぐり泉瀑を見て白山を裏山越えにし汽車にて越中へ廻り立山を躋りて針木嶺を下り再び信州の大町へと戻つて来るつもり　是より後は汽車にて東上するか或は飯田へ出て天竜川を下るか日数の都合にて決めるつもり

先づ概略だけ申上置候　委細は拝眉の上珍談も有之候

飛騨高山にて雑誌を購読する程の人皆文庫を読まざるなし　小生が一昨年遊説の結果与りて力あるべしと自慢に候呵々

七月二十五日　久太

滝沢兄　梧右

「滑稽新聞」今度はまだ見ねど既に三四号ほど大阪誌友より送りくれ候　孰れも小生に対する罵詈今度も大方それなるべし　掬汀芸陽輩の羽織ゴロツキ　鉄幹の明星に試みたる故智を「文庫」に再試せんとすと覚え候　流るゝ水に多量の悪文字を書いて倦まぬ勇気のほどヱラいものに候

ここにみられるように、この年の山旅の計画がいかに大規模なものであり、意欲的なものであったかがわかるし、烏水の目標が中部山岳の各地にわたっていたことに気づく。信州側から槍をこえて飛騨へ、越中から立山・針ノ木峠をこえて大町へ出るという二つの横断計画のなかに、加賀白山もかせごうと欲ばっていたのだ。そのうえ、上田の滝沢家訪問、高山誌友会への参加も予定に組みこんでいたのである。これが烏水みずから「夏期大旅行」とよんだ内容だが、約二週間の日程で完全にこなし得る成算があったものかどうか、それはわからない。しかし休暇を最大限に活用しようとしていたことは事実である。「猛獣毒蛇の住家で生還は期せられない」とおどかされていた槍ヶ岳登山を第一目標においていたので、白山・立山はいわばつけたりであったのかもしれない。実際には八月十日に出発して二十三日に帰浜したのであって、白山・立山に及ぶべくもなかった。槍ヶ岳登山の成功のあとは、高山には寄れず、富山と金沢に足をのばしただけに終わっている。高山の誌友たちからひやかされた烏水の《大風呂敷》が、彼の夢みがちな体質に生きていて、それがこんな大計画を立てることになったのであろう。

同行の友として、秋暁に面識のない岡野金次郎の名は出さぬにしても、横浜の紫紅、萍水の名をあげているところでは、彼が文学仲間を山へ引き入れようとした形跡をよむことができる。烏水のこの手紙にたいし秋暁は七月三十日付の返信に〈八月十日頃には、夏蚕も大抵片付筈故、小生も成るべく都合して、せめて鎗ケ岳までもお伴をしたしと念じ居申候　飛驒から越中まではどうなるか、請合はず候。（松本から島々あたりまでは、小生に於てお手のもの故、御心配なし、それにしても例の五十万分の一図、御携帯御忘れなきやう）[*9]〉と書いた。

このような書簡の往復からみるかぎり、紫紅・萍水も、そして健筆の秋暁も、もし烏水の壮挙に参加していたならば、岡野金次郎とともに槍ヶ岳早期登山者の栄誉の一端をになうことになったはずである。とくに秋暁の参加が実現していたならば、日本の山の文学はまた別な展開をしめしていたかもしれない。

烏水にとって年に一度の山旅なので、関係各地の誌友にそれを吹聴していたことは想像にかたくない。ことに高山禿筆会の幹事役であった前越三来子（当時京都在住）や飛驒資料の便宜をはかってくれた書店主の平田山栗には、十日出立、十四五日頃高山着、そして白川郷から白山に登る旨を知らせ、山崎紫紅、磯萍水が同行すると書き送っている。そんなことから高山では十六日に松泰寺で禿筆会をひらくことを決定して、槍ヶ岳帰りの烏水一行を歓迎する手筈をととのえていた。秋暁あて書簡に《既に約定あり》とあるのはそのいきさつを物語っているし、《飛驒高山にて雑誌を購読する程の人皆文庫を読まざるなし　小生が一昨年遊説の結果与りて力あるべし》と自慢するほど、烏水はこの土地に親しみを感じていた。

しかしそのような通知を出したにもかかわらず、いざ出発の段どりになってみると紫紅、萍水は脱落し、同行は岡野金次郎ひとりということになった。秋暁の日記[*10]によると、〈八月

六日　烏水兄より来信、この十日に飛驒への途すがら、我が家を過ぎらるゝなり。「山登りなれば、すぐ蟒《をろち》にでも呑まるゝことゝ心得、母などの苦情大方ならず、家へは内々也」父母兄妹一時に噴飯〉とあって、烏水の旅立ちには両親にたいする偽装が必要だったことがわかる。烏水の母親は、岡野を息子を誘惑する山の悪友とみなし、絶交を言いわたしたが、岡野の方では「敵は本能寺だ。お袋には槍へは行かないことにして、行こう」と烏水に語ったという。紫紅、萍水らとは、山旅にたいする姿勢が本質的にちがっていたのである。その点、烏水がこの冒険精神にとむ岡野金次郎を山友仲間に得たことは幸福であった。

この明治三十五年の夏は、雨が多かった様子である。烏水が《毎日ノベツ幕なし二十五段返しの大雨》と書いたのは七月下旬のことだが、八月にはいってからも降りつづき、出発の日にも夏空はみられなかった。烏水は出立の日の心境を《この雨又雨にて決行し得べきやと、たとへば足前《すす》みて手従はざる遅鈍力士の如く》と書いているが、二人は予定どおり十日の夕刻、上田郊外秋和の里に到着する。秋暁の日記に、

〈午后五時しばらく過ぎし頃、待ちつけし珍客の来れるあり、即ち烏水兄の友人岡野氏を拉して訪はれし也。初対面の此人、快豁洒落、顔には八字髯厳めしく立てたれど、よろづ烏水が朋めきたり、二人とも従軍記者そこ退けといふ恠しの洋服姿なりき。

槍が岳のぼりの相談果てぬ頃、雨落ち来る。三人斉しく屈託顔也。夕ぐれ父上選挙場より帰らる、平穏無事なりしやうす。泉水の鯉魚を網して、手づからこれを剖く。夏月の鯉、固より賞翫に値せずとはいへ、夫子自らこれを塩梅す、客人亦喧、旨しとせざるを得んや。

音いや繁き雨の脚、庭を隔てゝ母屋に燈りさしのぞき、家人の給桑するけはひ、いといと幽かなり、瓶に挿したる山百合の香を浴びて、燈下中よく語るは何のくさぐ〵、政談、文談、をりく〵農談も雑る。〉

この日、衆議院議員選挙の投票がおこなわれ、秋暁の父はその立会人として村役場に行っていた。このころ秋暁の一家は蚕の世話に追われつづけていて、猫の手もかりたいほどであった。

第九章　「鎗ヶ岳探険記」

この夏の山行は長篇紀行文「鎗ヶ岳探険記」[*1]としてまとめられることになる。山から帰ってすぐ発表したというのではなく、翌三十六年一月から十二月にかけて「文庫」誌上九回にわたって、その旅中の模様を詳細に念入りに書きこんだのであった。

《余が鎗ヶ岳登山をおもひ立ちたるは一朝一夕のことにあらず。何が故に然りしか。山高ければなり。山尖りて嶮しければなり。》

とその冒頭にあるように、烏水ははげしい登高欲をもって、この山にとりくんでいる。乗鞍岳登山以後の「飛驒山水談」も「日本山岳美論」も、すべてこの一点に集約されたと言ってもいい。それだけに「鎗ヶ岳探険記」は山博士の面目にかけて一つの明確な意図のもとに完成させようとしたのである。『日本風景論』以外に頼るべき案内書もなく、正確な地図もなく、手さぐりの状態で槍の穂先をめざした山行であったから、「文庫」の予告文[*2]に言う《本州に在りては是れ以上の冒険なきことも、亦著者の自信するところなるを以て、次号より逐次この非人寰を紙上に遷して、こゝに別天地を拓かんと欲す、かくの如くして著者は今疲れたる腕に金剛杖より重き筆を牽きつゝあるなり、断じて是れ空前の大紀行文》という文章もあながち空疎な宣伝文ではなかった。連載の中途でウォルター・ウェストンの知己を得、『日本アルプスの登山と探険』を知り、その記述を少しく援用しているが、念仏行者播隆以後の、詳細な槍ヶ岳登山記であった。それもたんに表山を上下したのではなく、白骨温泉を起点として霞沢岳の稜線を越え梓川から蒲田川へ抜けるという、槍ヶ岳の《縦面踏破》の記録であったところに、烏水があえて《探険》と自負する意味があった。まさしく日本の近代登山の先駆的な業蹟であった。

八月十一日、烏水は秋暁の同行を得られぬまま秋和を後にする。《貴兄にして同行へお加はり被下候はゞ百万の援軍を得たるより力あり是非々々御都合下されたく》と願っていた烏水は、養蚕のさなかで一家がそれに忙殺されているのをみて、秋暁を連れ出すことはできなかった。新設されたばかりの篠ノ井線*3を経由して明科に出るが、降雨はますます烈しさをくわえ、出水で軌道が損壊して汽車は田沢で停車したままとなった。仕方なく二人は持参の提灯をたよりに、犀川べりの軌道にそって午後十時すぎ松本に着く。ここでも女鳥羽川が氾濫して市中には半鐘が鳴らされていた。泥まみれになりながら宿をもとめて郊外へと歩くが、《養蚕にて客どころにあらず》と断わられ、松本にもどる。ようやく遊廓ちかくのあいまい宿に泊まることになり、部屋に通されると商売女が入ってきたが、疲労している二人はそれどころではなく、横になるとすぐ眠ってしまったという。岡野金次郎ののちの回想に「このことは品行方正を疑われる誤解の種になりやすいから、流石の小島も人に話しもしなければ書きもしなかった」*4 と読むことができる。烏水の文章に、青年にありがちな淫靡の匂いがないのは、彼が堅気な銀行員であったからであろう。

十二日、松本から飛驒街道にはいる。島々村清水屋にいたり槍ヶ岳登山の案内人を依頼したが得られなかった。烏水の考えていた登路は『日本風景論』の「此村にて登山の諸準備をなし、且案内者、人足を貸し、二日間山中に宿する予算を以て出発すべし……」という記述どおり、ここにあらゆる望みをかけていたのだ。槍ヶ岳登山の成否は島々での交渉にかかっていたといえる。しかしこの時期には参謀本部と農商務省の測量事業が開始されていて、島々の猟師も人夫もみな動員されていた。「猟士はカミウチまでは誰も行くが、嶽《タケ》へ登るのは沢山《たんと》はない、生憎お役人のお供をして、今山へ登つてるのがあるでなあ、……それが帰るとお供をさせるでの」という亭主の言葉に《今や則ち斯の如し、休んぬる哉》と不平と失望を味わいつつ梓川をさかのぼるが、たまたま二十そこそこの人夫に出会った。問いかけると、その男は三角測量標を山中に設置するため四十数日前から入山していて、実は槍ヶ岳から下ってきたところだ、と言う。二人が愕然としたことはいうまでもない。人跡未踏と信じていた槍ヶ岳はすでに人に登られていたのだ。《前蹤既に在り、我等無人といへど、登攀に幾多の便は与えられたり、鎗ケ岳登山成功の確信を抱きたるは、実に天はこの人の口を藉りて冥助を垂れたまひたるに因らずや》と烏水は書いている。

烏水・金次郎の一行が島々から徳本峠への一般道を選ばずに、なぜ白骨温泉から霞沢溯行という迂回路をとることになったか。案内人を得られなかったことに最大の原因があった。後年の烏水の回想によると、飛騨の友人が白骨から入ることをすすめたとあるが、「文庫」に発表された吉江孤雁の紀行文「秋の檜嶺越え」や、秋暁から贈られた白骨産の木の葉石とそのみやげ話が念頭にあって、遊志がはたらいたとみてよい。三十一年春の秋暁の白骨体験は、烏水あての書簡にあらわれているが、それ以来、烏水にすくなからぬ興味をいだかせている。三十三年の乗鞍登山のとき、平湯で白骨への道をききただし、時間さえあれば訪ねてみたいとさえねがっていたのだ。白骨への道を選んだことは、槍ヶ岳の早期登山者のなかでも、特異な登山体験をもつことになる。

十二日は稲核の旅籠川本屋に泊まり、十三日、檜峠をこえて白骨温泉元湯渡辺方に投宿、十五日朝までそこに滞在した。烏水の「白骨温泉の記」がかなり長文のものとなっているのは、あきらかに秋暁への報告という意味あいがあったからであろう。

十四日の朝《書翰一通を認め、切手を買はむとして》切手売捌所である新宅を訪ねるが、切手が一枚もなかったことを記録し《吁《ああ》山村事無し》と書きつづっている。その書翰とはつぎにかかげる秋暁あてのもので、だれかの手によって無事投函されたのであろう。白骨にいたるまでの旅中の失敗談が報告され、槍ヶ岳登山の予測とその日の心境をうかがうことができる。

拝啓　先日は御多端の際参堂さまぐ〳〵の御厄介に与かり候段何とも申訳なく御親父さまをはじめ令閨令妹の御厚情千万恭なく奉謝候　何卒貴兄より然るべく御伝への程宜敷願上候
扨小生ども両人当日上田へまゐり候処汽車少しく晩れて着それより篠の井にて乗換へ松本までの間風景絶佳鉄道として全国有数と存候　冠着山の風貌雄偉そゞろに襟かき合せ

候（実は洋服也） 然るところ汽車田沢に着きたるに偶ま飛報あり松本までの間軌道壊敗したりとかにて駅夫声々に伝へて駈けまわり開通までは四時間を要すべくそれも分明には受合はれずとのこと 時已に七時これから四時間も寒い中を抛つて置かれて溜まつたものにあらずと閉口一方ならずそれこれするうち腹が減つてこたへられず停車場外に飛び出して三世紀前に製造したるパンを買ひ求め辛くも腹の虫を肥やしたれど開通の報到らざるばかりかどうやら今夜中はむづかしければ明科まで引き返へすかも知れずと風向き次第に悪しくなり流石剛愎《（ママ）》の二人もう勘弁相成らずと小生所持の例の提灯を早速点して軌道を徒歩するに決し「物どもつゞけ」とも何ともいはず駈け出せば期せずして随ふ者七人これより松本停車場まで三里弱の難場犀川の急湍に添ひて危険いふばかりなし此間の滑稽道中記は略すとして松本停車場に就きたるときは既に十時過ぎ 松本を距る一里計湯の花沢といふ温泉ありと聞き未遊の地なれば今夜はそこに一泊し恣々疲労を慰むものと後から考へれば止せばよかつたのに市中を横絶して東行したるに女鳥羽川出水の兆ありとて市内にては半鐘を乱敲し家々提灯を点し人々尻ツ端折りて奔走するさま火事場のやうに候 小生どもは市中の混雑を後にして次第に山村の寂寥に入りたるに水は四路に溢れて深きこと膝に及び溝やら畑やら道路やら更に解らず提灯は雨を受けて消え

て了つたれど再び点す余裕なく跣つたり転んだり柔術の稽古を怠たらずして十一時過ぎ漸く湯の花沢温泉に着きたるところはそもいかに養蚕中多忙なれば当分客をせぬとてテンから相手にしてくれず困難の次第を話して百方懇願しても肯んぜざるに業を熟《（ママ）》やし火でも放けて這徊無血虫どもを片ッ端焼き払つてやりたかりしが孔子も陽虎に苦しめられたる試しありとグッと大人振つて又元の道を爽と水中に躍り入り十二時過ぎ松本に帰り候ところ選挙と出水騒ぎの収まつた後にて森閑として森林の中に佇む如く一二軒叩いて無益に握拳をいため、やうやく或るところに落着いて寝たのは午前二時なりし　之を第一の失敗とす

翌十二日は松本より稲核までタツタ六里にて雨のため投宿　鎗ヶ岳上りの道は嶋々にて詳しく調べたれど存外容易に候　たゞし人夫は二人を要す　嶋々を通行したるころは雨烈しくしていつ霽るべしともおもはれざるに就き空しく通過　秋暁紫紅輩旅の出来ぬ連中の「涙雨」にて候はんと人の怨念の今更に怖ろしきが犇々と胸におもひ当り候　それにして虎の涙雨のやうな詩趣のないのは困つたものなり　之を第二の失敗とす

翌十三日稲核より当白骨温泉に着　昨夜は気が注かず候ひしが稲核は赤痢病の蔓延地なることを今朝知りて眉を顰め候　白骨まで新道雨に壊崩して通過おもひも寄らずよろづ

遠くして迂なる旧道を便《(ママ)》りたるため三里も損して草鞋代ばかり少しやソッとの影響にあらず少なからず疲労をおぼえ候　大野川にて村童小生を指さして「千金丹売り」といふ大野川を渉らんとしたるに橋落ちて材木（丸太）二本を架けたるばかり　御存知のカバンや外套を背負ひたるため重量は丸太をしなはして立歩す可らず止むなく躄の川を這ふやうにして匍伏して渡りたるところ村婦等袖ひきてクス〳〵笑ふ　どこまで人を馬鹿にしてゐるか解つたものにあらず　之を第三の失敗とす
今十四日は猶当温泉に一泊　あまり癪が収まらねば新鋭の気を養ひて明日はこゝより鎗ケ岳登攀を企てんとおもふ
知らず第一の成功をお耳に入るべきか将た第四の失敗となりて愛嬌を添ふべきか　次便を俟ちて聴きねかしサ

十四日　雲の峰一万尺の乗鞍より高きこと更に一万尺　　久太

滝沢兄

御母堂にも拝眉の筈のところ御多忙中推参も如何哉と控へ居候次第よろしく仰せ被下度候　僕は君に篤と聴いてもらひたい話もあつたなれど機会なくして止みたるも残り

惜しく候べき

この手紙のなかで槍ヶ岳登路について《詳しく調べたれど存外容易に候》と書いているのは、その頂上を踏んできたという男に会って、確信をふかめたからである。生還期しがたし、とはすでに過去の夢想にすぎなくなっていたことが想像される。烏水と金次郎は旅宿新宅主人の紹介で、大石屋の主人（三十五六歳）と大野川の猟師筒木市三郎（二十三四歳）を槍ヶ岳の案内人に得たが、この二人の山案内が槍ヶ岳未踏のものであったにせよ、白骨に来て自信をつよめたことがありありとわかるのであって、第四の失敗はおよそ念頭になかったであろう。

十五日、一行四人は湯川を下り梓川をわたって沢渡から霞沢の流れにそって上る。烏水にとって沢登りははじめての経験であった。徒渉をくりかえしながら《流迅くして危石も転ばすばかりなれば、両脚抗す可らず、重量を着けむがために石を抱へたれど、却つてそのためによろめきて水中に顚踣せんとし、辛くも導者に扶けられて吻《ほつ》と息を吐《つ》きたりし》とそのありさまを叙述しているが、このような個所を読むと『日本風景論』を金科玉条の教科書としていた烏水をおもいおこさないわけにはいかない。「急湍を渉らんとせば、巨石を抱えて渉るべし」という「登山中の注意」の一節を実地に試みたのであろうか。

ともかく樵夫猟人の道をたどって沢をつめたわけだが、《渓流の険絶悪絶を極めたるは、実にこゝなる霞沢を以て無上となす》と書いたほど緊張の連続をあじわった。両岸の屏風状の大岩塊にさえぎられる「ネズミ落し」の難場では《崕の半腹を繚繞すること三十町歩、危峰交も天を衝いて回転し、急湍怒吼して人語を乱るところ、偶ま大屏風の急斜面より珠を噴くごとく、蒲の穂の狂ふごとく、瀑水の高さ十丈許なるもの、鮮緑を洗ひて直下するに行き遇ひぬ、その二段に折れたる間に突き出たる巌を、しぶきに濡れながら危ふく踏みて、向ひの巌へと跳りたりしが、瀑布を横断したる旅行も之をもてはじめとす》とあるように一行は右岸を高捲きしたのであろう。そのあと、釣小屋の記述があって《アイヌ人の如き風采ある岩魚釣一人棲めり》とよむことができるが、当時この谷の下流は、住民の生計の場として利用されていたことがわかる。谷がおしつまってから[*5]右俣を登路にとって《大石小石起伏重畳したる上を踏んで、石壁を登りゆくに、伏流の琳琅たるを聴く外には、峰より峰をわたる老鶯の声のみ》と記している。そして《峻嶮三十度にも及ぶところ、汗みづくになり、喘ぐ息と悶ゆる声と相交はりて》路ならぬ路を上りつめ、稜線に達している。

《漸く霞沢山の絶頂に這ひつきたるは午後一時》と烏水は書くが、それは絶頂ではなかった。霞沢岳から徳本峠へつづく尾根筋の鞍部にあたる。ここで一行は北にむかってひときわ雄々しい穂高岳を見、その下に梓川の清流を見出す。《導者指点していふ、かしこの白沢を過ぐれば、神河内《カミウチ》にして、則ち今夜の野宿するところなり》と烏水は書いているが、二人は猟師の動物的なカンにみちびかれて、霞沢を溯行し白沢を下降して、梓川のほとりに出た。《斯の如くして我等は高山より谷底に入り、谷底の窪口より水と倶に吐き出されたるなり》と烏水は書きつけている。宮川の小屋では嘉門治は不在であったが、山林巡廻吏が二人、猟師が二人、同宿することになった。猟師の一人は顔面に傷を負って臥床していた。

《この夕、我れ河畔に立ち、瞬《まじろ》ぎもせで、偉大なる穂高山を観ず。

我が脚を立つるの地は、接続より成れること、年代又年代を追へる歴史のそれの如くにして、歴史が巨人の記念碑なる如く、地の最高最後の暘《ひので》は山なりき。……

噫この夕、日は没して現界より他界に移るとき、こゝに立てる一個の人影は、かしこに屹立せる一個巨人の影に圧せられ、屛風倒しに折り累なりて、大地に落つるときここに渾然融和して、我は天地の一部なるが如く、山は我の一部なるが如し。》

大きな山のふところにあって、烏水は人間と自然の融和をうたいあげる。ほとんど人跡におかされていない、原始のままのカミウチの清浄な景観に陶酔しきっている。一夜の宿となった嘉門治小屋について《我は終生、この万山環峙中、南北二十里間の、趣ある唯一孤屋を忘れざるべし》と書いている。

十六日、午前三時におきて準備をととのえ、老猟師から教えられた梓川ぞいの道をのぼりはじめる。道といっても今の林道からはほどとおい沢筋である。登山路の教示をうける描写のなかに《五六日以来梓川の水量嵩まりたれば、この衆たちにやむづかしからむといふにぞ。我等は竊に胸を痛め、先達を気遣へる大石屋の主人も卒然として色を変じ》とあるように、けっしてわかりやすい道ではなかったとおもわれる。右に迷い左に迷い、徒渉で腰まで水につかりながら、熊笹をかきわけながらのぼる道だ。横尾をすぎて「右やりがたけ、是より絶頂まで四時間」という標識をみた。一週間まえ、参謀本部の測量員が立てたものだという。午ごろ、赤沢の岩小屋に着いたが、登高にひるむ大石屋主人をせきたてて槍にむかう。槍沢の雪渓に足場をつくりながら上ってゆくが、《鎗ケ岳の最高点なる奇痩の尖峰は、霧を呵し雲に駕して半天を渡る。その頂上なる三角測量標の尖端は、難波船の檣の如く聳えて、見る〳〵無慙の大波に没し》とあるように、好天候とはいえなかった。午後三時半、一行は《絶頂》に達したが《上下左右たゞ濛々として白霧のみ、山高きか豁深きか、我たゞ卵の白味の如きもの混沌として大虚を涵せるを知るのみ》というありさまで展望は得られなかった。やむをえず岩小屋にもどった。

十七日は前日とうってかわって《一天霽れて繊雲なく澄みたること水に似たり》という好天にめぐまれた。このまま神河内に下っては口惜しいので烏水は再度の登山をこころみ、目的どおり、蒲田川右俣を下ることを考えた。岩小屋で一緒になった猟師に行路をたずねると、「造作もねえこった、おれッちゃ、毎日のやうに往《い》んだり来たりしてますさ」との返事がかえってきた。案内人の資格に欠ける大石屋を神河内に返し、嘉門治小屋にあずけた荷物を取りもどして蒲田へ来させることにし、市三郎をふくむ三人が「裏山越え」をめざした。この決断が烏水・金次郎の槍ヶ岳登山の成功を生んだといっても過言ではない。三人はふたたび槍沢を登りはじめる。雪渓にさしかかって、《雪は氷原の如く山の裾と共に蜿蜒す》と烏水は書くが、好天にめぐまれてかなりの余裕をもちえたのであろう、高山植物やあたりの景観を書きこんでいる。槍ヶ岳については《石筍五六本を駢べ立て、その右のもの最も高うして、尖先鋭く磨き立てたる寒剣の、半天に瀰りて空を削るを仰ぐ》とよむことができる。

《偃松帯尽き、峰頭の隆起《リッジ》を作るもの、敢えて四五といはず、その鋸歯状に虚空を乱斫せる間の窪口に達したるところは、最高点にはあらねど、ともかく絶頂にして、幅薄くして狭長なるプラットフオームを作れり。》

《おののく足を踏みしめつつ、三角測量標を建てたる一皴峰に蝸附して上る、絶巓より突兀たること約二百尺、胆沮みて幾回か落ちむとしてはしがみつき、瞑目して漸く攀じ了りたるところ、我が鎗ケ岳の最高点にして、海抜実に一万一千六百五十二尺、山は遠く遠く塵圏を隔てて、高く高く秋旻に入り八月の炎帝の威、今果して幾何ぞとばかり……。》

これが三年のあいだ、烏水のこころをとらえてはなさなかった槍ヶ岳の絶頂であった。《人間の覗ひ得ざる何物かを秘めた》尖塔の頂きであった。

槍ヶ岳の早期登山者のなかで、その鋭角的な岩峰をウェストンは《日本のマッターホルン》とよび、烏水は《風骨珊として秋に聳える清痩の高士》にたとえたが、このような表現のかげに二人の歴史的な背景とそれぞれの山への接し方をうかがうことができるだろう。ウェストンが、アルプスの印象をもとに日本の山々を探索していたのにくらべて、烏水は『日本風景論』のなかの伝統的な情緒でそれをとらえていたといえるかもしれない。乗鞍岳が二人を槍ヶ岳にむすびつけたのは奇しき因縁だが、この槍ヶ岳について考えると、二人とも二度挑戦し、二度目に成功をかちえたのも、偶然とはいえ日本登山史における奇妙なめぐりあわせであった。

烏水の「鎗ケ岳探険記」を読むかぎりでは、二回登山の記とあるように二回とも絶頂に立ったかのような錯覚におちいるのだが、前述したように十六日は槍の肩で登高を断念しているのである。ウェストンが第一回登山(明治二十五年)のとき、天候悪化のため肩から引き返したのとおなじように、烏水も《上下左右たゞ濛々として白霧のみ》の尾根筋から下っているのだ。しかし《絶巓に達したるときは午後三時半》と明記したように、いかにも最高点に達したかのような印象をあたえてしまうのである。

絶巓という語彙は、烏水にあっては言葉そのものの意味とはちがったかたちで使われている。槍の肩に達したとき《最高点にあらねど、ともかく絶頂にして》と書いたり、三角測量標の建てられた頂上を《絶巓より突兀たること約二百尺》、また頂上の景観を叙するなかで《霧の澎湃として脚下にひたうつ鎗ヶ岳の絶巓を》とあるところをみても、彼のいう絶巓は真の頂きではなく肩の稜線をさしていることが明白である。絶巓と絶頂、この二つの言葉の使いわけがみられるし、また混用もあって読者は迷わざるを得ない。このような誇張的言辞がみられるのは、烏水がまだ漢文脈文体から脱出し得ていない証拠といえるが、そこには彼の気負いを読みとらないわけにはいかない。烏水の言葉を真にうけて、二度頂上に立ったとまことしやかに書く登山史もあらわれている。

この時期の飛驒山脈、ことに槍・穂高周辺の山々において注目すべきことは、参謀本部の手によって測量事業が開始されていることである。登山にほとんど関心がはらわれなかった この時代にあって、三角測量標設置という困難な作業がはじめられていたのである。烏水の 紀行文中にも、島々の人夫がそのために動員され、また横尾の川原に「右やりがたけ、是よ り絶頂まで四時間」という道標をみたという記述があるから、「前人未踏」と信じこんでい た二人の登山者は、落胆と安堵の気持をこもごも味わったにちがいない。明治十七年以降、 参謀本部陸地測量部が全国の三角測量を担当することになり、前穂高の撰点が二十六年に、 造標が二十八年に、観測が二十九年に、館潔彦、高井鷹三、三輪昌輔らの測量官によってお こなわれたのをはじめ、この山域にはすでに彼らの足跡がしるされている。槍ヶ岳は三角測 量史料[*6]によると、この三十五年に直井武、中疇摧によって撰点・造標・観測が実施されてい る。烏水が《難波船の檣》のようにと形容した絶頂の三角測量標は、実は組み上ったばかり の二等三角櫓であった。後年、寺田寅彦が地図製作にたずさわった人々の労苦とその真面目 をたたえて「嶮岨をきはめ、未到の地を探り得てヂャーナリズムを賑はしたやうな場合でも、 実は古い昔に名の知れない測量部員が一度はそこらを縦横に歩き廻つたあとかも知れない[*7]」 と書いたのは、功名心にかられる登山家への批判でもあった。

陸地測量部の撮影になる「鎗ヶ岳頂上の三角櫓」（明治三十五年）の写真をみてもわかるよ

うに、槍の穂先にはそれがはっきりと判別できて「前人未踏」の表現とはおよそほどとおいものであろう。烏水自身「鎗ヶ岳探険記」拾遺のなかに「ヤリ」状の岩峰の様相を描いて《現に吏員が三角測量標を建つるとき、この一本槍を鉋削斧劈したるにあらざるかと思はるゝ痕跡歴然たり》と記しているし、明治四十一年の榎谷紫峯の記録「鎗ヶ岳の巓」[＊8]にも、測量員が標櫓を立てるため頂を八九尺毀ったこと、六七尺四方、人工的に平準《なら》したとの報告がつたえられている。

ながいあいだ槍の尖塔におもいをめぐらしてきた烏水にとって、それが「前人未踏」の夢をはかなくうちくだいたものであったにせよ、到達のよろこびは大きなものであった。十六日、尾根筋にたどりついて《只だ泫然として涙下る》と書いた彼は、石祠の断片をかこって持参の蠟燭に火をともし《瞑目天を仰いでしばらく黙禱す……我今に迨びて初めて人間の弱きを知んぬ》と言っているが、翌日の登頂にあっては、そのよろこびは最大級の表現となってあらわれる。

《おもへらく、自然は地に在りて絶大至高なる記念碑を建てぬ、美なるかな蜻蛉洲、その崇高美は一に萃めてこなる中央大山系に存ず、しかもその大観を、一目に縦まにせしむるため中央にいや高き聖壇を築くにあらざりせば、そはあまりに統一を欠きたらずや。》

《我初め山の高きに登りて、他の低きもの小なるものに、王者の威を挿んで臨まむことをおもひぬ、底事ぞ、鎗ケ岳彼自身は、自己のいかばかり高きかを知らざるが故に、我もいつしかその高きを忘れぬ、山に入りて山を知らざるは猶凡境、山に登りて猶且山を知らざるに至りて、我や無何有の帝郷に逍遥遊をなしぬ。

よしや天の才は徴されて天上の修文郎ともなれ、我等は到底永くこの高御座を領するの人にあらじ、かくて遠謫の命運今や我に迫りぬ。》

ここには烏水の自然讃歌と煩俗の世界をはなれた宗教的な境地がある。「飛驒山水談」以来の山への接し方、つまり高山の絶頂に立ったときにこそ空々侗々大正覚に達し、宇宙の大趣心源に徹するのことができるという、彼独特の山岳哲学がある。

烏水一行が下山路に蒲田川右俣をえらんだのは、赤沢の岩小屋で会った猟師の教示によるものだが、おそらく高山誌友会出席の約束が烏水の念頭にあったから、その道を急ぐことになったのであろう。しかし岩石づたいの道は教えられたほど容易なものではなく、岡野が足指に擦傷をうけたりして《下山遅々として大いに悩む》というありさまであった。谷に入って徒渉をくりかえし《進む能はず、退くに術なし》と烏水が書いたほど気苦労があったようである。市三郎が岩場や水の流れのなかを悠然と下ってゆくのにくらべて、二人は《魚と運命をともにせむ》というおもいにかられている。《是に至りて始めて飛騨方面より登山の到底不可能なるを知り、曩《さき》の広舌を悔いぬ》とあるから、猟師にとって日常茶飯の山道であっても、新来の客には言葉どおりの険道であったにちがいない。

槍の稜線を出たのは午前九時すぎ、ほうほうのていで蒲田の温泉宿についたとき、大石屋が提灯をふりかざして迎えに出たというから、この下山路におそらく十時間ちかくかけたことになる。岡野金次郎も「道のない当時のことであるから、荊にさいなまれ、針の山を歩くようで服もぼろぼろに砕けた」と語っているし、烏水自身の回想に《温泉宿が見えたとき、実に嬉しかつた。助かつたと思つた》とあるのは、実感であろう。

翌十八日、大石屋主人と筒井市三郎とは神崎（神坂のことか）で別れた。烏水はこのときの情景をつぎのように記録している。

《大石屋とは一たび顔を赧らめ合ひて、荒らかに物言ひもしたれ、今となりてはさすがに名残の惜しからぬにもあらず、殊に市三郎の介抱懇篤なる、登山成就の功、大半を彼に帰すと肝に刻すべし、彼は路々余の鎗ヶ岳行を、新聞へでも書くなら送つてくだされ、私《わし》には読めないが、村のものに読んで聞かせてもらひ、大事に保存《しま》つて置きますほどにといひ、又横浜へ出て山葵でも商ひたしと熱心にいふに、我その出山の不心得なるを諭したるに、聞いて一々「さういふ訳だ」と頷けるなど、二十六歳猶頑児のみ、鉢巻を外して腰を屈めながら、柴の組橋の上に佇みては幾回か振りかへる、げに可愛らしき男なりけり。さらば善人よ、健在なれ。》

二人は高原川を下り神通川にそって越中への道をえらんだ。二年前の乗鞍登山の帰りに通過した道である。そのため烏水は高山誌友会参加の一件を完全に無視してしまうことになる。槍ヶ岳登山の成功という安堵感からか、疲れた足をひいて平湯峠をこえることのわずらわしさからか、あるいは予定の時日におくれたためか、さすがの烏水も何もふれていないから推察するほかはないが、ともかく高山訪問を放棄したのである。

烏水が第一回目の槍登高を試みた十六日、高山の松泰寺では第三回斐太誌友禿筆会がひらかれていた。烏水に山旅のみやげ話をきこうと誌友は待ちかまえていたのだが、しかし当日の朝、幹事が宿舎の渓華園をたずねても烏水の姿はなく、午後二時になっても彼は会場にあらわれなかった。灘原の平原の一本道にそれらしき姿や人力車がみつかると、あつまった誌友は双眼鏡でそれを追いかけたが、みな人ちがいであった。幹事をつかまえて不平をもらす者が続出し「おーい、面白うないな」「酒が足らぬ」と不穏な空気になったと報告者は書いている。

〈今や只だ飲む、食ふ最中で、少しも興味がない。「西洋独占ひ」を持ち出して見ても駄目、短文でも書かうかと云ふても皆馬耳東風。そこで遂に別室に紙を置いて、無理槍に何んでも書く事と宣告したが、机に向ふて何にも書かずに遊んで居る先生もあつた。

「烏水氏一行の来ぬのは兎に角発起者が気がきかぬのである。酒は少量、孫子の末迄も禿筆会へは出席させまいと思ふ。桂子」

「烏水さんもあんまりひどい。鵜のまねして高山へ今年は香魚が居ないからつて、上つて来ないんだもの。栖雲」

まだ沢山あつた。〉*9

このように烏水不在の会合が支離滅裂なものになってしまったのは、言いかえれば、烏水がいかに絶大な人気を博していたかの証左である。その文名と実践行動が誌友のあいだにとどろいていたということになる。小さな山間の町のことだから、横浜に住む指導的人物の存在が口から口へ伝えられて「文庫」記者烏水の偶像ができあがっていたことにもなろう。まして彼が白川郷から白山に登る予定を明確に伝えていたのだから、誌友たちに一段と好奇心を抱かせたのかもしれない。

彼は帰宅後、高山からの抗議状をうけとって、弁解がましくつぎのように返信を書いている。

《小生は十四五日に、又高山市に到着すべき旨を、山粟君まで予じめ申上置候へ共、外の旅行と違ひ、前人未到の深山幽谷を探険がてらに辿りつくことゆゑ、さなきだに予定に違易き旅行が、ひとしほ狂ひがちなるは、諸兄の高察を仰ぐの外無之候。併し十六日に誌友懇親会を開会するといふことは、今の今まで承知仕らざりしところにて、当日は恰度鎗ヶ岳を登りつゝありし日に御座候。只だこの山存外に手剛くて、小生等をして啻《ただ》に懇親会に列席せしめざりしのみならず、予定の白山行をも断念し、尠からぬ手傷を蒙むりて引き返すの已むを得ざるに立至らしめ候段、悔恨此事に候。この手違ひは全く発起人諸氏の御関係なきこと故、あまりお叱り下さるまじく候。同時に小生の罪も御宥免の程を願上候。》[*10]

出立二週間まえの七月二十五日、秋暁にあてた手紙のなかで高山誌友会列席を「既に約定あり」と書いたほどなのに、承知仕らざりしとはいったいどういうことか。未知の深山の探索が彼の予定を大幅に狂わせたことはわかるが、十四五日ごろ高山着という予定自体が安易なものであったといえそうである。「生還は期せられない」という知人の言葉を真にうけて決行にふみきったはずだが、槍ヶ岳をあなどって考えていたといえないこともない。違約の詫びを率直に表明すればよいものを、文飾によって主従をおきちがえている。結果としては《夏期大旅行》の三つの目的のうち槍ヶ岳だけが成就され、白山、立山・針の木峠越えは、彼の行動表から脱落したことになるが、そこには《大風呂敷》とからかわれた青年烏水の多血症的な一面と、矛盾にみちたロマンティシズムがみられるのだ。

神通川を下った烏水は富山と金沢に足をのばしただけで、八月二十三日、横浜山王山の自宅に帰着した。「安楽椅子日記」によると、旅装をとくやいなや母親に汁粉を所望したというから、よほど甘味に飢えていたとみえる。烏水の甘党ぶりについては、岡野の的確に語るところだが、この関東人の好物は旅行中《どこにも見あたらなかった》と烏水は書いている。

山から帰ってすぐさま書斎人に転化しうるのが、烏水の特質だといえるかもしれない。「文庫」記者の責務から自分の担当する号で時事評論、文芸評論やその他の雑報を書かなければならなかったから、日常生活はおのずから書斎中心となっていたといえる。二週間の山旅から帰ってから三四日のうちに「文庫」「新声」はもちろんのこと、「ホトトギス」「鈴虫」「かたかげ」「太陽」「芸文」「演芸世界」「文芸倶楽部」「新小説」などの新刊雑誌を読了しているのをみると、根っからの活字の虫であったという方が適切であろう。二十六日で休暇がおわったが、槍ヶ岳登山の結果、気丈夫の烏水も健康をそこなってしまった様子である。悪

寒におそわれて夜どおし母親の介抱をうける始末で、正金銀行には欠勤届を出す羽目になった。二十七日の日記に、

《休暇は昨日でつきたので、出勤しやうとしたが何分熱が苦しいので病気届を出す、書きかけては幾度となく躊躇した、竟に病に克てない、平生僕の細い軀《からだ》を吹けば飛ぶだらうなど丶見くびつてゐる諸友人に、信飛山中、風惨雨虐の間より齎らし帰つた赭黒い亜非利加土人的顔色を見せて、一代の蛮骨を揮つて物語を聴かせてくれやうとおもつたに、一枚の病気届とは我ながら情なかつた、蓋し小島も旅疲れが出たのでせう、あの躰格で瘦我慢を張つても、どうしてあなた、張り通せるわけのものではございません、など丶後指をさ丶れるのがいかにもつらいのだ。

「太陽」を辛うじて読み了る、夜からは高熱、玉の汗で寝衣はグツシヨリ、氷嚢で額を冷やす、母上終夜眠らず、寝床を病人の傍に遷して介抱を賜はる。我家ながら、畳の上ながら、夢は枯野を駈けめぐる。》

槍ヶ岳登山後の、まだ昂奮のさめやらぬ烏水の気負いがつたわってくる文章だが、対世間上の本音を吐いているのがおもしろい。山案内の猟師から「猟士手合にこの児教ふべし」とその頑健ぶりをほめられた岡野金次郎も、烏水の家に遊びにきて、まだ足の痛みを訴えると

いう状態であった。「草鞋だこ」のできたこの豪傑から、医師の診察をうけたときおよんで《吁嗟老矣》と、烏水は日記に書きつけている。

二十九日金曜日から出勤。二足のわらじをはく烏水の生活がふたたびとりもどされた。経済的に一家を支え、弟妹の面倒をみなければならぬ彼にとって、「文庫」から得る報酬がたとえささやかなものであっても、それはけっして軽いものではなかった。烏水二十八歳のときである。

「鎗ヶ岳探険記」が約一年の時間をかけて書き上げられたことは、烏水自身のうちになんらかのもくろみがあったにちがいない。従来は旅から帰るとすぐ早駆けの馬のように紀行文を書き上げていたが、この槍ヶ岳紀行の執筆にはかなりの余裕をもってのぞんでいる。

第一章「発端」を三十六年一月に、第二章「地理上より見たる鎗ヶ岳」を二月に、第三章「千曲山脈横断記」を五月にという具合に、全十章を九回にわたって書きついでいった。第十章「鎗ヶ岳裏山越えの記」が発表されたのは、十二月刊行の一四四号においてであった。それは「文庫」誌面作成上の要請があったとも考えられるが、この宿願の槍ヶ岳紀行は充実したものとして完成させたかったのであろう。というのは「浅間山の煙」や「乗鞍岳に登る記」が未完のまま放置されていて、紀行文としては失敗作であったから、その轍を踏むまいとする配慮があったとおもわれる。

《著者は今疲れたる腕に金剛杖より重き筆を牽きつゝあるなり》とは、彼自身が書いたとおもわれる連載予告の一節だが、深山幽谷をきわめ得たという自負心のかげに、紀行文の執筆に苦慮していたという形跡がよみとれないこともない。

表題にあえて「探険」という言葉をあてたのは、霞沢岳の稜線を越え、槍の稜線から蒲田川右俣を下ったこと、烏水の言葉にしたがえば《縦面的に踏断》したことによるものだが、第一章三節の「弁疏」(『山水無盡蔵』には収録されていない)にいう《資金も準備も十二分なる能はず》というところで実行された山行であったから、そういう表現をとったのであろう。文士で高山幽谷を跋渉したものはきわめて稀であるが、全くいなかったわけではない。ただその人々は新聞社や出版社から依嘱されていたので資力はあり、随行者も多く、また人夫導者を自在に使役することができた。しかし自分はそうではない、同行の友は唯一人、地図は参謀本部二十万分の一輯製図で、山ではなんら役立たぬものであったと言っている。実測図ならぬ輯製図がいかにでたらめで、用をなさぬものであったかは、探検時代の登山者のよく語るところだが、これでは地理的把握はなしがたかったのである。予告文に《皆自己一個人が貧しき頭脳と、鈍き眼孔と、拙き手腕とを以て、且つ看取し、且つ解析し、且つ手記したるに過ぎざるを以て、我自ら我が文に対して、一分の饜くものあるを知らざるなり、今「鎗ヶ岳探険記」一篇を世に公にするに方り、識者の哂ひを取るを慚づと雖、能く之を忍ぶものは、亦好山癖の制する能はざるものあるに由る》と書いたのは、自己の登山行為に大きな自信をもちえたからである。

「鎗ヶ岳探険記」は従来の紀行文とおなじように、一種講壇調の地形概説と形容詞句多用の文章で書きはじめられたわけだが、ここでも彼は忠実すぎるほどの記録者であった。しかし書きついでいく過程で、調査不足の個所については文献にあたったり知人に質したりして、過去の不面目の回復をはかろうとしていた形跡がある。たとえば植物については小石川植物園勤務の葉末露子（山田肇）にきいて確かめ、白骨あたりの風物については、些細なことまで秋暁に問いあわせている。

《御多忙の際かゝることにて御手煩はさんも恐縮ながら只今紀行を書きかけて不図思ひ惑ひたることとあり　御指教を仰ぎたく存居候儀は嶋々村附近（のみならねど）にて屢々見る〝風穴〟といふものはあれは人工にや天然にや㈠　何の用をなすものにや　暖気を防ぐために蚕を蔵し置くものとやらに聞きたるかとも記臆《ママ》いたしをり候へども委しきことを知らず右

蚕の外に要なきものにや㈡……白骨温泉にて候が木の葉石の出る場所道筋等㈠、及むかしこの宿屋にて蜂蜜へつけて喰べさせる饅頭やうのものは何の粉より製したるものに候や㈡

以上定めし御迷わくの儀と存候へども間違ひを書いて笑はれまいといふ一生懸命にてかゝりたる仕事故お手隙きの節御走筆奉願候》

と三十六年五月十二日付の秋暁あて書簡に読むことができるが、烏水の習癖とはいいながら、かなり細心の注意をはらっていることに気づく。それだけにこの《一生懸命にてかゝりたる》槍ヶ岳紀行は、烏水の青春のかけがえのない産物であった。「鎗ケ岳探険記」は全体で約一九〇枚の紀行文だが、それは銀行員の余技や道楽の域をはるかにこえるものであった。烏水がこれに明治三十六年という一年間の時間をかけて「文庫」に分載したこと自体、精魂をこめて執筆に専念していたことにほかならない。しかし綿密な描写、忠実な記録のところどころには、彼の本性ともいうべき詩人的素質が顔を出してきて、筆の走りに作り話があらわれる。《驚破《すは》といふ》ときのために腰に拳銃一挺を忍ばせたというのは信じがたいし、十六日に稜線に達したとき《顧れば家郷を出でてよりこゝに十日》と謳いあげているのも正確ではない。

このころ彼は「文庫」の仲間から《山博士》の異名をたてまつられ、自分では《烏法師》

とか《烏水行者》と名のっている。そこには仲間うちの遊戯的な気分が読みとれないこともないが、槍ヶ岳紀行の執筆にあたっては《山博士》の面目にかけて慎重にとりくんでいたし、自分でなければ何びとにもなしえない仕事だという明確な自覚をいだいていた。それも、のちの「紀行文論」で言うように、日本アルプス地帯の高山深谷の描写にいたっては、《目隠しをした人に向ひて光線や色彩を講義する》ようなものという危惧と惑いを感じながら、書きついでいたのである。登山の実際を知ることのすくなかった当時にあって、読者を意識すればするほど叙述は説明的になりがちであり、自然描写は平板になってしまう。そういう対読者とのかかわりあいのなかで、紀行文を文学作品として評価にたえるものに仕上げようとしたところに烏水の苦慮があった。たんなる山岳踏査の記録とか報告書でないところに「鎗ヶ岳探険記」の紀行文学としての存在理由がある。

この明治三十五年の槍ヶ岳登山をめぐって、後年、烏水は多くの回想文を書いている。「槍ケ岳の昔話」(昭和二年)「槍ケ岳からの黎明」(昭和十一年)「『山水無盡蔵』といふ本のこと」(昭和十一年)「山の因縁五十五年」(昭和二十二年・口述)等々の文章には、若かりし日の足跡をしのぶ幸福感にみちた口吻がよみとれるし、自分の登山行為の歴史的位置づけがおこなわれていて、それなりに烏水のこの山にかけた情熱を知る好個の材料となっている。彼自身の記憶ちがいや誤記も散見されるが、重要なのはこの槍ヶ岳登山が機縁となってウェストンの知己を得、それがさらに日本山岳会の結成につながってゆくことである。

この歴史的事実を烏水はくりかえし語ってきた。岡野金次郎とハッパーを介在したウェストンとの邂逅は、双方が横浜居住者であったという偶然が幸いしているのだが、それぞれ驚異と親愛のまなざしをもって出会ったのは想像にかたくない。烏水は「鎗ケ岳探険記」を発表しはじめてから、『日本アルプスの登山と探険』の著者ウェストンを発見し、ウェストンもまた日本の年少の山好きを発見した。ウェストンがチェンバレン、メースン共編の『日本旅行案内』A Handbook for Travellers in Japan によって中部山岳に眼をひらき、烏水が志賀重昂の『日本風景論』によって飛驒山脈に志を立てたのは、こと日本登山史における血統的な正しさであって、この二人の出会いは星辰の交会というべきかもしれない。烏水は言う。

《私の関する限りにおいて、日本山岳会（始めは「日本」の二字が無く、単に「山岳会」と呼んだ）の設立は遠き因縁に遡ると、槍ケ岳に発端してゐることを思へば、槍ケ岳及び麓の上高地は、日本アルプス文献のためには、発祥地であり、山岳会の哺乳体でもあつたと考へられる。父なる日本の自然から、ウヱストンは異母の兄として、志賀氏は同胞の兄として、私たちに送られたとも見られよう、但し重ねていふが、「私の関する限りにおいて」である。》

（「槍ヶ岳の昔話」）

彼はひかえ目に、しかも自信をこめてこの山行を歴史のなかに位置づけている。この文章は烏水がアメリカ駐在から帰国して、正金銀行頭取席電信課長にあった五十二歳のときのものである。明治三十年代はすでに遠い過去の語りぐさになっていたことを考えなければならない。アメリカ生活十一年余の歳月は、日本の登山界を急激に進歩させたし、大きく変えつつあったから、ここに読みうるところでは、自分に関するかぎりと謙虚な口調で言いながらも、登山史における自己の存在を主張する口ぶりがある。さらにつづけて、《ウヱストンの「日本アルプス」は、〝日本アルプス〟を全世界に紹介したが、ウヱストンの人物を、初めて、日本人に紹介したのは、そして「日本アルプス」なる書籍の梗概を叙述して、日本人の間に知らせたのは、恐らく私であつたらう》と書いている。

もちろん事実として正しい。「鎗ヶ岳探険記」は日本人登山者による初めてのまとまった記述であったし、文章家としての烏水にして、はじめてなし得た仕事であった。その点、先駆者としての栄光はゆるぎないものであろう。烏水の槍ヶ岳登山の成功があって、日本の山好きはひとつの流れとなって、日本山岳会の創立にむかってゆく。しかしここで考えたいのは、槍ヶ岳へむかう途中の一挿話である。

ウェストン紹介の「日本の高山深谷を跋渉したる外国人及び其紀行[*11]」によると、赤沢の岩小屋で猟師から聞いた話として、八九年前のこと、西洋人が槍をめざして登ってきたが、その日は大雨のため頂上付近で引き返し岩小屋に一泊、翌年おなじ人物がふたたび槍に挑んで絶巓をきわめ、悦び勇んで下山したと書きこんでいる。これはあきらかにウェストンの槍ヶ岳登山（明治二十四年および二十五年）をさしている。

《余も聴いて駭《おどろ》き呆れぬ、蓋し槍ケ岳の位置と、其異常なる雄峻の山貌とを知る程の人は、特に好みてかゝる山の登攀を企つる外客が、尋常一様の愛山家にあらざるを知ればなり、よりて其国の郷国氏名を訊ねたれど、何事も知らずとのみ、毫も獲るところ無かりき。しかも竟に、この心にくき外客を識る機会は、偶然にして来れり》

このように烏水は注記して、ウェストンとの出会いを運命的な必然であるかのようにほのめかしていることだ。ところが彼の正記というべき「鎗ヶ岳探険記」にはこの挿話は一行もない。材料の選択は作者の自由だが、もしこれが事実であったとしたら、烏水ともあろう記録魔が書かずにはいられないはずである。人事にわたる叙述は彼の好むところであったし、三十三年秋の赤倉温泉で園丁から仄聞した話として《外国人の測量器を携えて登山したること、外国婦人の平気にして山巓を窮めたること》を記録したほどに、横浜育ちの烏水は、ことに外国人の動静に敏感であったはずである。まして岩小屋で大石屋が熊皮をゆずりうけようと、猟師に《耳語》するのを描写し《独り会心の笑ひを洩らしぬ、蓋し温泉の旅舎を生業とせる彼は、猟人何日かの湯治料と交換するの約を訂したるならんか》などと細い観察をしているのだから、駭き呆れた外国人登山者の話を失念するはずはない。

これは『日本アルプスの登山と探険』を読んでからつけくわえたものと判断してよいだろう。猟師という第三者の口をとおした話を自分自身の側に引きよせて、劇的な物語であるかのようによそおっている。槍沢にのぞむ岩小屋を背景に、運命的な出会いを神秘化しようとする、烏水の小説家的な手口がここにある。

烏水は三十二年秋の浅間山登山以後、『日本風景論』その他の地理学書を武器として、自分の文学的表現のなかにつとめて科学用語をとりいれようとしてきた。そのために文学と科学の調和などという表現もみられるのだが、それはたんに知識にすぎず、血肉となるためには、かなりの時間を必要とする。秋暁の「『銀河』小評」に言う「烏水は生まれながらにして詩人也。其の科学者たらんには、湿潤に過ぎ、多血に過ぎ」という人間批評があらためておもいおこされるのだ。

ウェストンはこの明治三十五年、ふたたび来日、聖アンドリウス教会の牧師として横浜に住んだ。山好きの彼は烏水の帰浜とほとんど入れちがいに、八月十八日、横浜を出立して白峰北岳にむかっている。このときの紀行文は The Ascent of Kaigane-san という題のもとに「ジャパン・ウィークリー・メイル」十一月一日号に発表されている。

第十章　山を讃する文

明治三十六年は「鎗ケ岳探険記」の執筆に大きな比重がかけられていたが、「文庫」誌上における烏水の活躍にはめざましいものがあった。「菊五郎死後の劇論を論ず」「英杜戦争より獲たる吾人の教訓」などの時評文や「豊太閤の最期を論ず」などの史論、そのほか「透谷全集と子規随筆」「『浜子』を読む」などの文学批評を読むことができる。それは記者としての責務上の仕事であった。しかし余暇さえ得られれば《名山大山に放浪して霊魂の洗濯をするに若かず》とまで書いた烏水のことだから、じっとしていられるはずはなかった。この年、彼の生涯にとって、見のがすことのできない二つの山旅があった。

この年の正月、彼は久保天随、馬場孤蝶とともに、箱根湯本から芦の湯へのぼり、鞍掛山・十国峠をへて熱海へ下り、伊豆山へと歩いている。赤門派の文学士天随はまえに述べたように烏水の少年時代からの友人であり、「文学界」同人であった孤蝶は詩文や翻訳によって盛名があった。孤蝶が年の初めに湯本の姉の別荘に滞在することを知って、前年末、烏水は訪問する旨をつたえておいたのであった。

この三人の旅行については、二人が文章を書きのこしている。孤蝶が「浴泉日記」（「明星」三十六年二月）を発表し、烏水は「山の声海の声」（「文庫」三十六年三月）を書いた。天随は「帝国文学」に発表する約束だったというが、三十六、七年の同誌にそれらしきものはみあたらないから、あるいは書かなかったのかもしれない。

「山の声海の声」は気軽な日記風の筆致で三人の交友ぶりを冬の自然との対比のなかに描いたものである。「鎗ケ岳探険記」の緊迫した文章とは質的に大きな差がある。これによると烏水は元旦の朝、五六軒の年始をすますと、鉛筆、手帖のほか温泉宿で読破すべく孤蝶の『野守草』、草村北星の『浜子』、子規追悼集、三好学の『植物生態美観』などの新刊書籍を風呂敷につつみ、日和下駄をつっかけて家を出たという。約束の時間に横浜駅に行くが天随は来ない。天随は約束を反古にしたことのない男だが《酒にかけては猩々からお釣《つり》銭を取らうといふ剛のもの》だから、元旦のことゆえどこかへひっかかったものと判断し、烏水はひとり湯本にはいる。しかし宿をどこに取るか天随ときめていない。仕方なく旧知の塔の沢の環翠楼にむかった。というのは三十三年秋、山縣悌三郎の招待で秋暁、酔茗、烏水、夜雨、江東、清白、紫紅ら「文庫」同人がそこに会合して「寄木細工」を書いた由縁のある宿屋だったし、天随もかつて泉鏡花や樋口竜峡とここに遊んだときかされていたから、もしや次の汽車でかけつけないものでもあるまいという配慮からであった。実にのどかな筆致で、そのいきさつを書きすすめている。《両脚を投げ出して、天椽を仰向いだまま、ア、詰まらない、明日はどうしやうか知らと、昵《じつ》と考へこむ。スルトお聞きなさい、隣室へ又客が来た……》と烏水は書く。その隣室の声の主は天随であった。《先生襖をガラリと開けて、ヤア君か、ム、おれだ、下女不意を打たれて大狼狽のかたち、偶然と当然と相距ること、蚕と蛾の如し》……烏水の文章はこのようなユーモラスな口調で書きながされている。

翌日、二人は孤蝶をその止宿先に訪ねた。たがいに作品や文通をとおして知っていたものの、実は二人とも孤蝶とは初対面であった。烏水は《一見旧の如しといふのはかゝる会晤であらう》と書いているが、孤蝶の「浴泉日記」には、二十九歳の烏水の風貌を読むことができる。

〈烏水子、天随子相携さへて来訪しぬるを、河沿の小亭に招き入れ、炉を囲むで閑話す。二子はわが初めて識る人、一は痩せて捷聡の気眉宇の間に著るく、他は肥えて寛恕の相、豊顔に溢れ、口気に躰度に俗塵を脱したる、たとはゞ、一は道士のごとく、一は和尚の如く、一見して、その想界の人たるを知り得べし。主客さながらに十年の相識のごとく、躰を胖にし胸を開きて相語れば、一鳥鳴かぬ此の里の山気清う肌に徹りて、河音のみぞ高う澄める、閑にもの寂びたる境趣かぎりも無し。〉

この会合に参加するはずであった平田禿木が来られぬとあって、三人は合議のすえ、芦の湯から熱海への山路を和気あいあいと歩く。孤蝶は草鞋脚絆がけ、鳥水は日和下駄、天随は薩摩下駄をはいていた。自称《三大天狗の登山》であったが、下駄組は霜どけのぬかるみで足をとられて、結局、草鞋にはきかえることになる。そこには冬の箱根山中を行く三人の文人のありさまが活写されている。

これは三泊四日の文人交歓の集いであった。温泉につかり酒をくみかわして、各自の人生観や生活上の諸問題を語りあい、同時代の文学やゴーリキーやニーチェを語るという、鳥水の言葉によれば《前代未聞の宴会》であった。孤蝶が兄の馬場辰猪の奇行にみちた生涯を語るのを聞いて、豪傑肌の天随が《憮然として卓を撫でながら、首垂《うなだ》れた》と、鳥水は記している。

「山の声海の声」がおもしろおかしく日記風に書かれたのにくらべて、孤蝶の「浴泉日記」

は短いながらも格調ある文章で、一行の雰囲気と冬の自然をとらえている。烏水はそれを《西画を看るやうに美はしい文》[*1]とたたえているが、一家の不幸に直面し、亡き父親にたいする自身の不孝を反省する孤蝶の心情が、山海の叙景とともにあらわれている。烏水にしてみたら、少年時代からなれしたしんだ箱根の山々だが、信州・飛騨の山旅経験をつんだあとでは、あえて文章を磨き立てるほどのおもしろみがなかったのかもしれない。

烏水がウォルター・ウェストンと知りあったのは、この直後のことであった。

この劇的な、運命的な出会いについては、後年、烏水自身くりかえし書いているし、岡野金次郎の証言にもあるように、「山岳会」設立の基本的な根幹がかたちづくられることになる。日本の登山史のなかであまりにも語りつくされてきた挿話だが、ここでは烏水の「ウヱストンを繞りて」[*2]から引用しておきたい。

《明治三十五年の夏、私が槍ケ岳に登つたときは、横浜のスタンダアド石油会社在勤の、岡野金次郎が、同伴の友であつた。

槍から帰つた後、岡野は支配人のコックマンといふ男か、或はハッパアであつたか（多分ハッパアであつたらう）ボーイに、部厚の洋書一冊を手渡しして、在留外人が組織してゐる「読書倶楽部」へ、返却して来いといひつけ、ボーイが受け取つて、包装してゐるのを、何の気なく、ただし、小説本か何かぐらゐに思つて、君一寸、その本を見せたまへと手に取つて開いて見ると、偶然にも槍ヶ岳の図版が出たではないか。おやと思つて、本の名を見たら『日本アルプス』と題してある。岡野が驚いたのは言ふまでもない、早速タイトル・ページを写し取つて、その夕、同じ横浜山王山の小島の宅へ駈けつけた。小島は岡野の権幕に駭《おどろ》いたが、その本の話を聞いたときの駭きは、一倍であつた。「ほんとうかい君」と、念を押した、その態度は、半信半疑であつたが、岡野がタイトル・ページの写しまで見せたので、一も二もなく参つた。

併しその本も、英国倫敦の出版だから、ウヱストンといふ著者も、無論英国住まゐと、独り決めにしてゐたが、念のため、岡野はジャパン・ガゼット社発行の宿所録 Directory を披いて、Wの部を検索して見ると、意外にも、ウヱストンの名が出て来た。しかも眼と鼻の先に住んでゐたのだ。岡野は直ちにウヱストンの宿所あてで、手紙を書いた。ウヱストンからハガキの返書が来た。I am pleased to have a chat with you（君とお話したい）である。月日の記憶がないが、何でも土曜日の午後四時頃、共立学校前のウヱストン宅（山手二一九番B館）を、たづねたところ、背のあまり高くない外国人が、唯《た》つた一人で、屈み克ちに、廊下をスリ足で、往つたり来たりするのが見える。その態度が、いかにも緩慢で、お能の狂言に「そろり、そろりとまゐらう」といふ太郎冠者のやうな足取りであつた。岡野を見つけると、その外人は、いきなり待つてゐましたと言はむばかりに、寄つて来て、握手した。太郎冠者は、どうもウヱストンらしい、山の写真で一杯に飾られた応接間に通されて、始めてウヱストン本人に違ひないことを知つた。スリ足の次第を、後で聞くと、ウヱストンは、強度の近視眼で、その時、あまりの嬉しさに、眼鏡をかける暇なく、うす暗い廊下へ飛び出したゝめ、足許が覚束なく、ソロリ、ソロリと、やつてゐたのだと判つた。ウヱストン素より、日本の富士、御嶽、立山等に、宗教的登山者のあることを知つてゐた。併し日本人で、槍ケ岳へ登る人間が出て来やうとは、思つてゐなかつた。登山のための登山者を、日本の青年の中に見出したことを、ウヱストンは意外のことのやうに悦んだ。

岡野の話を聞いてから、私もウヱストンに手紙を書いた。何を書いたか、今は全く忘れたが、今まで第一登山と信じてゐたものを、十年前に登つた外人が、眼前に出現したのだから、感激し易い性情から、崇敬の念を献げて書いたであらうと思つてゐる。それに対して、ウヱストンからの使者が、返書を持つて来た。

君の槍ケ岳登山を聞いて、悦んでゐる、そして、直ぐお目にかゝつて、お話することを楽んで希望してゐる。今夜、私は公会堂で、「高山登攀及び冒険」を講演することになつてゐる、君はあれ程、英文を能く書かれるから、屹度講演に来て下さるでせう、それで茲に切符を封入する、もし御使用出来ないやうであつたら、本状の持参人に返却してくれたまへ、私は木曜日には、午後四時から六時まで在宅してゐるから、宜しくばいつでも拙宅へ来てくれたまへ。

以来、私とウヱストンとの間の文通は、幾十回といふことを知らなかつたが、本文は最初に受け取つた手紙である、日附けは二月十日とあるが、年はたしか明治三十六年であつたらう。》

この年の烏水の大きな山旅といえば、七月下旬から八月上旬にかけて金峰山、八ヶ岳、甲斐駒ヶ岳および富士山を踏破したことであった。先年の槍ヶ岳にはついに参加できなかった山崎紫紅が、同行者として登場する。

これまで烏水の山への憧れはひたすら信飛境上の山岳にかぎられていたが、槍ヶ岳登山の成功を契機として、甲州へ眼をむけはじめたことに注目しなければならない。これはごく当然のなりゆきかもしれないが、そこには二つの要因があったと考えられる。この年の六月、中央線（官線）が小仏・笹子の隧道の完成によって甲府まで開通したこと、二月に知りあったウェストンとの交際によって甲斐の山々に興味をもちはじめたこと、ことにウェストンから借りうけた「ジャパン・ウィークリー・メイル」所載の紀行文に刺激されたことなどがあげられるであろう。この年の山旅が発端となって、のちの『山水美論』（明治四十年）『日本アルプス』第一巻（明治四十三年）の主要部分をしめる甲斐山岳論に発展してゆくのである。

八月二十八日付の秋暁あて烏水書簡に次の一節がある。文壇の不景気ぶり、春陽堂が当代の花形作家、鏡花、風葉を手放したこと、金港堂が店員三分の二を解雇したことなどの文壇情報とともに、「文庫」内部の苦衷をうったえたあとで、

《小生今夏は山博士の本領をあらはし（暑いから冷やかされるのを嬉しく頂戴）紫紅と両人甲斐に入り昇仙峡より八千五百尺の金峰山を攀ぢ下りて信甲の境なる九千余尺の八ケ岳を窮め虫取スミレや黒百合を多分発見採集（発見は紫紅の功なり）こゝを下りて甲斐の駒ケ岳（九千九百尺余）を一日に上下して村民に舌を捲かせ信州伊那に入りて信の駒ケ岳を踰えんとしたるところ低気圧襲来のために三日間山麓に無益に待ち暮らし竟に紫紅と日限の都合にて手を別ち小生は登山断念、信州飯田より木曾の古道（正真正銘の古道即ち神の御《ミ》坂《サカ》や箒木に名をあらはしたる園原の在るところ）を峠伝ひに踰えて美濃中津川に入り汽車にて名古屋へまゐり東海道を通りぬけて御殿場に下り行き掛けの否返りがけの駄賃に富士山を上下して

帰宅　紫紅は飯田より三河路に出で河合の石門（石灰岩の）に長吁し長篠の古戦場に落涙し僕より二日早く帰宅いたし候　来月十五日の「文庫」に右旅行に就いての紫紅の紀行出づべく候　近う寄つて御参拝あられませう》

この文面を読むかぎりでは、烏水も紫紅も甲斐駒ヶ岳を一日で往復するという、おどろくほどの健脚ぶりをみせている。

この山旅について、烏水はまとまった文章をのこさなかった。「甲州街道の不二」「甲斐金峰山に登る記」「霧の不二、月の不二」のほか「八ヶ岳の黒百合」などで断片的に山旅の印象を綴っているにすぎず、一貫性はない。むしろこの年は槍ヶ岳紀行の完成に主力をそそいでいたのである。したがって秋暁あて書簡でわかるように、紫紅が紀行文作成の任務をおびていたのであって、事実、彼の筆によって全行程が「文庫」誌上に記録されたのであった。「甲州金峰山」上下、「八ケ岳採草記」「八ケ岳後記」「甲州駒ケ岳―またしても山物語」「南信山水」「三州川合の石橋」と七回[*3]にわたって発表された紀行文は、「鎗ケ岳探険記」の後半と並行して「文庫」をにぎわしている。清白・酔茗ら主だった同人が六月以来、一度も上京せず、《尻に帆をかけて去つた後》（秋暁あて書簡[*4]）の不振をかこっていた「文庫」で、烏水がほとんど一人で編集をささえていたのだから、むしろ彼が紫紅に長篇紀行文の執筆をうながしたものとみてよいであろう。ともかくこの山旅では、烏水は紫紅の文章のなかに点綴されて登場する。新進の劇作家としてようやく脚光をあびつつあった紫紅は、二年後の赤石岳登山にも烏水と同行することになるが、明治三十年代の登山者のなかで逸することのできない存在なのである。

七月二十七日午前六時横浜発。品川、新宿を経て、甲武鉄道を利用して八王子に出、官線にのりかえ、午後一時四十五分、甲府に入る。烏水にとって二度目の《峡中》入りであった。徂徠の「風流使者記」によっておもいをめぐらしていた甲州街道の景観は、ここでは車中からの観察となってあらわれる。二人に共通しているのは、中央線の車窓にうつる景物を実によく観察していることだ。明治三十年代の烏水の紀行文は、かならずといってよいほど鉄道沿線の描写からはじまるが、汽車にのることがそれほどまで好奇の対象となった時代なのであろう。まして開通したばかりの中央線にあっては、それを文章化することに新しさがあった。

笹子街道を出たところで、「雲を破つて顕はれ出てる高山がある、高さ富士を詒《あざ》むき、天の西を際れる、車中の人いはく、あれこそ白峰、烏水は白峰々々と連呼した」と紫紅は書き、烏水の方では《従来展望を擅にすること能はざりし甲府平原を眼下にす、平原の窮まるところ、白峰は万足の碧蛇を天外に奔らして、蜿蜒際涯なく、乳酪色の雲の峰、この山の一角に横腹を衝き裂かれ、駭いて近づかず》と描写している。おそらく烏水がはじめてまじかに望見した白峰三山の姿であろう。紫紅はまた、鉄道の開通によって都会（東京）の悪が田野に輸入され、ことに奢侈怠惰の風がもたらされ、数年のうちには駒下駄をはいて桑の葉をつむ女が出来るだろう、懐ろ手して田畝に立つ農夫もふえるだろう、良風美俗がいつまで保存されることかと文明の発達を憂えている。この日、二人は昇仙峡へのぼって御岳の大黒屋に宿をとった。

二十八日、案内人を得て金峰山にむかう。根子峠（猫坂）、下黒平から水晶峠、室堂（御室小屋）へとつづく、いわゆる金峰の表登山道をたどったわけだが、二人とも水晶峠の鐘の跡に文学者らしい空想をかきたてている。道に迷った登山者がこの鐘をつくと、室堂から人が迎えに来たという昔語りを案内人からきいて、烏水は《ローマンチックの風象は、殊にこの水晶峠に至りて最も富むを覚えぬ》と書いたが、紫紅の方では劇作家らしく、舞台の一場面をおもいうかべていたようで「行き暮れたる若き旅人が霧の中で鐘を敲く、提灯をもって迎ひに来たのは、熊を諂くひげ男、いやそれでは艶がない、是非とも緑鬢丹唇の少女にしたい、詩だ、崇高なる金峰を背景に美はしい男女が語らふさまは、中古の稗史その儘だ」と気ままな空想をたくましくしている。二人の文章を比較してよむと、興味の対象が劃然としているのがおもしろい。室堂近くで、二人は黒水晶を一塊ずつ採集したという。

金剛蔵王権現をまつる絶巓では、霧のために十分な眺望は得られなかった。見えかくれする山々を、不確かながら二十万分の一の輯製図をたよりに、国師ヶ岳、奥仙丈ヶ岳などとおおよそそれと決めてしまったと紫紅は書く。案内人は山の名さえ知らなかった。烏水は白霧濛々たる頂上の模様をつぎのように記している。

《五丈石を背負ひたる絶巓に踞して、天風に嘯きながら、遠近の山を観ずるに、自然の高手のいかに偉なるよ、虚空に組み立てられたる工夫画《インヴェンチイブ・ドロウイング》は、長短高低ならざれども、皆是れ本州中央の名山南に亘れる御岳山や、大刀山や、曲ケ岳や、侏儒の如く、金峰山下に跪拝して指す可らざれど、東南に延びて帯那山や、奥千丈ケ岳や、国司岳や、蜿蜒二十里武州秩父郡界の雁阪峠と握手し、雲の波濤を蹴りて杳冥の天路に没し去んぬ。》

一行が大日岩、金山峠をへて増富への道を下り、小尾の藤原忠七方に宿をとったのは午後五時であった。その途中、瑞牆《みずがき》山を眺めるが、紫紅は《奇峰攅立、甲北の妙義ともいいつべきである、名があるだらうが知つた者がない……偉人も俊豪も潜んで居るときはこんなものだ。唯まのあたり遭遇したものが漸く僅かに知るのみだ》と書いている。

二十九日は小尾から樫木峠をこえて平沢を経、国界の藤沢館に宿泊、ここで八ヶ岳の案内者を得た。清里にちかいこの開墾村を、烏水はとうてい軽井沢のおよぶところではないと激賞している。宿の縁側から地蔵岳を望み、横窓から八ヶ岳を一望のもとにおさめ、裏口から唐松ごえに浅間山をあおぐにいたって、紫紅も天下有数の仙境だと書き、脚気患者の療養にふさわしいところだと語っている。明治三十年代にあって、清里高原の景観を叙したものとして記憶されるべきであろう。

三十日、濃霧のなかを五時出発。「うつくし森から、大門沢をわたつた」というから、いまの県界尾根にとりついて最高点の赤岳をめざしたものとおもわれる。長大な裾野の原野から森林にはいり、霧と細雨のなかを幾度も路に迷いながら登っていく。頂上へつづく尾根で「いまは案内者も只の人夫だ、策の出づる所を知らず、烏水いふ、この熔岩の上を伝はつて上らうではないか、案内先生難色あつたが、予が第一番に賛成して実行し始めたので詮方なしに後から来た」と紫紅は書いている。烏水は二人の先鋒として、がむしゃらにどんどんと登って行った。紫紅もただ上へ登るということしか念頭にない。いくたびか立往生して、野宿を覚悟せねばならなかったが、道なき道をもとめて、絶頂をめざすほかなかった。ようやく、偃松帯をこえ、岩を攀じ登って、登りつめたところが絶頂であった。そこには「赤岳日本武尊」と書かれた木製の小祠があった。その名にそむかぬ真赭な山肌と禿げた褐色の急峭に、恐怖の気持におそわれたというのが紫紅のいつわらぬ感想であり「根張の濶きと共に、山頭の多きことも、確かに此山の特相であろう」と八ヶ岳の形状をうまくとらえている。

旅程の不安から一行は下山を急いだ。登りの失敗にこりて、はやく里に下りたいという一心であったようである。権現岳から偃松の間に道を見失って、沢筋を下ることになる。踏跡を見うしない、またも失敗がくりかえされた。ようやく三里ヶ原にたどりつき、烏水持参の提灯のあかりをたよりに、谷戸村の旅宿亀屋に入ったのは、午後九時五分であった。

このように無鉄砲な登山であったが、八ヶ岳の登りでは黒百合を採集し、赤岳と権現岳のあいだで「ムシトリスミレ」を発見したことが、二人にとって無上の収穫であった。烏水は後年、八ヶ岳は《私に高山植物の印象を深く与へた山》と書いている。

翌三十一日の行程は約三時間、釜無川にそって台ヶ原までゆっくり歩いた。このあたりでは鉄道敷設工事のおこなわれているのをみた。竹屋という旅宿で一睡したのち、二人は金沢の雑誌「北日本人」へ送る約束の原稿を書く。紫紅は記念のために「小生が始めて旅人宿の上にて書ける原稿」と頭書し、烏水は「山を讃する文」*5と題した。

《余今夏、友人山崎君と峡中に入る、峡中の地たる、東に金峰の大塊あり、北に八ケ岳火山あり、西に駒ケ岳の花崗岩大系あり、余等の計画はこれらの山岳を次第に巡ぐるに在りて、今や殆ど其三の二を遂げたり、而して上下跋渉の間、心胸、豁如、洞朗、昨日の我は今日の我にあらず、今日の我はおそらく明日の我にあらざらむ、而して是れ向上の我なり、愈よ向上して我を忘れ、程を逐ひて自然に帰る、想ひ起こす、昨八ケ岳裾野の紫蕊紅萼に、半肩を没して佇むや、奇雲の夕日を浴ぶるもの、火峰の如く兀々然として天を衝き、乱焼の焰は、茅萱の葉々を辷べりて、一泓水の底に聖火を蔵す、富士山その残照の間に、一朶の玉蘭《ハモクレン》、紫を吸ひて遠く漂ふごとくなるや、桔梗も亦羞ぢて蕚を垂れんとす、眇たる五尺の身、この色に沁み、この火に焼かれて、そこに猶我ありとすれば、そは同化あるのみ、同化の極致は大我あるのみ、その原頭を、馬を率ゐて過ぎゆく傖夫を目送するに、影は三丈五丈と延び、大樹の折るゝ如くして、かの水に落ち、忽焉として聖火に冥合す、彼大幸を知らず、知らざるところ、彼の最も大幸なる所以なり、噫、岳神、大慈大悲、我等に代り、その屹立を以て、その威厳を以て、その秀色を以て、千古万古天に祈禱しつゝあるを知らずや。

徂徠先生その「風流使者記」中に曰く「風流使者訪名山」と、我等は風流使者にあらず、しかも天縁尽きずして、こゝに名山を拝するの栄を得、名山が天を讃する如くにして、人間は名山を讃す、亦可ならずや。

駒ヶ岳の麓、台ヶ原の客舎に昼餐を了りたる束の間に、禿筆を舐ぶりて偶感を記す、その文を成さゞる、冀くは我が興の高きを妨ぐるなからむ。》

ここに言う《我等は風流使者にあらず》とは、物徂徠や田省吾が行くさきざきで詩を詠じたのにくらべて、烏水・紫紅がそのような詩作の余裕をもちあわせなかったからであろう。しかし青年時代から『峡中紀行』とその初稿ともいうべき『風流使者記』をふかく読みこんできた烏水にとって、甲斐の山々はながいあいだの憧憬の対象であった。この年、鉄道の開通によって、久しぶりの甲州入りをはたしたわけだが、茂卿（徂徠）の詩「風流使者事清閑。蹤跡飄然千里間。此行始識君恩大。飽看名山空往還」「白嶺横連臥遠曛。若添残月色難分。帰鞭早晩鶏鳴後。欲採国風報我君」[*6]という旅人の感慨に共鳴していたことは容易に想像できる。「山を讃する文」には簡潔な内心吐露の情を読むことができるが、これがのちの甲斐山岳への興味、とりわけ白峰讃歌につながってゆく。山に接することによって、たえず向上してゆく自己を見出し、大自然のなかに没入することによって、変わりゆく自分自身を発見してゆく。豁如といい洞朗といい、また《昨日の我は今日の我にあらず、今日の我はおそらく明日の我にあらざらむ》といい、ここには山を愛するものの内的変革がしめされている。風流とはみやびやかな遊び、烏水によれば、身もこころもあげて自然のなかに没入するもの、風流の道とは古来、旅をもってつらぬかれるものという解釈があるが、この言葉のなかに、彼は自分自身の生き方を托していたといえるだろう。

台ヶ原で休養をとった二人は、翌八月一日、四十歳ほどの猟師を案内人として甲斐駒ヶ岳をめざして出発する。午前一時十五分、朝飯に起こされたというから、かなりの早立ちである。燦爛たる星空であった。竹生（竹宇）をすぎて北方をふりかえると、八ヶ岳の全容が払暁の空に濃い影をうかべていて、一昨日の白霧のなかで《道を失した恨みも、今は忘れ果てた》と紫紅は書いている。尾白川から黒戸尾根、屛風小屋を経て頂上へいたるわけだが、二人は道々案内人から鯇魚《やまめ》、嘉魚《いわな》の話をきく。「尾白川には嘉魚は沢山居るかね」「鯇魚も居ます、併かし責め手が多いので、一日釣つても幾尾《いくら》も獲れませぬ、それですから白根の下までも釣りに行くことがあります」「えゝ！　白峰？　白峰の下へ釣りに行くのか」という会話を紫紅は記録しているのだが、ここには烏水のおどろきの表情をみないわけにはいかない。「どういふ道を行く」と烏水が白峰の登路を問いただすと、猟師からつぎのような返事があった。

〈「大武川より駒城に出て大坊といふ所を通つて、大武川谷を上つて行きますのだ、そして其中程から赤柳川《あかなぎ》（？）を浙つて尾無川といふのを越えますのだ、一里許り下ると野呂川の広河原に出ます、この辺で釣ります、芦倉（？）から来る所は一里も上でさア、よく御存知ですな、それから鯇魚の一二百も漁《と》つて帰るには三日掛り、米と鍋とを脊つて行くのですが、のんきの事ですよ。白峰へ登るには、其処から一里半ばかり下つておほかんば沢より上ります。丁度八合目位の所に池があります、雪の解けた水で冷たいこと、手足が拗《ちぎ》れる（マヽ）様です、真中は深くて底が知れませぬ、池は漸く十間四方ばかりですが、誰も入つた者もなし、また入らうと云ふ人も無いのです、高い所ですから生き物の影も見えませぬ、道と云つたたつて谷を目的にして上るのです、猟師が集まつて山に入りますと、此池へ弁当の握り飯を投げ込みます、障りのある人のは一旦浮き上ります、それを見ると其人は止めて帰つてしまひます、真箇《まったく》ですよ、握り飯が沈まないで浮く事が時々あります。

頂上には塔があります、黄銅《しんちゅう》の塔があつて、頭に付いてゐる風鈴が、年中風に吹かれて鳴つて居ります、昔は太刀もあつたとか言ひますが、此頃では塔だつて有るか無いか知れやアしませぬ、悪い徒戯《いたづら》をする奴が多うございますから」〉

紫紅は猟師の言葉をこのように採録している。地名について猟師の音をそのまま文字にあてはめているが、赤柳は赤薙であり、芦倉は芦安のことであろう。二人ともこの話に《興を催ふして時の過ぐるのを忘れた》というほどに、白峰にふかい関心をよせている。大樺池も北岳頂上の様子も、この猟師の体験をとおしてはじめて具体性をおびてくる。烏水にしてみたら、白峰は『甲斐国誌』の記述よりさらに近しいものとなったにちがいない。

前屏風に七時四十分着。名だたる信仰登山の山だけに登山道には石仏が多い。屏風小屋をこえて第四の岩峰下に少憩したとき、一人の行者が登ってきた。大和から行をはじめて鳳来寺山、秋葉山、富士山、身延山をまわってこの山に来た土方で、もう三年も家に帰っていないという。山へ上ってただ拝み上げればそれでよいという白衣の行者は、「貴君方も山を愛さるゝなら、鳳来寺と秋葉山とは是非お参詣なさい、有難いお山です」と教訓を垂れたが、二人の登山者からみれば、彼は登山の単調をやぶる景物でしかなかった。

三角測量櫓の立てられた頂上に達したとき、霧がわいてきて大観をほしいままにすることはできなかった。「天を呪はんか、地に訴へんか、身悶へして地団駄踏んだ」と紫紅は書いているが、烏水は地図を三角台下にひろげて辛抱づよく待った。しばらくして谷間から岩燕がとんでくるのとともに、あたかも神の啓示のように雲がきれはじめた。西から北へ、乗鞍、穂高、槍、さらに遠く立山、白馬がみえはじめた。東から南へ鳳凰、白峰、仙丈がその姿をあらわした。

〈鳥水も已れも三角台の中に坐して、一山の顚はるゝ毎に喝采する、山伏は茲に来り、恭々しく四方を拝し、何やらむ声高に言つては指を組み、掌を拍ちなどした。彼は道々案内者に高遠への間道を尋ねて居つたが、一揖して直に下りて行つた、我等には彼の所業は甚だ無意味に感じられる、彼は只絶頂に登り東西南北を拝して直ちに下りて行つたのだ、恐らく心裏に影ずる所は無からう、若しありとすれば、それは単に登山したといふ伝記に一行を加へるだけであらう、而して彼は戸代《ママ》へ下るに三里半、河原に付いて下れとばかりの教訓のみを服膺して、無人境の途に着いたのだ。〉

信仰の力で山登りをおこなっている行者に、二人は握りめしを与えてわかれた。紫紅は「この愚かしき行為を見るにつけ、信仰の威徳に感じた」と書き添えているが、登山のための登山をたのしむものからみれば、行者は一種異様な空気をかもしだしていたのであろう。鳳凰三山、白峰北岳、そして仙丈岳を熟視し、「我等は口を噤んだ、あまりに諸高山の迎接が忙しいので二人共聊か疲れたのだ」というほど、彼らはこの山旅で、はじめて頂上の味わいを楽しむことができた。

下りは脱兎のようにかけおりて、午後七時、紫紅の表現によれば、「勝ち続けた関取の如くに」手をふって台ヶ原に帰りついた。竹屋のおかみは「もう行つていらつしやいましたの」と感嘆の声をあげたという。

烏水と紫紅の山旅は、このあと金沢峠をこえて高遠へ下り、坂下に入り一泊する。瀕死のような、さびしげな高遠の町並みは、山中を歩いてきた二人に宿る気持をおこさせなかった。台ヶ原での相談では、木曾駒ヶ岳の絶巓で東西に袂をわかち、烏水は木曾へ下ってそこから御岳に登り、紫紅は飯田から天竜川を下るという予定がたてられていた。しかし折からの天候悪化で、それはかなえられず、八月三日、二人は坂下でわかれることになった。紫紅は足助街道を下り、烏水の方ではなお二、三日、天候の回復をまち、木曾駒登山をねらっていた。しかしついに果たせなかったことは、秋暁あての手紙がそのいきさつをよく物語っている。

この山行は一日に一山を越える、あるいは上下するというかたちのものであった。烏水が一貫目もある冬外套を持参したのは山中露宿の用意だというが、およそ山中に宿ることは考えられなかったのであろう。登山の成否はよい案内人を得ることが第一であって、量滃式輯製図はなんら実用の役に立たなかった。しかし、この年の登山では、見るもの聞くものすべてがあたらしい体験となり、発見があった。

烏水晩年の回想記「山の因縁五十五年」[*7]をみると、明治三十六年の項にこの金峰山・八ヶ岳・甲斐駒ヶ岳・御坂越えの記載はない。ただ《小島烏水、甲斐芦安に入り、杖立峠を越え広河原に下り大樺池より白峰の北岳に登る》とある。これが誤記であることは言うまでもない。なぜこのような記述がなされたのか。それが烏水自身の手になるものであっただけに、年譜作者はみなこれにふりまわされてきたのである。

第十一章　富士山

烏水が飯田からどのようにして御坂峠をこえたのかはつまびらかではないが、秋暁あて書簡でわかるように、木曾の古道をたどって中津川に出たものとおもわれる。この年、中央西線は中津川まで開通したばかりであったから、帰路はこれを利用したのであろう。名古屋から東海道を東上して御殿場におりたったのは、八月六日夜のことであった。横浜を出てから十一日目、《行きがけの否帰りがけの駄賃》で、富士山に登るためである。

明治三十六年夏の山旅では、木曾駒・木曾御岳という最終目的ははたしえなかったが、金峰山・八ヶ岳・甲斐駒ヶ岳の三山をのぼりえたことは、のちの記事作成のための大きな収穫となった。台ヶ原の旅宿で書いた「山を讃する文」は登山者のこころの動きをのべた、きわめて重要な文章だが、山巓の気を自己のなかに消化し、自然のなかに回帰する《向上の我》を発見したことは、山岳紀行文家烏水の成長過程でみおとすことのできないものがふくまれている。甲州の山旅につづく富士登山にしても《帰りがけの駄賃》とかんたんに片づけられぬものがあった。

その夜、彼は駅前の旅宿にとまり、翌七日、御殿場口（当時の中畑口）から富士山頂をめざして出発する。宿の主人から馬と強力をやとうようすすめられ、茣蓙や編笠もすすめられたが、《この極楽の山、只一本の金剛杖にて足れり》として、頑として応じなかった。すでに本格的な登山を経験してきた烏水には、ここでは馬も強力も不要だった。

裾野をいろどる草花、登山道の樹木帯の風景を味わいつつ彼はのぼってゆく。太郎坊を出てから霧にかこまれて《急瀬上下に乱流する》状態であったが、五合目にいたると急に霧がはれてきた。胸突八丁にさしかかって、しばし足をとめて後方をかえりみると、雲は東の空に流れ去っていて、水をうったような静けさがただよっていた。駿河湾や伊豆大島、箱根の山々が眼下にみえた。

頂上の銀明水には午後七時ちかくに到着、浅間社まえの石室に泊まる。烏水をまじえて七人の客が同宿した。《乾魚、麩の味噌汁一杯、天保銭大の沢庵二切、晩餐の総ては是の如きのみ、葉マキ虫の葉を綴りて寝《い》ぬる如く、一同皆蒲団に包まりて一睡す》と彼は記録している。

夜九時ごろ、石室をたたきつける強風にねむりをさまされ、烏水は山頂の月を眺めようと、一人ひそかに室を出て、這うようにして剣ヶ峰にのぼった。山頂の冷たい空気に霧ははれて、円盤大の白月が煌々とかがやいている。

《不二の根に登りてみれば天地《あめつち》は、未だいくほども別れざりけりと、まことや今日本八十州、残る隈なく雲の波に浸されて、四面圜海の中、兀立するは我微軀を載せたる方幾十尺の一撮土のみ、このとき白星を銜《ふく》める波頭に、漂ふ不二は、一片石よりも軽且小なり、仰げば無量無数の惑星亙星、爛として、吁嗟億兆の悠遠ぞ、月は夜行性の蛾の如く、闌けて愈よ白く、こゝに芙蓉の蜜腺なる雲の糸をたぐりて、天香を吸収す。》

これは『不二山』[*1]を刊行するにあたってあらたに執筆した紀行文「霧の不二、月の不二」の一節だが、烏水がはじめて足跡をしるしたときの富士山頂なのである。

万葉の昔から富士をうたい、富士を描いた文人画人の数は多いが、烏水ほど富士を語りつづけた人もまれであろう。「父の愛した山は、結局富士に始まり富士に終つた。日本の代表的山岳は富士を措いて他に無いとは彼の口癖であつた」と小島隼太郎が書いているように、烏水は、この通俗であると同時に偉大な名山、日本人のこころになにかしら訴えずにはおかない富士山に特殊の感情をいだいていた。それもこの明治三十六年の登山体験から澎湃としてほとばしり出て、生涯を通じて富士を語ってやまなかった。『不二山』の刊行以後、『富士山大観』の補修校訂、[*2]あるいは『日本アルプス』第二巻におさめられた「富士及裾野」の諸篇があり、昭和にはいってからも「不尽の高根」「お札博士の富士山講演」「富士山」「山の誘惑」「山岳と和歌」「富士山の雲の画家」「すたれ行く富士の古道」「富士山ケーブルカー反対」などがある。あるいは浮世絵研究の面においても、実に多くの文章を残している。

彼が富士山に想いをよせはじめたのはかなり古い。十九歳のとき、「文学界」第一号（明治二十六年一月）で読んだ北村透谷の「富嶽の詩神を想ふ」は、ロマン派の烏水の心情をかきたてずにはおかなかった。また彼の住んでいた戸部山王台は、富士眺望にめぐまれた場所であったから、この山とのつきあいは少年時代からの長年にわたるものと言ってよい。初期の文章「冬の富士」「富士の姿絵」（『銀河』所収）などは、畏敬と讃嘆のこころをこめて《神の築きたる不易の神殿》を凝視した結果であった。

もう一つの因縁は、烏水が少年のころから箱根の山々にしたしかったことをあげなければならない。はじめて箱根に行ったのは、父親の湯治に同行したとき（明治十八年ごろ）というが、四季を通じて箱根一帯の山々に十三四回足をふみいれている。富士を眺めるために乙女峠をこえること三回、明神ヶ岳には関本の道了山から、金時山には仙石原から、二子山には芦の湯から、明星ヶ岳には堂ヶ島からというぐあいに足しげく通っている。正月の休暇は箱根山中ですごすことを毎年のならわしとしていたから、殊に冬の箱根は格好の足ならしの場所であった。三十八年の正月、岡野金次郎兄弟とともに関本から明神ヶ岳をこえてその最高点である神山、駒ヶ岳に登ったとき、《日本八十州の巨人を臨御する不二を拝して不二なる哉、元旦の不二なる哉、何ぞ高きや、何ぞ晶らかなるやと大叫す》[*3]とその記録に書きつけているが、箱根の山歩きを好んだのも、実は富士眺望という大いなる楽しみがあったからであろう。

したがって烏水は富士眺望の文章を多く書いている。「明星」に「明神山頂の花の海」(三十六年九月)「河口湖畔の不二」(三十七年十一月)があり、「文庫」には「富士山」「地上の美を弔す」「一枚絵」「乙女峠より富士を観ず」「山と紫色」「波姑禰之夜麻」などがあって、それぞれに富士の印象をきざみこんでいる。さらに「文庫」では「外国人の富士紀行」[*4]と題して翻訳もおこなっている。

関東人、ことに東京人にとって、自分たちの生活圏からじかに富士山を眺めうることは、誇りであり慰安でもあった。人口に膾炙した太田道灌の歌に「富士の高嶺を軒端にぞ見る」とあるように、富士眺望は江戸人士のよろこびでもあった、と烏水は書き、その絵草紙好み、風景好みから、後年の広重や北斎の研究につながっていくことになるが、少年時代からの富士眺望がその端緒になっていたことは想像にかたくない。

《言ふまでもなく日本は火山国也、火山の女王は富士山なり、富士なくんば火山なく、火山なくんば日本なし、富士は造化の意匠によりて、日本の国土を具象したる典型的美術品也》（「富士山」）と書いたころから、烏水はこの山に傾倒しはじめる。その崇高な美しさに彼はこころをうばわれたといっていいかもしれない。信州・飛騨・甲斐の山々とはちがった意味で、彼の研究対象となってゆく。

《富士日本第一の高山といふと雖、乗鞍御岳に加ふること六百米突《メートル》、鎗ケ岳に加ふること二百四十米突より以上ならず、若し之を信飛境上に据ゑなば、僅に頭髻（八合目以上）を雲外に擡ぐるに過ぎず、何ぞ白扇倒懸の美を恣にするを得む、その是あるは駿の曠野に孤聳したるためなり、富士は「処」に於て亦宜しきを得たり。》

白妙の富士は、信飛甲の諸山にくらべて地表生成の歴史の上からは「時」において宜しきを得たこと、また霊山としての「位」をそなえていることを彼はあげている。時間・場所・品位において三位一体の名山というのが、烏水の富士山観である。

富士についてしばしば筆をおこしていたものの、紀行文を書きはじめたころの烏水は、登高の意志をもたなかった。むしろ遠ざけていたといっていい。松風会での講演「飛驒山水談」のなかで《(日本山岳の)盟主とも言ふべき富士山は、遠望の好きな割に、登るのは私は好ましくないのです。白妙の衣を着て雲を劈いて屹立したところは、自分で理想化するのかも知りませぬが、詩神の権化のやうに念はれて、崇拝の念を固めますが、現実の山を踏みたくおもはないのです》と語ったことがあったが、その言葉どおり彼には眺めるだけの名山であった。富士とおなじように立山にしても白山にしても、俗間にもてはやされる信仰の山は、白衣行者どもの迷信に汚されているので、彼の気質にはあわなかった。蘇東坡の「人間斧斤日創夷」とは、信仰登山の山を指しているのだと、彼は強い口調で語って、むしろ《非人寰》というべき信飛境上の山々こそ壮厳な自然相を秘めているので、自分の興味はそそのかされるのだと言っている。このような考え方が「鎗ヶ岳探険記」の《山尖りて嶮しければなり》という表現につながってきたことはいうまでもない。

これはあきらかに近代登山の萌芽である。烏水がこのような自覚をはやくからもちえたのは、登山経験をとおして文人趣味からの脱却がなされたことをしめしている。そしてそれを実行してきたところに、明治三十年代の登山者のなかの先駆的業績があった。甲斐駒で会った行者を軽蔑のまなこで見送ったのも、烏水の登山観が確立していたからであろう。

このように烏水の富士初登山は、富士に関する数多い文章の饒舌ぶりにくらべて、時間的にはかなりおくれておこなわれたのであった。それも予定表にない《帰りがけの駄賃》で、御殿場口を上下したのである。《この極楽の山》という表現には、それまでの烏水の富士認識があらわれていて興味ぶかいが、富士登山を軽んじていた烏水であっても、この明治三十六年夏をさかいとして、富士に取り憑かれてしまう。その一つのあらわれとして彼は、「文庫」誌上で富士に関する記事を募ることになる。

《本誌は来年一月より大飛躍を試むる計画有之、そのいかに面目を新たにして諸君に見ゆるかは、今猶準備中に在ることゆゑ暫く申上げず候へども、一月一日定期増刊の巻には、諸君より「富士山」に関する観念もしくば連想を記したる文を乞ひ得て、新年縁起の巻を飾らばやと存居候、諺にいふ「一富士、二鷹、三茄子」吉兆の首座にある日本一の名山は、青春の諸君によりていかんの霊活なる風象を、一月一日の明窓浄几に齎らし来るべきか、諸君と倶に楽しみて、今より待つところに候[*5]。》

と書いて、その遠望、登山実録、あるいは想像の富士、風俗、地理、歴史、美術、詩歌にあずかるところ一切の事柄をとりあげようとしている。さきに烏水が企画した「山水談」「登山案内」の募集は完全な失敗におわったが、この企画に対しては、わずか半月あまりのうちに投稿は一一八通をかぞえた。そのうち二十四通が採用されて「富士山に対する観念連想及び其他」の題のもとに三十七年元旦号に発表された。烏水の文章を巻頭に平井晩村、有本芳水、横瀬夜雨、五十嵐白蓮の名もあって、各地から寄せられたこれらの記事には、当時の文学青年の富士にたいする考え方があらわれている。烏水を別にすると、実際登った者はわずか一名で、まだ見たことがないという者が多く、課題どおりに詩歌、紀行、歴史、地理、風物に托して、さまざまな連想が語られている。

ともかくこの人口に膾炙した大衆的な名山を素材にとりあげたことは、「文庫」における誌友の参加を活発にしたといえる。それは記者烏水の功績のひとつといえるかもしれない。伊良子清白はこの号に、旅行体験をもとにした「海の声山の声」という六一二行からなる長篇詩を書いて、その序歌の二に、

無礼《むらい》乍らもこの歌を
君にささげんかたみにと
祝ひの歌にあらざりと
いふ人あるも妨げし

山の博士と渾名して
行者となのる君なれば
とにもかくにもこの歌の
山の条《くだり》をよみたまへ

蓬萊《よもぎ》が島に漕ぎたみて
いたくな酔ひそ盃に
若し夫れ女神現はれて
われは不二なり月の夜を

君の門辺に訪れぬ
日頃親しむめぐしごの
額を胸に押しあてむ
来れといはゞいかにせん

とうたって、烏水の「文庫」における活躍を援けている。河井酔茗もまたこの号に「都の富士」一篇を寄せて、つぎのようにうたっている。

新たに年の来るとて
清められたる都路に
朝明の空の晴れゆけば
小さき富士は現はれぬ

巷の角を過ぎがてに
忘れしものを見る如く
扇かざしてたゆたひの
山は愛たき姿かな

天地初めの鎮めなる

富士を遥かに頂けば
よし人の子の造れるも
都の幸は多からむ

烏水は富士を「不二」と書くことがもっとも詩的な表現だと言う。「富士」は文字の上から解釈すると没意味だと判断する。ある英国人が文字どおりに rich scholar mountain と直訳したのは噴飯ものだとし、不二はすなわち無双、唯一のもの、《日の如く、神の如く、富士の如くなるもの》と自身の理想をかかげている。外国人が往々この山を讃美して peerless mountain と言うのは、無意識ながらも表現として妥当をきわめているという。栗本鋤雲の詩に「海東山第一、不二字尤当」とあるところから《詩歌に入る「ふじ」は「不二」の字を用ゆるの適切にして雅馴なるに若かず》と言っているのは、彼の審美的な観点からの結論であろう。

富士眺望の場所について、彼は河村眠雪の『百富士』四巻、葛飾北斎の『富嶽百景』三巻はありふれたところから選んだきらいがあるといって、自分の旅行体験から、箱根乙女峠の富士、甲斐御坂峠の富士、駿河竜華寺の富士、伊豆達磨峠の富士の四ヵ所を第一位に推している。それに三年まえの秋、乗鞍登山の帰途立ちよった妙高山からの遠望をあげ、格別のおもいをこめて記している。というのは、本州を横断する富士火山脈の北の端から南の涯を一望におさめえたことの彼自身の昂奮がそこにある。双六にたとえて一方を振り出しとすれば、他の一方は上りであり、誕生と終焉、墳墓の地から故郷の地までの歴史を一線にみることができたという。三十二、三年ごろの烏水は、『日本風景論』その他の地理学書によって山系の把握に執心していたころだから、その時の感興がこのような大仰な比喩をともなってあらわれたのかもしれない。しかし妙高登山についでは確固たる資料がないので、ただその言葉どおりにうけとめるほかはない。

富士登山後の烏水にかなり重要なことは、彼のうちに「日本山岳譜」の編集と執筆の意図がわきおこってきたことである。《余に学と、才と、金と、時とがあつたら、何を措いても「富士山全集」といつたやうな、空前絶後浩澣無比な類聚本を編纂してみたい》と語っているところをみてもその一端がわかるように、富士を手はじめに、日本の山々の文献を蒐集しようとする意気ごみがあらわれている。実際に三十七年十一月、「日本山岳譜」では富士山(芸文および載籍の部)の項を発表し、そのかたわら地方の刊行物で山岳記事のあるものはいかなるものでもよろしいから、恵贈または貸与されたいとの懇請文を書いている。

このように「文庫」をとおして同好の士の協力をもとめたが、そのたびに烏水の期待はうらぎられた。この遠大な計画はいつも中途で挫折するのだが、しかし「文庫」の仲間以外のところから、忽然としてあらわれて、烏水の願望がみたされることになる。それは三十七年二月、「日本名山鈔」（のちの『日本山嶽志』）の厖大な原稿をかかえ、志賀重昂の紹介状をもってあらわれた越後長岡在の豪農の息子高頭仁兵衛であった。

このころの烏水の富士にたいする執着の成果は、明治三十八年六月、如山堂書店より『不二山』としてまとめられた。巻頭の「自然美論」の一節に、

《ある夕、軒端に立ちて富士を観ず、日没せむとして駿豆の空に紅を流すよと見えける間に、富士は大火海の中心となりて、たとへば薄紅梅の直垂を着けたる女神の、威ありてたけからざるが如くに屹立す、畏れて敬ふ、富士はそれ魔の杖にも似たるかなと、光は次第にかすれゆきて、星は瑠璃円窓の上に一つふたつ鏤められ、富士は匂やかなる紫水晶の漂ひ出でたが如し、崇高一味、そゞろに肌に迫る、謹しみて曰く、富士は光の揺籃かと、吁嗟、造化その想を大にし、その手を簡にし、こゝに標式的名山を下して、わが大八州の鎮となし、無始の始より無終の終まで、猶その余光をとゞめて、人間を照らす、地上唯一の美と偉は是れのみ、かしこしともかしこからずや、哀れこの霊山あり、噪狂の子幸に死せざるなり。》

『不二山』は「自然美論」を巻頭に「不二山を見る記」「不二山に登る記」から成り、付録として不二山研究法、案内記、登山心得、参考文献などがそえられている。そして烏水はこの本の扉に《虔しみてこのひと巻を我が慈くしみふかき山縣悌三郎先生の令夫人に献げまつる》と献辞を書きつけている。それは《実の姉上のやうに慕はしい》山縣夫人への感謝の念から出たものであった。従来のこの種の刊行物を一新するほどの内容であっただけに、烏水の著作のなかでももっとも多く版をかさねた。版元の広告文にいう「殊に不二山頂雲霧日月の変幻を観察せる一段、明治空前の大叙景文」について、山崎紫紅は「明星」誌上で「決して偽りではない」といい、「北斎の『富嶽百景』と合せて美的方面の富嶽に関する双璧の著述[*6]」と讃辞を呈しているが、あながち友人の仲間ぼめとばかりにうけとれぬものがある。自然を描く文学者として、烏水の名は、この書によって定着したといえるであろう。その後も富士山追求は執拗につづけられて、「文庫」誌上では「不二山号[*7]」という記念すべき大冊となってあらわれる。

明治三十七年四月、烏水は吉村吉左衛門の長女好[*8]と結婚した。

彼はこのお茶の水女学校出身の新妻について、あるいは新婚生活について、なんら書きのこしていない。山旅や書斎生活についてはたくましい饒舌ぶりをみせる烏水も、堅気を旨とする銀行員であったから、女性なるものは文筆の端にもかからなかったのであろうか。わずかに「波姑禰乃夜麻」に、浅間山には妻を拉して登り、とあるのみである。「新声」から「文庫」に移って毎号健筆をふるっていた松原至文に、烏水訪問記「初対面」[*9]がある。三十七年七月七日の午後、烏水のホヤホヤの妻君をみたいという鮫島大俗につれられて、彼が横浜山王台を訪問したときの随筆である。至文は、故郷の旭川塾にかよっていた少年時代から烏水の文章を暗記していたほどであった。『扇頭小景』を愛読してきた彼の胸中には、小島烏水の四文字をみるたびに一人の高痩才子の映像がありありとかたちづくられていた。そのような弟分の至文によって、この時期の烏水の姿がつぎのようにとらえられている。

〈文学談、山水談、こも〴〵興に入つて殊に鮫島君の黙んまりでゐながらも不意に警句を出す人物評と、小島君の真摯熱実な言語とは両つながら、自から首傾けて静聴せざるを得なかつた。――

其中に妻君が茶菓を持つて挨拶に出られた。

「コレは僕の妻です」

淡として水の如き小島君の紹介であつた。御飯が出る、小島君の所謂宝物が出る、いろ

〳〵の冒険談が出る、殊に天下名山無不踏破といふ衝天の意気は自ら口吻に現はれ……そのときの快談は甲駿の高山、信越の崇峯、共に机南卓北に翠光を落し来りて、岫雲を吐き青嵐を湧かすかと疑はれる位であつた。〉

淡として水の如き、という表現が、いかにも烏水の家庭内におけるおもかげをうまくとらえているようである。

三十八年四月、烏水は一女を得、富士の女神木花咲耶姫から「咲耶」と名づけた。新婚数カ月ののち、彼はひとり富士山に登ったことがあった。そのとき、やがて生まれ来るお腹《なか》の児が女であったら、富士の守護神にちなんでこの名をつけようと考えていたということだ。さいわいにも富士に憑かれた若い父親の念願がはたされたのであった。「咲耶と名づく」と命名の紙を柱にはっておいたところ、『日本山嶽志』の打合せにきた高頭仁兵衛が、その紙の所在をみたということである。

咲耶誕生前後の消息については、三十八年七月十五日付の秋暁あての書簡に、

拝啓　長らく御無沙汰仕候　もう御養蚕の時期にて今頃は嘸《さ》ぞ御多端と推しまつり候
小生は先月半期決算を済まして吻と一息吐き今月末より紫紅君と共に赤石退治をおもひ

立ち居りたとひ赤石へ行かずとも三ツや四ツの山は登るつもりに候
此数月の間小生の一身上には可なりの変動有之　或は有らんとして辛くも踏み止まり今後もどうなるか解らず今年の四月花の半ばに花の如からぬ女子を挙げ次いで外国の某支店詰めを命ぜらむとして或事情（銀行の方の）の下に免かれ（先月の「新潮」に小生が倫敦支店詰めになつたなどと何処から聞いたか書き候は右の訛伝）暫く健康を損したるため当分「文庫」を退いて静養せむかとおもひ居候ところ退くどころか或事情は今月既刊の「文庫」より却つて小生に編輯主任の煩累を与へ（但しからだがつゞかぬ故今年一杯だけはともかくも試みるといふ約束にて）汗を揮いてコツコツ編輯いたし居候　この間に伊良子君は好配を得て東京に帰任し（帰任以来未だ一回も遇はねど）千葉君の細君もたゞならぬやう承はり候　併し千葉君と先生の間は表面はともかく竟に鴻溝を築きたるものの如く　折角御厚情の御尽力もその甲斐なかりしは小生も今に遺憾におもふところにて手紙にしたゝめる張合も無之候　人間といふものは実にムズカシイものだといふことを愈よ悟り申候
此頃反古を掻きあつめて『日本山水論』と題し出版いたし候につき一部別封小包にてお目にかけ候……別に『不二山』といふ書を出し候ところ半期決算の大多忙のをりに校正

いたし候こととて誤植満面に駭き入り所謂商略上の批評を乞ふところだけ書肆より送らせたれど他はおもふ旨ありて送らず幸ひに一千部だけはどうやら片附き候やうなれば目下誤植を正し新聞雑誌の批評などを巻末に加へさせ再版を印刷させ候間出来次第お送り申上ぐべく候

河井君は新聞社の方の受け至つて宜しく褒めものになり居るやう承はり且つ追々進級するらしさ模様なれば悦び居候　抵抗力少なき同君が社会に立つは危険のやうにおもい居候が杞憂にて候ひしは先づ安堵に候　五十嵐君は「中学文林」の主筆をいたされ「文庫」の方も依然干係有之候　同君のいつも順境に立たれざるは小生の口惜しくおもふところに候（尤も我々同人にて順境に立ち居るものは一人もなけれど取り分けて同君が、お気の毒に候）同人の近況ザッと斯の如し

夜雨の詩集をどうかして出版いたしたくおもひ居候

二十二日に旅立つため三十日に締め切る「文庫」を目下全速力にて編輯いたし居り多忙の際とて今回はこのくらゐに止め置候　お手隙に相成候はゞお助太刀のほど例によつて願上候　小生は「文庫」のため或程度までは犠牲的に働き居候ことにて河井君亦然り此際偏に御俠助を乞ふのみ　先づは右まで

烏水の身辺は公私ともに多忙をきわめていた。したしい「文庫」の仲間たちも、みなそれぞれ一つの岐路にさしかかっていた。

第十二章 「甲斐の白峰」をめぐって

《山博士》烏水が、甲州の山々につづいて富士山をあらためて見なおしはじめたのと同時に、このころ「文庫」記者としての彼が、文学および文壇にたいしてかなり積極的に発言をおこなっていることをみのがしてはならない。批評をとおして自己を語るという、成熟のあといちじるしい表現がみられるからである。

彼の文学好き、歴史好きは少年時代から愛読していた滝沢馬琴と頼山陽におうていることはさきにのべたが、漢文脈をふまえた初期の文章には、いちじるしい影響のあとをみることができる。川田博士の『外史弁誤』で、山陽の史論が徹底的に批判され、坪内逍遥の勧善懲悪主義排斥（『小説神髄』）に《余の悲憤いかばかりなりしぞ》[*1]と書いたほど、烏水は少年期の読書体験に愛着をもちつづけていた。貪欲といえるほどに知識欲のさかんな彼は、明治三十七年一月の「文庫」に発表した「現代の小説を論じて翻訳文学に及ぶ」では、歴史的な視点から日本人および日本文学の体質を論じている。

《本邦の文学史が、発展の迹を尋ね来れば、頗る奇異のおもひなき能はず、今更言はむも事古りたれど、日本の文学は、西洋諸国や支那の如く、上古に神仙譚《フェリー・テールス》を有せざるところ、その誕生に於て　既に奔放自在なる空想の翼を、両腋より截り去られて、此土に放たれたるが如き感ありて、之を支那の「小説九百本自三虞初二」と伝へられたるに比すれば、僅に古事記や水の江の浦島氏の巷談を以て序幕を開けむには、あまりに寂びしき光景ならずや》

と書き、仏教渡来、漢籍の影響とその肉化の過程をのべて、日本文学を論じている。烏水の所説を簡約すれば、王朝時代から江戸時代にいたるまで日本の文学は外来文化の影響下にあって、《創造樹にあらずして醞釀酒》だという。いわば翻訳によって発達した文学なのだ。もしそこに取るべきものがあるとすれば醞釀の変形であり、紅葉・露伴が西鶴を復活し、逍遙が近松研究会をおこし、子規が蕪村を発掘し、鏡花が三馬の崇拝者となって、いわゆる江戸文学の復興をみたのは、翻訳を翻訳し、変形を変形しつつあるのだと断言する。明治の作家が旧態依然として深い洞察を欠き、陋劣で、大きな理想をもたないのは、江戸文学の多くが（馬琴をのぞいて）狭斜文学、浮世床文学、素町人文学、折助文学だったからだと裁断する。

このような点から、ヨーロッパ文学の新思潮にふれよ、外形を刷新し内容を拡大せよというのがその骨子であって、一種の翻訳奨励論だといっていい。そこには和漢の学殖に洋を加えよという明治人的な自覚がある。《明治文学より、素町人文学、折助文学の迹を絶つと共に、翻訳を以て将に建つべき詩塔の基礎を築き、明治新文学の誕生を、こゝに鉄筆を以て刻まんとするを望む》と書いて、それにふさわしい訳者として、森鷗外、坪内逍遙、上田敏、山縣五十雄、馬場孤蝶、平田禿木の六人の名をかかげている。

硯友社ばりの小説が読書社会にはびこっていた当時にあって、新文学の胎動をうながすこの発言は、青年文壇の片隅にあって、かなりおもいきったものであった。烏水自身にしても、江戸時代の残滓をうけついでいただけに、自己否定を経なければなしえぬ文章であった。出版界の動向と歴史的現在を敏感に察知して、明治は供給する時ではなく需給する時、すなわち《翻訳時代》だととらえたのは、彼のジャーナリストとしての触角のあらわれであろう。

烏水は同時代の文学作品について多くのことを語りながら、またひとかどの文体をもちながら、内心には創作衝動をもたなかった。「文庫」初期の加評文に書いたように、自分は小説を読むのは好きだが書こうとはおもわないという態度で一貫していた。懸賞金ほしさに「万朝報」に短篇を投稿したり、漢詩や新体詩を作ったことはあるが、文学で生計をたてようとしなかった。半官半民の銀行吏であった彼は、むしろ文学者の生活に危険を感じていたと言った方が適切である。「文学殊に小説志願者に告ぐる文」で、文才をたのみ虚名に憧れる誌友にたいし《胸に手をおいて、公等がいかばかり深く人間を識り、いかばかり人心の機微に通ずるかに思ひ到れ》《汝の愛する功名も、汝の希ふ到着点も、万人競争の渦中より脱して、別処に地歩を占むを以て却って獲らるべし》と説得したのは、烏水の本心を物語るものであった。そういう点で、彼は文学・芸術にたいし余裕のあるアマチュアで接しつづけたし、傍観者でありえたし、目にあまる文壇の党同異伐を攻撃することもできたのだ。彼は趣味の世界に生きることを誇りとしていた。

このころの烏水に「登山に就きて」[*2]という文章を「太陽」九巻十一号（三十六年十月）によむことができる。博文館から刊行されていた「太陽」は、当時のジャーナリズムを代表する総合雑誌であった。時事評論、人物月旦、名家談叢、小説、戯曲、文芸時評、歴史地理、さらに巻末には英文記事をくわえた大冊で、各方面の新知識の紹介につとめるという〝明治〟の雰囲気を具現した雑誌である。登山という行為がまだ人々のあいだに理解されなかったこのころにあって、烏水にこの種の原稿の依頼があったことは、彼の「文庫」での実績のしからしむるところであったし、彼の篤学ぶりがみとめられたことになるかもしれない。

この文章のなかで興味があるのは、烏水が外国人の日本の高山にたいする探求心と勇気をすこぶる《駭目に値ひするもの》と紹介していることである。ウェストン紹介の「日本の高山深谷を跋渉したる外国人及び其紀行」に先立つものだが、外国人の針ノ木峠越えの例をあげて、サトウ、チェンバレン、アトキンソン、『日本未探の僻隅能登』Noto, an unexplored Corners of Japan の著者ローウェル、上海在住のフランシスらの勇気をたたえ、あるいはアルプスにおけるティンダル、ド・ソシュールの事例をあげているが、これはウェストンとの交友から得た烏水の新知識であったかとおもわれる。ウェストンについては、つぎのように書いている。

《或偶然の機会によりて知り得たるより、直に氏の門を敲き、我を忘れて黄昏まで歓晤したるときは、我は微妙なる山霊の引接にあらざることを、否定し能はざりき、氏の談によれば、氏が甲斐の白峰に登りたる前年、二組の外人ありて、同山の一峰間の岳の絶嶺を窮めて去りたる由を、土人より聴取したりとか、又氏の夫人は語りていへらく、同氏と新婚旅行の際は、アルプス山に登り、富士山へも近年の秋、良人と倶に登りたるが、雨のために、三日間ばかり小舎に停滞したりと、余は今更に外国婦人が孱軀に似合はしからぬ、健気なる振舞

に舌を捲かざるを得ざりき》

彼が日本の山々にしるした蹤跡を、邦人の地学者、植物採集家、林学者、気象学者のだれがふみこえられるかと書き、彼が《自ら五千金を抛ちて》ロンドンのジョン・マリ書店から『日本アルプスの登山と探険』を刊行したことを力説している。自分が手さぐりで行なってきたこと、また行なおうとしていることを考えると、その眼前に立ちはだかった一群の外国人に、烏水はいやおうなしにひきつけられていたのである。

日本は山岳国だというが、日本国民ほど山岳知識に欠乏したものはないと、烏水は言う。これまで刊行された地理学書は細大もらさず目をとおし、また利用してきたが、かならずしも烏水の山ごころをみたすものではなかった。山名字彙的、標本目録的に山岳を列挙したにすぎぬそれらは、実際には役に立たぬものであった。参謀本部の二十万分の一図は輯製であって実測ではなかったから、山地ではさっぱり用をなさない。日本人がもっとも関心をもつ富士山にしても片々たる案内記があるだけだ。こうした日本の現状にくらべて、と烏水はつぎのように訴える。

《欧人がアルプス山のために Alpine Club を組織して、苟くも該山に関はれる一切件は、細大洩らさず之を研鑽し、精細なる地図地質図は出版せられ、動植物の如きも大抵は考究せられ、登山の用具としては「アルプス金剛杖《アルパイン・ウヲーキング・スチツク》」あり、……峻峰到るところ小舎を設けて宿泊の便を与へ、登山の路を開拓し、郷導者を養成し、其登山記事は普《あま》ねく諸国の新聞雑誌又公示して、世人と快楽を頒ち、登山の気風を奨励するに比すれば、靦愧《てんき》の状なき能はず》

彼がこのように書いてアルパイン・クラブの必要をほのめかしているのは、ウェストンの示唆によるものだが、産業革命を経たイギリスと近代化の途上にある日本、あるいはヨーロッパ人と日本人の自然観や生活様式のちがいを考えてみたら、山岳にたいする認識にかなりのへだたりをみとめないわけにはいかなかったであろう。日本の山岳にたいする外国人の考え方と実行力を、烏水はウェストンを通じて摂取しようとしていた。ガルトンの『旅行術 Art of Travel』を読んでいるのをみても、烏水の勤勉さにおどろくほかはない。

このエッセイのなかで彼はさらに登山の奨励とその方法をのべ、「日本山岳美論」で書いたものを敷衍して登山準備を語る。自分の体験をふまえて服装や携帯品を説明し、さらに信濃・甲斐・飛驒の山地の本格的登山での戒心すべきものとして、渓流の徒渉、藪こぎ、落石の際の注意をあげている。熊、猪、羚羊などの獣害は《彼等が人を怖るるは、人が彼等を恐るゝに倍する》から安心してよいという反面、《鰒《ふぐ》を食ふ人さへある世の中に、何ぞ山を怖るゝことの酷だしき》と書いて、山岳にたいする知識人の無知を嘆いている。

「太陽」という人目につきやすい場所にこのエッセイが掲載されたのにかかわらず、反響はあらわれなかった。錚々たる執筆者のなかでは、山きちがいの若造のたわごととうつったのかもしれない。明治の実学の精神からすれば、登山行為は一文にもならぬ児戯にひとしかったのであろう。

しかし四ヵ月のちのおなじ「太陽」に発表された「甲斐の白峰」には、すぐさま手ごたえがあらわれた。少数ながら若い同好の士からの反響で、烏水の身辺は急激な転回をはじめることになる。「文庫」誌上で果たしえなかった事柄が実行にうつされ、日本の近代登山の主役として、烏水は歴史のなかに生きはじめるのである。

「甲斐の白峰」は「太陽」第十巻第三号（三十七年二月）の歴史地理欄に掲載された。烏水自身の語るところによれば、《少しく金の入用があつた[*3]》ため、田山花袋を通じ投稿したものであった。紀行文集『南船北馬』や『重右衛門の最後』その他の作品集をもつ花袋は、博文館とはちかしい間柄であり、山崎直方・佐藤伝蔵の『大日本地誌』の編集に参加していたところから、烏水と領域をややおなじくしていたといえる。それだけに自分の恥部をさらしてまで、大雑誌に原稿をもちこむという甘えがあったのかもしれない。

この文章のはじめに、烏水は「甲斐の白峰」がいかなる山なのかと問いかけて、つぎのように書きはじめている。

《この甲斐国白根山は、実に我が明治三十三年八月に、探険を企て、ともかくも絶巓まで窮めて来た白峰のことであつて、白根、白巓、白峰等に書かれてあるが、孰れもシラ子《ね》と訓むのである、元来白根といふ同名の山は、日本には尠くないので、就中日光の白根山、上州の草津温泉を懐に抱いてゐる白根山などは、最も有名である、これらの山たる、孰れも海抜六七千尺以上の高山であるが、之を我が甲斐の白峰に比べると、及ばざること猶児孫のごとくである、白峰は或地理書には、一万百九十七尺とあり、他の地理書には一万二百十二尺とある、参謀本部の二十万分の一図には、三千九十四米突《メートル》即ち後者の高さに同じくなつてゐる、ともかく一万尺以上の高山なることは争はれない。》

三十三年といえば、烏水は『木蘭舟』を刊行したのち、十月に二週間の休暇を岡野金次郎とともに本州横断徒歩旅行にあてたのであって、乗鞍岳に足跡をしるしている。白峰北岳へむかったという記録はひとつもみあたらない。そのため烏水評伝を試みるものとして、まずこの一節でつまずかないわけにはいかないのだ。つづいて彼はこの山域の地理的概念をのべ、

《三大主岳北岳、間ノ岳及び南岳及び幾多の支峰を総称して、白峰といふのであるが、普通に白峰といふと、

先づ最高峰なる北岳を指してゐる》と、当時としては正確なとらえ方をして、《余の登山も、実にこの尖先を目懸けたのである》と書く。そして白峰の名のあらわれた中世以降の文献をあげている。『平家物語』巻十の平重衡海道下り、『峡中紀行』における山の描写「益之右。則農鳥農牛鳳凰地蔵駒岳次第逓列。以北与金峰相接者。州殆乎在壺中観天也。其厳然二農之上者。謂之白嶺。望之稜稜乎可畏。」、沢元愷『登富士山記』の叙景「四面猶且銀海、唯甲之二山見㆓其巓㆒、如㆓島嶼㆒然、問㆑之不㆑知、蓋関黒駒白嶺之椒、眂《みる》㆓富士於正南㆒是耶。」(黒駒とは駒ケ岳をいふ、白峰の白に対して、黒字を加へたるならむ、と烏水は注記している)、また湯浅常山『東行筆記』の一節があげられている。しかしこれらはみな遠望の記述であるために、実際の登山の手がかりにはならなかったといい、ラインやナウマンの研究、また「倫敦《ろんどん》マレー本」(A Handbook for travellers in Japan のこと)にあたってもそのいとぐちはつかめなかったと書いている。白峰登山のための唯一の参考となったのは、松平定能の選になる『甲斐国誌』であったと書いている。

《その記事には、此山本州第一の高山にして、西方の鎮、国風に所詠甲斐か根是にして、南北へ連りて三峰あり、其北方最高を指して、今専ら白峰と称す、中間巓を隔て芦倉村に属す、本村より絶頂まで、凡そ十里、正しく西に当る、若し其絶頂に登らんと欲せば、必ず盛暑の候を以てし、二日山中に野宿すべしとある、ここにいふ芦倉村は、町村制施行後の今は、芦安村と改められてゐる、ともかくも本村を出立点として、余は此山を探険すべく思ひ立ったのである。》

このように白峰北岳への登路をもとめて、苦心のほどをのべているのだが、「太陽」誌上十一ページにわたる「甲斐の白峰」一篇は、以後どの単行書にもおさめられなかったから、烏水の筆づかいの跡を逐って考えてみたいと思う。

そのころ中央線はまだ開通していなかったので《笹子峠は荷物を担ぎながら、汗を拭き々々、徒歩《かち》で踰へた》と烏水は書く。どのような山支度であったかというと、油紙、経緯儀、少量ブランデイ入りの瓶、磁石、時計、寒暖計、参謀本部二十万分一地図甲府の部、折提灯、蠟燭、石鹼、歯磨粉、マッチ、小刀、鉛筆、手帖、洋書一冊など、服装は洋服に脚絆草鞋、《蝙蝠傘の代りに金剛杖》といういたって軽いいでたちとある。それも《後の登山者のために》として書きそえている。笹子峠で道づれになった山好きの収税吏から、自分も甲府付近の高山によく登ったが白峰に入ったという人はきいたことがない、とうてい人間の往けるところではない、と言われたが、烏水は《余は敢てさまでに望を失はなかつた、従来余が信濃越後辺の深山を跋渉するときも、市人よりして、斯の如き拒絶を賜はつたことは、啻に一回のみでなかつたのである、が麓まで往けば、必ず正しき解釈が与へられるものだ、山ばかりは、その台礎まで往つて突き留めねば解らぬ》と意気さかんなところをみせる。その日は馬車で甲府に入り一泊。西の山々の夕景色に魅せられ、《余は宿屋の二階から、夕飯の箸を採るさへ、山ばかり見つめてゐた》と書いて、ラスキンの『近世画家論』第四巻の一節をおもい出す。

翌日、甲府平原を西へむかい、有野村百百《どど》の対岳楼で昼食をとり、鶏卵や塩や乾魚《ひもの》その他の登山食糧を購入する。午後二時十五分、芦安へむかい、コゾリという部落の素封家をたずねて宿を乞い、案内人として二人の猟士を周旋してもらう。一人は仲間から「叔父さん」とよばれる老人で六十一歳、他の一人は清水某という四十四歳の六尺ゆたかな大男である。それぞれに日当一円を約束する。つぎの日の朝六時半、三人は沢筋にそって海抜五千百二十尺の奈良田峠にむかう。勝沢をへて杖立峠に達するが、霧がかかっていて白峰はみえない。午後一時半、野呂川への下りにかかる。《樅、蕁樅《いらもみ》、唐檜、山毛欅《ぶな》等の大木がすく〳〵と隙間なく立て罩めて、その間を霧が絶えずに、冷たく吹いてゐる、山鳩であらう、赤子の啼くやうな哀れッぽい声がして、寂寥の気は、葉にも蔓にも含まれてゐる》という描写につづいて、烏水は《どうして、かういふ崖に木が根を托してゐられるであらうと思ふようなところを、宙乗りして、枝から枝を伝はつて》下りるが、金剛杖が邪魔になったので、それを河床めがけて投げ出し《猿《ましら》のやうに捷《すばや》く吊り下つて、身を跳らせた》と書き、「痩せ馬」（背負子のこと）に荷をつけて下りてくる猟士の肩胛のつよさに、烏水は感嘆する。野呂川の左岸におりたったときは五時にちかかった。

このあたりの山域をアルプスに比較すると、白峰はその名もおなじアルプスの最高点モンブランにあたり、野呂川はアルベオン川にも比ぶべきであろうと言う。さらに自分の経験から山流中の最純、最美、しかも最急、最険のものとして、梓川、大白川、そしてこの野呂川をあげる。川床の岩石をつたって、左岸の森のなかの猟士小舎についたのは午後七時、さらに提灯の明りをたよりに一時間半ほどのぼって広河原小屋につく。《高さ七尺、間口十二尺、奥行二十尺許《ばかり》》の小屋には、鋸や鉈や磨臼《ひきうす》がちらばり、粗蓆《あらむしろ》が二枚ばかり敷いてあったが、無人だった。すぐ焚火にとりかかって《杖立峠へ来る前の渓畔で、他の猟士から購《あがな》つた山鯇《ヤマメ》を炙つて、夕餐を喫したが、このくらい旨味《おいし》い食事は、誕生以来始めてゞあつた。夜は思つたほどに冷たくはない》と烏水は書いている。つぎの日は《新鋭の気を養ふため》にこの小屋に滞在、この日は《漁《すなど》つたり、渓水に浴したり、持参の詩集を読んだり、日記を認《したた》めたりして、間には木苺を採る、渓魚を炙る》と書いている。

翌朝三時十五分におこされる。支度に時間をついやし、四時四十分、疲労のはなはだしい老猟士をのこして二人で出発する。野呂川から東の方にはじめて白峰の頂をあおぎみる。《白幣の如く霄漢に挺《ぬ》いてゐるのが、始終離れぬ目標になつてゐる、余はコールリツヂの白峰《モンブラン》頌歌を唱はまほしく思つた。》

オカムバ峡谷をさかのぼり、左岸のけわしい傾斜を一時間ほどのぼると、三十年前に芦安村長が建てたという小祠《やしろ》にぶつかる。《猟士さへも犯さない天秘の境であるから、白衣の道客も寄りつくものがなく》したがって小祠は荒廃してしまったことをつたえている。《この地を測るに、海抜六千五百尺、河床よりは既に一千三百尺も登つてゐる》となにものかで測ったような表現がみられる。持参の荷物のなかに経緯儀があったというから、これを使用したのであろうか。それから倍加する急峻な傾斜面を《手足は生傷だらけ》になってのぼる。九時ごろ、喬木帯を出てほっと息をはくと、五葉松《ハヒマツ》帯がひろがっていて、白い石楠花は星をしいたように美しい。野呂川の谷をへだてて地蔵、観音、薬師の鳳凰三山が手にとるようで、とりわけ《二個絶大なる花崗岩より成つて、双柱状に聳へてゐるのが奇観であつた。その高い方の岩には、古往今来誰も躋《のぼ》つた人はないといふ猟師の話である》と書く。

方角を南に転じて岩場を攀じのぼる。十一時、頂上に着いたが、景観をたのしむことはできなかった。烏水はこれまでの登山経験から絶頂は夜明けに立つことだといい、浅間山、立山、妙高山、乗鞍岳、槍ヶ岳では《余はいづれも、この物（雲霧のこと）のために天地の大観を失つたが、その多くは、翌くる朝まで俟つて、眺望を縦《ほしいまま》にした、が併し白峯では何も見えなかつた、実は一夜の高寒を絶巓で送るだけの勇気がなかつたのだ》と書き、頂上の光景についてつぎの描写がつづく。
《足許には乱石堆畳して、その石の破れ目よりは、地衣帯に属する苔が少し生えてゐる、最高点には、小石を囲つて室を建てゝある、その室の中に、些やかな木の祠があって、扉を開くと施主の名を彫刻してある縮形の木剣と、石造の鶏が奉納してあつた、これは何を意味するものか、解らないが、この山の支峯を、農鳥と呼ぶを以て攷《かんが》へると、その間何等かの消息があらう》
と書いて『甲斐国誌』の「山上に日の神を祀る、黄金を以て像を鋳る、長さ七寸、之を入るに銅室を以てす、高サ二尺二寸、広サ方八寸、其四隅に鈴を懸く、風吹けば声あり」という記述を引用し、類推をくわえている。
十一時半、下山開始。しかし《大霧のために、さすがの猟士も路を失つた。彷徨《うろつ》いた末に、大絶壁を垂下することに一決した、この絶壁は扇を倒懸した形になつて、岩骨が八方に肢線を作つて、幾筋かの澗谷によつて、裾は互に隔つてゐる》というから、北岳東面の岩場を下降したのだろうか。烏水は、自分の経験のなかでおそらく空前絶後の、最大の困難をきわめたものであったと言い、《実は霧のために、先が見えなかつたので、却つて盲目蛇《めくら》に怖ぢずで、下れたのであらう》と注記している。この下りに五六時間を要したため広河原に帰着できず、岩小屋をみつけて宿る。《冷悚の気、骨に徹つて、刹那も万古の如くであつた》とその夜の様子をのべている。

翌朝八時、「叔父さん」のまつ小舎にたどりつき、骨休めのため一泊して、翌日、往路をもどることになる。野呂川下りと杖立峠ごえに十一時間をついやし、芦安に帰りつく。

その後、甲府をへて鰍沢に一泊。つぎの日、富士川を下って岩淵に出、汽車で横浜に帰ったというのが、この紀行の大略である。

《甲府までの往復日数を除いて、単に白峰一山を上下するために、七日を費やしたるを以てみるも、いかに此山が深くして、且険なること、富士、立山、白山、御岳の比でないことが、解るであらう。》

烏水はこうしめくくっている。

これまで本格的な紀行文はすべて文語体で書かれてきたが、この「甲斐の白峰」は口語体で書かれていることに注意しなければならない。明治の言文一致運動は、「文庫」では三十三、四年ごろ、というのは教育機関で採用されたのと軌を一にして浸透しはじめ、その特集が編集されたほどであった。烏水の文章にもその後多々混用がみられるが、表現様式としての口語体は、彼にとって好ましいものではなかったようにおもわれる。したがって本腰を入れて書くもの、とくに紀行文はほとんど文語体で書かれてきたのである。ところが「甲斐の白峰」は口語体、それも無神経ともいえる散漫な叙景があらわれる。「太陽」という大部数の雑誌への投稿なのであえて口語体を使用したのかもしれないが、「登山に就きて」の文語文とは、内容の品位においてかなりの逕庭があるといわざるを得ない。これだけの探検的な登山でありながら、烏水としてはいかにも気軽に文章を書きながらしている。紀行文作成を《一生懸命にてかかりたる仕事》とうったえたような、かつての気魄をここによみとることはできない。前衛山脈をこえ、野呂川をさかのぼり、そして広河原から北岳の稜線にとりつくまでの景観叙述にしても、見当ちがいといえるところもすくなくない。山岳紀行文家として独自の世界をきずきつつあった烏水としては、あまりにも杜撰な仕事である。その上、自己顕示欲にかりたてられていることも見のがすわけにいかない。まず第一に、自分の登山行為がどんなにか危険きわまりない冒険であったかをくりかえし説いていること。第二に、これまでの旅行経験談（未訪の土地もある）を必要以上に誇示していること。第三に、ラスキンやコールリッジの詩句を山中で読誦したり、スイス・アルプスとの比較がなされたり、あるいはナウマンやラインなど、日本の地質学に貢献した人々の名をあげたりして、衒学的な表現が多々みられることなどがそれである。

「甲斐の白峰」を読むかぎりでは、烏水の文章の突然変異という印象がまぬかれない。だがこの記事の発表がきっかけとなって、すぐさま山に関心のある若者からの反応があらわれてくる。志賀重昂の紹介状をたずさえた越後の豪農高頭仁兵衛は「日本名山綱」の草稿をかかえて山王山を訪問する。この紀行文をよんで二十万分の一輯製図に「奈良田峠五一二〇尺」と記入したという学生武田久吉も、やがてその姿を烏水のまえにあらわすことになる。

「甲斐の白峰」の出現に驚嘆した武田久吉は、それをいかに熟読玩味したかをしばしば語りつづけてきた人である。高野鷹蔵の言葉によると「それにすつかり感激した」のであった。前年の三十六年、烏水・紫紅の甲斐駒ヶ岳登山（八月一日）につづいて、武田は植物採集のためおなじ頂をきわめた（八月十三日）のだが、武田のいう「白峰北岳を指呼の間に仰ぎ、あの頂上であったなら、多分は他の山に見られない珍草奇花に廻り合えることもあろうかと、山また山の奥に聳えるあの峰に、少なからぬ憧憬を胸に抱いて立ち戻ったその北岳」がくわしく描かれていたのだ。しかも明治三十三年の登頂記録とあり、白峰山脈の地理的な記述や研究者的な口ぶり、さらにナウマンやラインら碩学の説を批判しているところなど、この紀行文の筆者の常人でないことに目をみはらざるを得なかったのである。まして自分たちが専門とする動植物についての観察もあり、携帯品の筆頭に「経緯儀」があげられ、標高測定が自信ありげに書かれているのだ。「多大の困難とたたかいながらとにかく絶頂をきわめたという、その勇士は如何なる人であろうか」と武田久吉は書いたが、そのおどろきは想像にかたくない。「文庫」を中心とする文学青年仲間に知られていた烏水は、この一文で自然科学系の青年たちに知られはじめる。

アーネスト・サトウを父とし、明治十六年に生まれた武田久吉は烏水より十歳年下ということになるが、そのころ日本博物学同志会の中心的な存在であり、また山草会の会員でもあった。その青春時代、ことに明治三十年代の足跡は『明治の山旅』（昭和四十六年刊）にくわしい。そこには博物学の帰山信順の薫陶をうけて、動植物の研究とともに登山に専心していた一群の青年たちのいたことを逸してはならない。武田久吉をはじめ高野鷹蔵、梅沢親光、市河三喜、東条操、山川黙、辻村伊助、石川光春、内田清之助らがその会員であった。

「甲斐の白峰」は、そういう青年たちの会合においてしばしば話題にされた。しかし小島烏水がいかなる人物なのか、だれも知らなかった。そのうち烏水が横浜在住者だということがつたわってきて、横浜支部の高野が知人の山崎紫紅をとおしてその所在をたしかめる。そのいきさつは高野によると、つぎのようなものであった。

〈……これを読んだ武田君が「なんでも小島烏水は横浜の人だ。一つさがしてみよう。途方もならぬ山好きがいる。君、さがさんか」と私に云います。雲をつかむような話で、どこをさがそうかと考えておりますと、ある寒い日、横浜の市会選挙があった日に、山崎紫紅という、……劇作家に会いました。この人は私が前から知っておりまして、横浜の当時の地主の若旦那という関係で、劇作に入ったわけでありますが、この山崎君に会った時、小島烏水を知らないか、こういうわけでさがしているんだと云いますと、山崎君は「小島君ならよく知っている。君の家のすぐそばだ。正金銀行に勤めている」と云うのです。私の家は正金銀行の一丁ほど手前にあって、銀行に行けばすぐ会えるので、はじめて小島君に会いました。我々はこういうような若輩だが、山の話をうけたまわりたいと云って、小島君と私は会うことが出来ました。[*4]〉

紫紅の紹介で武田、高野両人が西戸部山王山に烏水を訪ねたのは、三十八年二月下旬ごろの「曇った寒い日だった」というから、「甲斐の白峰」の筆者を探しあてるのに、一年の時日を要したことになる。

山岳資料の蒐集に余念のない烏水の方では「植物学雑誌」で武田久吉の「甲州駒ヶ岳採集記」を読んでいたから、「甲斐の白峰」を耽読した青年は「一見十年の知己の如く、山談ははずみ、室内は口角からの泡が散つて霧の如く漂つた」[*5]と書いている。烏水の方では、このときのことを回想して《若い人たちが連れだつて、私を山王山の宅に訪ねて来られた。孰れも初対面の人たちで、書生ツぽながら、袴を穿いて、キチンとしてゐられたのを記憶してゐる。……今となつては、高山植物の権威なる武田博士や、小鳥の会の創立者、鳥類の恩人、高野君などを、少年扱ひにしたやうに取れるのは、全く済まない気がする[*6]》と書いたが、山岳におなじあこがれをいだくものであっただけに、この時点から数年来の親友であるかのような、はげしい交遊がはじまる。烏水はすぐさま日本博物学同志会に入会し、青年たちを帰英まぎわのウェストンに紹介した。

槍ヶ岳をとおして烏水はウェストンの知己を得、また「甲斐の白峰」によって高頭仁兵衛という特志家を得、さらに日本博物学同志会の若き一団を知るにいたったが、これは「文庫」ではとうていもとめ得ないことであった。烏水を核にして、これらの確実な因子があつまり、時の流れは山岳会の創立にむかうことになる。それだけに「甲斐の白峰」は歴史のなかに重要な役割をはたしたと言わなければならない。

翌三十八年、植物採集を目的とする武田久吉の研究登山では、記念すべきかずかずの山行がおこなわれた。日光、尾瀬、富士山、権現岳、白馬岳、丹沢など、交通の不便な時代にもかかわらず、彼は四月から十月にかけて十ヵ国の山々に足跡をのこした。日露戦争のさなかにありながら、赤紙のくる危惧もなく研究にはげむことができたという。「文庫」一七三号(三十八年九月)に烏水は「本年の登山談」を書き、帰英後のウェストンから山岳会創立のための資料が送付されたこと、アルパイン・クラブ会長および名誉書記連署の手紙をウェストンを通じてうけとったこと、日本に《アルプス倶楽部建設の気運》が熟してきたこと、あわせて友人知己の登山、乗鞍岳における学生たちの遭難死などを報告しているが、そこには八月十四日付の烏水あて武田書簡(信濃四ッ谷山木屋にて発信)を読むこともできる。

小生去八日東京を発し、九日、甲州側より八ケ岳に登り、暴風雨に遭ひ候共、先づ事無く下山、十日より諏訪に出で、塩尻峠を越え、十二日当地に参り候、十三日より白馬岳に立籠る筈のところ、その日より大雨にて、松川の橋梁流失し、且つ其他危険なりとて、登山を見合せ、滞在罷りあり候、連日雨天にて、出ることも出来ず、無聊に苦しみ居り、本日雨収まり候へ共、雲行おもしろからず、明日大雨にあらねば、登山の考へに候[*7]

みずからの山旅の経過を先輩格の烏水に逐一報告しているところに、年齢の差をこえて山によってむすばれた二人の交友ぶりをみることができる。武田久吉は翌十五日から白馬岳にのぼり十二日間におよぶ籠城生活を敢行している。この夏は天候にめぐまれなかったらしく、紫紅とともに赤石岳に入った烏水も小渋川の増水に悩まされ、乗鞍岳では五人の青年が凍死している。そのなかに貴族院議員小牧昌業の三男厚彦（府立一中五年）の遺体が発見されたため、新聞に大きくとりあげられた。それは烏水に「登山凍死学生伝」を書かせることになる。

「甲斐の白峰」を発表してからの二、三年は、烏水はほとんど紀行文らしい紀行文を書いていない。彼の本領とした山旅の筆づかいはみられない。金峰・八ヶ岳・甲斐駒にしても赤石岳にしても、山崎紫紅が「文庫」に記録をのこしたのであって、「鎗ケ岳探険記」のような充実した記述はみられなかった。烏水は「山岳」創刊号（三十九年四月）に「赤石山の記」

を書いたが、それは紀行文ではなくて、序説ともいうべき赤石山系の地理的概説にすぎなかった。《山頂に登りたるときは、大霧天飈に吹断せられて、雨の如く、且つ薄暮に迫りて高寒骨を刺し、いかんともし難くて、竟に三角測量標の在るところまで達する能はざりし……》とあるところから、あるいは材料に不足していたのかもしれない。むしろこの時期は『不二山』と『日本山水論』の上梓に力をそそいでいたとみることができる。「文庫」誌上では「明治文壇側面史」で少年園時代から二十年にわたる「文庫」の歴史とその成果を集約したり、そのほか文学、演劇、社会問題についての時評的な文章が多くみられるのである。

「文庫」以外のところで生まれたあたらしい交際、それも彼の念願としていた山仲間との交友が親密になり、日ましに無遠慮になってくると、年若い博物学同志会の面々が、兄貴分である烏水の揚足をとるようになった。武田によれば「すると彼も黙つては居ずにやり返すという、常談事も一時は盛であつた」とのことである。というのは「甲斐の白峰」において経緯儀を携行したことへの疑問があったからだ。山岳会創立の当時を回想して、武田久吉はつぎのように語っている。

〈小島君の方は、書いたものがおもしろく読まれればいいのだから、いろいろと潤色する。それで大分嘘が入っている。小島君は山へ行ったなんていっても、山の記事を書けばデタラメを書いている。どうも文章家の頭はデコボコの鏡みたいなもんだ。ものごとが平らに映らない、なんてやるものだから、小島君憤慨しちゃって、なんだ、小わっぱめ。そういう失礼なことを言う。なんだか議論ばかり、ずいぶんやったらしいですよ。結局小島君のは山へ行って来ると記事をおもしろおかしく書いて、原稿料を貰えばよかった。ところが今の幹部四人は大変なんですよ。山へ行った以上は粉骨砕身して、いろいろ研究して来る。それに帰山先生の薫陶を受けているから、すべてのものごとは厳格に、正確でなければならんというのが、頭の中にこびりついている。少しでも変なことが書いてあれば、悪く言えば、あげ足をとる。「小島君、これはどういうわけだ」なんて糺明する。そうしているうちに第一小島君が白峰へ経緯儀を持って行ったというが、何のために持って行って、どんなことをしたか聞いてみようじゃないかというので、聞いたところが、さすがに小島君、弱った。「あれは小説だよ」……僅かに身をかわした。*8〉

これは紀行文家烏水にたいする根本的な疑問の提出である。滝沢秋暁の烏水批判（『銀河小評』）につぐ強烈な追及だといっていいかもしれない。武田は山岳会創立者の一人として、その当時の事情をしばしば語ってきた。「山岳」に「今昔の感」（第二十五年第三号）「山岳会の成立するまで」（第三十一年第一号）「日本山岳会の創立と小島烏水君」（第四十四年第一号）や、いま引用した「日本山岳会創立前後」などがあって、烏水との交渉を知ることができるのだが、科学的な厳密さを旨とする武田には「あれは小説だよ」という一言が鮮烈な記憶にのこっていて、晩年、日本山岳会の有志閑談会[*9]でも執拗にそれを語っていたほどである。山岳会成立の端緒が「甲斐の白峰」にあっただけに、また熟読玩味したものであっただけに、それは彼の青春の所在を物語る好個の材料であった。もちろん彼が「烏水の文章は読んでまことに面白い。知らず知らず引きこまれる魅力がある。実際とくらべてだがそれを分析したり、不確実だなどと批判すべきものではないのであろう。そういう態度は科学的論文に対する時にこそ取るべきもので、文士の書いたものを、左様な目で見るのは、無慈悲というものである」と書いたように、文学者の表現を完全に無視したものでないことはあきらかだが、経緯だけが小説風の作り話であったのではなく「甲斐の白峰」全文が創作であったことを追究する。「小島烏水と『甲斐の白峰』」「『甲斐の白峰』後日物語」「小島烏水発見記[*10]」などがそれである。

はじめ「甲斐の白峰」の種本として、武田はジョン・マリ本の『日本案内記』をあげている。烏水のいう「倫敦マレー本」の後版（第二版・第三版）に白峰三山の登路が書かれているからである。そしてのちに烏水の文章の要点がウェストンの『極東の遊歩場』（Playground of

The Far East, 1918）の第五章 The Great White Mountain of Koshu の内容と符節をあわすように酷似していることを武田は指摘するが、発表年次からみて納得することはできない。そこで「山岳」の編集にたずさわったころの記憶をたどり、第十四年第三号（大正九年七月）の英文欄に、ウェストンの白峰登山記がかつて「甲斐ヶ根山の登山」The Ascent of Kaigane-san の題のもとに「ジャパン・ウィークリー・メイル」一九〇二年十一月一日号に掲載されたという記事のあったことをおもいおこし、類推をくわえている。その発端となったものは Blue Dragon-Fly という署名のもとに発表された Scrambles in the Southern Japanese Alps 第三部のつぎの一節である。

That intrepid pioneer the Rev. Walter Weston, it is believed, was the first foreigner to climb Kaigane, and he wrote a very full description of his expedition which appeared in the Japan Weekly Mail of Nov. 1 st 1902 under the title of "The Ascent of Kaigane-san."

これが烏水の『日本山水論』中のウェストン紹介記事の一節《若し夫れ、白峰の登山に至りては、後遊に係はるを以て本書に収録せられず、白峰の麓に白蛇の蜿れるが如く流るゝ野呂川の窈冥なる深谷は、去年八月、親しく渉査して、当時のジャツパンメイルに紀行を寄せたり》と合致していることをあげ、武田久吉は〈小島氏のいわゆる「ジャッパンメイル」に載せた記事に、多分は初めの方にでも、筆を加えて、纏めたものに違いない。今となっては、その週刊誌をみることは殆ど不可能であるが、内容の要点は変っていないであろう。それをその当時手にした小島氏が、その一部は翻訳し、一部は翻案し、一部は日本の読者向きに潤飾して、「太陽」に投稿したとしか、どうしても考えられないのである〉と結論づけた。そして、烏水の翻案の技術のうまさがよくうかがわれておもしろい、と皮肉っぽく書きつけている。さらに烏水が、「後の登山者のために」と書いて一般登山者なら不要な携帯品（経緯儀のこと）をあげたり、あやまった経路を記載したことについて、断乎として糺明されなければならない、とはげしい口調で烏水批判をくりひろげた。

武田久吉が論証としてあげた資料は、ウェストンの『極東の遊歩場』にとどまっていたため、その指摘にはいくつかの早合点と誤りがみうけられる。一例をあげれば彼は、ウェストンのいう沓沢の村の鎮守 The Village Shrine of Kutsuzawa が〈小島氏の翻案では、これが「妙長寺といふ日蓮宗の小院」に化けている〉と書くが、「ジャパン・ウィークリー・メイル」の初出文では a little wayside shrine they called "Myo-cho-ji" なのである。The Ascent of Kaigane-san から The Great White Mountain of Kōshū にいたるまでのあいだには、全面的な改稿のあとがありありとわかるので、初出の記事をもとにしなければ、正確な判断は下しかねるのである。

ともかく烏水歿後十五六年をへて、かつての僚友から火の手があげられたわけだが、それまでは烏水が白峰北岳の早期登山者の一人として考えられていた。明治三十三年とあるのは、後年にいたって単純な誤記としてみのがされたものの、「甲斐の白峰」発表の前年（三十六年）の記録として、武田久吉も一時はそれをみとめ、中村清太郎、三森達夫も「烏水年譜」に採用してきたのである。「山の因縁五十五年」で烏水自身、この年《甲斐芦安に入り、杖立峠を越え広河原に下り大樺池より白峰北岳に登る》と語っているために、それを採用したのであろう。しかし三十六年とすると、その年の六月には中央線は甲府まで開通していて、烏水の笹子越えの記述は完全にくつがえされることになる。烏水の白峰北岳登頂は、正確にいえば、明治四十一年七月二十四日のことであった（同行者高頭仁兵衛・田村政七）。むしろ当時十七歳の学生三枝威之介が、「甲斐の白峰」に触発されて、三十七年七月、野呂川ぞいの道から北岳の絶頂をきわめているから、日本人の北岳早期登山者には、その一番手として三枝の名をあげるべきであろう。[*11] つづいて三十八年八月、伊達九郎・高松誠の一行の登頂が記録されている。したがって『日本山嶽志』のなかの白峰北岳に引用された烏水の文章も、補遺篇のために書かれた烏水の増補（登路説明）も、すべて架空の事実のうえに築かれたことになるのだ。

「甲斐の白峰」一篇が右のような独自な扱われ方をしはじめることによって、烏水の山岳人としての後半生が、なにかしら怨霊の影におおわれていたとうけとれないこともない。また槍ヶ岳登山における先駆者としての栄光の裏側には、悲惨な陰翳を宿すことになったと考えられないこともない。烏水自身、紀行文を論じて《室内捏造は論外》[*12]とまで断言していたのだから。

「ジャパン・ウィークリー・メイル」に発表されたウェストンの「甲斐ヶ根の登山」は、一万一千語をこえる長文の紀行である。内容的にそれに該当する『極東の遊歩道』第五章は約七千語をかぞえる程度だから、両者のあいだにはかなりの異同がみうけられる。その二つを照合してみると、前者が山旅からかえってすぐ書かれたものだけに、詳細な叙述や描写になまなましさがあり、後者は単行本上梓の時点でそれを書きなおしたものなので、簡略化して日本の山旅を回想するかたちをとっていることにきづく。山の標高はところどころ訂正され、固有名詞の修正がほどこされ、通貨は円からドルやポンド、シリングにかえられている。「甲斐ヶ根の登山」が日本在住の外国人読者を予想して報告されたのにくらべて、『極東の遊歩場』は英本国、ひいてはヨーロッパ圏の読者を念頭において書かれたのであろう。それだけに日本の山々の紹介がきわめて説明的になっているのかもしれない。第五章は「日本南アルプスの探険」の第一節にあたる。そこでは南アルプスの概説から書きはじめられ、烏水も日本の友人として登場する。したがって「甲斐ヶ根の登山」の方こそウェストンのオリジナル・リポートとして読まるべき性質のものなのである。

烏水が「甲斐ヶ根の登山」をかなりはやい時期に読んだことは容易に想像がつく。明治三十六年以降、ウェストンとの交渉が足しげくおこなわれ、新聞の切抜きを借りうけたことを回想文のなかで語っているし、このころウェストンを紹介して、その文章が《宗教家一流の乾燥枯淡なる弊に陥らず》たくまざるユーモアのあることを指摘して Viewed the mist but missed the view の一節をあげている。烏水はそれに《霧を観たりしかも景を失ひたり》という訳語をあたえ、《音調上より来りたる地口なれど、上品なる洒落と言ふを失はざるべきか》[*13]と注記したほどであった。これは「甲斐ヶ根の登山」のなかで、ようやく頂上にたどりついたときのウェストンの自慢の表現である。のちの『極東の遊歩場』では Viewing the mist and missing the view と書きなおされている。このことからみても、当時、烏水が「甲斐ヶ根の登山」を読んでいたことはあきらかであろう。

「甲斐ヶ根の登山」と「甲斐の白峰」をあわせよむかぎりでは、あきらかに烏水の《机上登山》であり、《室内捏造》というほかはない。ウェストンが単身で白峰登山のため横浜を出立したのは、明治三十五年八月十八日十時五十分、それは烏水・金次郎が槍ヶ岳登山後、蒲田に下ったつぎの日の朝にあたるが、それを三十三年におきかえて書きはじめたところに、烏水の作為が歴然とあらわれるのだ。登山経路および行動、地形、標高、時間、距離、地名人名、風景描写その他あらゆる面にわたって一致するので、烏水の翻訳・翻案・潤飾ぶりを証明するためにその例証をあげてみよう。それは枚挙にいとまがないほどなので、いくつかの例をあげるにとどめるが、そこには珍訳・縮訳や衒学的表現のなかに、烏水の性情があらわれてくる。

その当時、中央線は鳥沢までしか開通していなかったので、第一日目、ウェストンは猿橋に宿泊、翌日、馬車で一緒になった Japanese Inland Revenue Officer とともに笹子峠をこえる。

He however damped my hopes considerably by stating that though he lived near Kofu he know of no one who had ever ascended Kaigane San, and that he was quite sure the summit was unattainable. Indeed, it is surprising how little seems to be known about this great mountain, either by Japanese or foreigner.

この個所を烏水はつぎのように日本語に移しかえている。

《この人の話に拠ると、自分も随分と山好きで、甲府附近の高山には攀じ躋《のぼ》つたが、白峰へ分け入つたといふ人は聞いたことがない、到底人間の往けるところではないといふことである。》そしてつづけて《併し余は敢てさまでに望を失はなかつた》とウェストンとは逆の表現をくわえている。

Arino was at length at 11.30, and the coolies, duly paid off, settled down to a 2 hours snore. The existence of such a charming inn as the Taigakuro was a complete surprise, and for a resting place after roughing it in the adjoining mountains, its cool quiet with excellent food and civil attention would render it almost perfection. It lies almost under the shadow of the outposts of Shiranesan and Komagatake, westwards, whilst eastwards rise the shoulders of Fuji beyond the intervening hills. Meat, chicken, eggs, and fish are to be had, and as a special treat I was offered a curious compound called "coffee," consisting of a sort of dried coffee dregs enclosed in a casing of sugar. Good roads north and south, the former joining the Koshu-Kaido near Nirasaki, and the latter, in 10 miles reaching Kazikazawa, for the Fujikawa Voyage.

烏水によると、《十一時半頃、甲府から四里許の有野村の百々《どゞ》といふところへ着いた、ここに対岳楼といふ小潚洒《こざつぱり》とした旅館がある、昼食を認《したた》め、鶏卵や、塩や、乾魚や、その他登山の食品を、重荷にならぬ限りに於て、こゝで整へさせた、この村は駒ケ岳から白峰に至るまでの、外哨に当る連山の、陰に横はつてゐるのだ、東の方はこれも大入道小坊主のやうな奇峭が、長い閂《かんぬき》を組み合せて、その上から富士が見える、北は韮崎、南は五里許で鰍沢に達する間の契点となつてゐるから、繁昌してゐる。》

烏水はこのような縮訳ぶりをみせているのだが、ウェストンののちの『極東の遊歩場』では、大幅に状景が書きかえられて Taigakuro は Suruga-ya となる。ウェストンは芦安村村長名取運一宅に宿を請い、案内人として三人の猟士を周旋してもらった。「叔父さん」とよばれる六十一歳のシミズ、その息子の四十四歳のシミズ・チョーキチ、それにマサオという十九歳の若者であった。烏水の方では、広河原滞在のくだりで、猟士二人を紹介するといって、

「叔父さん」という六十一歳の老人と、清水某という《四十四歳になる、六尺裕かの大男》の二人をやとったことになっている。日当はそれぞれおなじ一円であった。

翌朝六時半、ウェストンはヤセウマ（背負子のこと）に荷をつけたmy trio of hunterとともに出発する。

At Kutsuzawa, at 7.30, my men asked me to wait while they went to pray for protection and guidance on our expedition at a little wayside shrine they called "Myo-cho-ji."

これにたいして烏水は、

《七時三十分、勝沢に到つて、妙長寺といふ日蓮宗の小院の前を過ぎると、老いたる方の猟士は、腰を屈めて何か頻に黙禱してゐる、……》

さらに、

At 10.30 we halted for half an hour at a height of 5,700 feet (3,300 feet above Ashiyasu) at a tiny spring called by my men Shimidzu Yokote, where we had "second breakfast," and gathered large quantities of wild raspberries of enormous size, as well as of a small red berry called *gumi*.

《十時半に海抜五千七百尺の高さまで登つた、出立点の芦安村から測つても、三千三百尺は既に高くなつてゐる、……清水横手といふところで、純泉が涌いてゐる、その辺に木苺が黄玉珊々として熟《な》つてゐる。大分饑と疲れが来たから、これらの木の実を肴に、朝飯を十二分に食ふた。》

広河原小屋についてウェストンは、It simply consisted of a rough shelter of cryptomeria bark, about 20 feet long, 12 feet wide and 7 feet high. と書くほどこまやかな観察をしているが、烏水はそのまま《高さ七尺、間口十二尺、奥行二十尺許なるもの》と写して、杉皮ならぬ《檜皮を剝いて、屋《やね》や壁に代用》と書く。小屋のなかには鋸（saws）鉈（knives）があり、whet-stones（砥石）に磨臼《ひきうす》の訳語をあてたのは不用意というべきであろう。このような山中にあって磨臼を必要とする生活が営まれたかどうか、日本語を読んだだけでも滑稽なのである。

The night was not very cold, in spite of our height (5,200 feet) and our secluded shade, the thermometer outside only going down to 56°F., and except when some one stirred either to feed the fire, or after feeding the fleas, nothing was heard but the creaseless roaring of the torrent through the trees, and a comfortable night with plenty of sleep was our reward for the toils of the day.

烏水はつぎのように翻訳・潤色する。

《夜は思つたほどに冷たくはない、海抜五千二百尺、しかも谿澗の夜臥であるから、いかゞと案じた程でもなく、午後十時、寒暖計は華氏五十六度であつた。大谷の夜、石は天に叫び、虚空は水精より晶《あき》らけく、星は爛として瞬く毎に、畝ねれる三脊《さんせき》は脈を搏つてゐる、余は木立深沈として、山禽《やまどり》の羽ばたき一つ聞えない澗畔に、趺坐して水音を黙聴してゐたが、さすがに終日《ひねもす》の困憊が出たので、小舎へ這ひこんで眠《ねむり》に入つた、天より送られたものを天に返へして。》

広河原の小屋にあって、ウェストンはまる一日休養をとった。それを one of delightfull laziness であったと書いている。三人の猟師のうち二人は魚釣りに出かけ、「叔父さん」はウェストンと小屋にとどまった。ウェストンが破れた衣服のつくろいをしたり、読み書きをしたり、体をあらったりしていると、「叔父さん」はそのかたわらで、器用にたのしそうにありあわせの道具で柄杓をつくったりする。このようにウェストンは人夫たちの描写につとめているのだが、「甲斐の白峰」では、なにもかも自分が行動しているかのように書かれている。

地理的説明について、ウェストンは猟師からきいた話として、つぎのように書く。

From the men I found that besides the ascent of Kaigane two other interesting expeditions are practicable from this hut. Southwards the Norokawa valley can be descended to Narada, where the torrent's name has changed to Hayakawa— "the rushing river". northwards one may ascend it to a saddle between Senjōgadake on the west, and Komagatake on the east, from which a rough track leads to a cluster of huts called "Sangenyade《(ママ)》" on the way to Takato in Shinshu. Either route will involve hard work, and the latter, which is the longer and steeper will take a good day to accomplish. I was glad to get this news, as for a good many years past it has been commonly supposed that former passes across this rong have become impracticable and the one or two attempts made seem to have failed.

この文章からは探検時代の登山者の心意気がつたわってくるのだが、烏水はこれを縮訳して、つぎのように書いている。

《この小舎を起点として、途が二ツに岐れてゐる、一ツは野呂川渓谷を南へと横断して奈良田村（野呂川はこゝで早川と合ふ）に下る途、他の一《ひとつ》は、北方千丈ケ岳と、その東の駒ケ岳とが鑢《やすり》をかけたやうに、尖つて聳えてゐる間の、鞍壺のやうな低地に攀ぢて、信州は高遠街道に行き抜けの三軒屋といふ木樵《きこり》小屋（読んで字の如く、三軒あるといふ）へ出るが、孰れも峻絶無比の山道で、殊に後者は幾日かゝつて越されるか、解らぬといふことだ。》

このように二つの文章をよみくらべてみると、「甲斐の白峰」が「甲斐ヶ根の登山」を下敷きにしていることはあきらかである。ウェストンの文章が山行中の見聞をくわしく書きこみ、未知の山にむかう自分のよろこびをうったえているのにくらべると、烏水の方は大まかな叙述に終始していることはいうまでもない。翻訳というよりは縮訳であり、ウェストンの紀行を素材にした能因流の戯文なのである。

広河原から大樺谷を遡行し、左岸にとりついて急傾斜の斜面をのぼるところも、すべて引きうつしである。異なるのはウェストンが老人をのぞく二人の猟師をともなっているのに、烏水は一人をしたがえたことになっている。北岳東面のバットレス登攀が可能かどうかをマサオとチョーキチにたずねたところ、その返答が this would be impossible without wings であったとウェストンは記録しているが、烏水もそれを借りてきて《猟士は眼を円《つぶら》にして、呆れたやうに、翼があつても越えられるもんか、と一言の下に斥けた》と書く。しかしウェストンはつづけて、試練に耐えれば、いかなることも必要からなしうることを、ほとんど実感していなかったと書きつけている。

この登山は大樺沢から、いわゆる草すべりをのぼって小太郎尾根に達し、頂上をきわめたわけだが、かなりの困難をともなったようである。

頂上の描写は、もう引用しなくてもよいかもしれない。前に記したように小石をかこったささやかな木の祠 little shattered wooden shrine enclosed in a cairn のなかに、施主の名を彫りこんだ縮形の木剣 a miniature wooden sword inscribed with the donor's name を発見するのはウェストンの記述そのままの縮訳だが、そこに《石造の鶏》が奉納してあったと書いて、《この山の支峯を農鳥と呼ぶを以て攷へると、その間何等かの消息があらう》とまことしやかに注記してあるのは、烏水の意見でつじつまをあわせたことになる。ウェストン一行はこのあとの下山の際、雲霧に道を失い大樺谷へむかって二千フィートの岩壁を下ったが、烏水の経路もおなじことになっている。山行をおえたウェストンは Jucundi acti labores（過ぎし労苦はこころよし）とキケロの言葉を引用して、自分のはげしい登攀行為をかえりみ、ラスキンのつぎの一節で「甲斐ヶ根の登山」をしめくくるが、烏水にあっては、往路、甲府の旅館で口ずさんだことになっている。

The mountains seem to have been built for the human race, as at once their schools and cathedrals: full of treasures of illuminated manuscript for the scholar, kindly in simple lessons for the worker, quiet in pale cloisters for the thinker, glorious in holiness for the worshipper. ("Modern Painters," Vol. Ⅳ)

烏水はこのラスキンの言葉を《絶好の山経ではあるまいか》と言って、つぎのように訳出している。

《山は人類のために直《たゞち》に彼等が校堂として、及び精舎として建てられたものである、学者のためには炫光ある写本の宝蔵であつて、労する者のためには、懇ろに簡約なる教訓を与へる、思想家のためには、静粛なる道場となり、宗教家のためには聖《きよ》き隠家《かくれが》となる。[*14]》

もうこれ以上の照合は必要としないであろう。「甲斐の白峰」はたんに経緯儀だけが小説であったのではなく、全文がウェストンの紀行に依拠していたのは、明白な事実である。ウェストンの山行が科学的な実証精神にもとづいていたことは、その文章にもうかがえる。浦口文治の「ウェストンと歩んだ頃[*15]」によれば、彼は登山に経緯儀《テオドライト》、晴雨計《アネロイド》などを携帯していたとつたえられている。「甲斐の白峰」にはたくみな縮訳と烏水流の表現がうかがえてそれなりにおもしろいのだが、忠実な翻訳紹介であるならばともかく、それを自分の登山体験のなかに位置づけようとしたところに矛盾が生じている。大樺谷からの登行では《蒲田の谿を乱《みだ》つたときと同じく、余が半生涯の登山中、最険最危のもので、今追憶するさへ震慄する》と書き、帰路の岩壁下降では《それこそ余が従来の登山中、空前にして又恐らくは絶後(日本の山岳では)であらうと思はれるほどの最大困難を極めたものであつたが、実は霧のために、先が見えなかつたので、却つて盲目蛇《めくら》に怖ぢずで、下れたのであらう》と豪語している。彼はこの《大物》をいかにして征服したかを「事実」として書いてしまったのだから、文筆家として《神》をおそれぬ、きわめて大胆不敵な行為をおこなったと言わなければならない。私は烏水その人のためにこのア・モラルな行為を惜しむが、彼の明治三十年代の先駆的栄光のかげに暗い影をおとしてしまったことをみとめないわけにはいかない。ウェストンは終生、烏水を日本の最も親しい友人の一人として遇していたが、おそらくこの事実を知ることはなかったであろうし、「甲斐の白峰」を青春時代の記念として永く胸中に秘めていた武田久吉も、この仕業を発見するまでに六十年の歳月を必要とした。しかしこの一篇の文章が端緒となって、日本の山岳界は大きな飛躍をとげることになる。

烏水は、なぜ「甲斐の白峰」を書かなければならなかったのか。烏水の精神生活は、その後どのように展開されて行くのか。

「太陽」への投稿については、のちの「紀行文家の群れ」によって、すこしくそのいきさつを知ることができる。田山花袋との関連を追想するなかで、《少しく金の入用があつたので、白峰の紀行文を、花袋を通じて「太陽」に寄せた》と書いている。そのほかには執筆動機を説明づけるものはみあたらない。明治三十六年以降、あれほど熱心にウェストン紹介を書きながら、そしてまた後年にいたって、ウェストンと自分との出会いをくりかえし語りながら、「甲斐の白峰」とウェストンについてはなんらふれるところはなかった。しかもそれを自己の正当なる登攀記録として是認し、また社会的にも認めさせていたところに、烏水の欺瞞がある。小説として書いたと言ってしまえばそれまでだが、「甲斐の白峰」の発表が彼の後半生に暗い影を残すことになったのではないかとおもわれる。当時、新婚早々であったから、《少しく金の入用》のための売文であったことは正直な告白とよめるが、烏水の気質や筆づかいから考えて、私にはそればかりとはおもえないのである。

槍ヶ岳登山を完成したあと、烏水はつぎの《大物》をねらっていた。中部山岳地帯の早期登山者にあってはしごくあたりまえのことだ。彼らは未知未探の山々の登高に大きな《志》をいだいていたのである。『日本風景論』に白峰北岳の記載はないが、その後の地理学書や参謀本部の輯製図には、三千メートルをこえる標高がしるされていたから、大物食いの烏水の登高欲をかきたてずにはおかなかった。烏水が《ともかく一万尺上の高山なることは争はれない》と言い、《甲斐では富士山に亜ぐ高山であるのみならず、日本全国中でも有数の名山》と書いたのは、槍ヶ岳につぐ目標をここにおいていたからであろう。

白峰にあこがれをいだいたもう一つの理由として、烏水が『海道記』『平家物語』や『峡中紀行』、その他の文献にみられる文学的表現に心酔していたことがあげられる。甲斐ヶ根、白峰という呼称にこころをときめかせてきたのだ。彼はとくに平重衡の海道下りの一節を愛誦してやまなかった。

宇都の山辺の蔦の道、心ぼそくもうちこえて、手越を過ぎてゆけば、北に遠ざかつて雪白き山あり、問へば甲斐の白峰といふ。其時三位中将落つる涙をおさへて、かうぞおもひつゞけ給ふ。

惜しからぬ命なれどもけふまでぞ
つれなきかひのしらねをも見つ

手越から小夜の中山にいたる東海道筋からは、白峰北岳は見えない。『平家物語』の作者は『海道記』の作者の表現をそのままつかって、北にうかぶ雪山に、人間の運命をみつめたのであろう。烏水は「北に遠ざかりて」に神秘さを、「雪白き山」に高潔さを感じとり、《何といふ透き通つた感じのする山であらう、この外に美しい名も無ければ、涼しい名も無い、やさしい名もなければ、威厳ある名も無い》[*16]と鑽仰の言葉を書きつらねることになるが、そのような白峰讃歌は、槍ヶ岳以後、ことに三十六年あたりからはじまったとみることができる。彼のうちにあった征服欲と美的夢想にくわえて、自他ともにゆるしていた《山博士》の自信と慢心が、烏水を「甲斐の白峰」においたてたのではないか、と考えられる。

三十六年の夏、金峰山・八ヶ岳・甲斐駒ヶ岳にはいったのは、北岳へむかう前哨だったと考えられぬこともない。八ヶ岳では苦労をかさねたものの、金峰・甲斐駒はそれが信仰の山であるだけにさほどの興味はわかなかったといえるかもしれない。同行者が山好きで頼りになる岡野金次郎ではなく、遊戯気分の山崎紫紅であったから、白峰北岳を目標とはしなかったが、北岳を望見しうるところをえらんだものと考えてよい。事実、その山旅のなかで烏水はいくたびか北岳の雄姿に目をうるませているのである。たとえば、前章でのべたように笹子トンネルを出たところで、車中の人から白峰をおしえられて驚喜し「白峰々々と連呼した」烏水の姿が紫紅の筆によってつたえられているし、また烏水の方では金峰へむかう途中の国見石からそれを眺めて《白峰の北岳は純粋の藍を凝らし、その絶頂より活火山にあらずして煙を吐くかと疑はれたるは、白雲の峰角に劈かれて、北へ北へと落ち行くなり》と書いている。神秘的なヴェールにつつまれていた白峰を彼がしたしく眺めたのは、詩的表現にみちた東海道からではなく「峡中」への道筋からであった。この三十六年の山旅は、三十二年の稲倉峠での槍ヶ岳望見に匹敵するものであった。

この山旅に出立するまえ、烏水がウェストンの「甲斐ヶ根の登山」を読んでいたかどうか、確かな資料がないので速断はさけなければならないが、ただひとつ、紫紅によって書かれた烏水の言動から、それを読んでいたと判断してよいとおもう。ウェストンとの交渉が急速に親しさをくわえた年であったから、借りうけた新聞の切抜きだけではなく、じかに白峰登山の話をきいていたものと想像しうる。というのは、甲斐駒の案内人となった猟師に烏水が執拗に白峰を問いただすくだりがある。猟師の口から白峰北岳の登路、大樺沢、御池、頂上の情景が語られたことは、前章でのべたとおりである。紫紅によって書きとめられた烏水の反応ぶりからみると、芦安経由の北岳登路について「よく御存知ですな」と案内人を感嘆させたほどに、彼は正確なうけこたえをしているのだ。それは前年八月にウェストンがたどった道であり、「甲斐ヶ根の登山」に克明に記された道にほかならない。文献蒐集に熱中していた烏水であっても、ウェストンの記事をのぞいてほかに求めようがなかったものである。その点、この時期すでに「甲斐ヶ根の登山」を読んでいたと考えていいのではないかとおもわれる。そこには烏水の篤学ぶりと着実な計画性がよくうかがえるのだが、しかし猟師の話がそのまま『日本山嶽志』の補遺篇「白峰山」の項に利用されたのは、烏水の耳学問というべきかもしれない。

右のような背景のなかで、烏水は「甲斐の白峰」投稿へとはしりこんでしまうのだが、《大物》をねらう覇気と内心の気負いがこのア・モラルな産物をもたらしてしまったといえるだろう。《大物》をいちはやく手中におさめたいというあせりがあったのか、彼の内面にうずくまっている名誉欲や功名心から《空前にして又恐らくは絶後》の机上の大冒険を開陳してしまったのか、それは「甲斐の白峰」の読み方にかかわってくるのだが、私には烏水の自己自身にたいするあまさが禍しているのではないかとおもえるのだ。とともに当時の知識人や一般読者の山岳にたいする無知に乗じた傲岸不遜、驕慢のこころが若き日の烏水に瑕瑾をのこしたとおもえぬこともない。自負心のつよさが優越感をつくり、その優越感は彼の劣等意識に根ざしていたとしかおもえない。「乞丐児」で、二人の友が大学にすすんだことをきいて《余慚恚血を溺せり》と書いた烏水の性情をあらためて知ることができるのである。

彼の他者にたいする批評ぶりは、これまで「文庫」記者としての加評文その他でのべたようにかなりきびしいものであった。そこには彼の批評精神が生き生きとあらわれていて、それなりにおもしろい。山岳においても、直情型の批判文をよむことができる。山崎直方・佐藤伝蔵編『大日本地誌』第三巻が出版されたとき、烏水は《地理書らしき地理書は、実に本書より始まるといふも過褒にあらざるべし*17》とたたえながらも、四十ヵ所の誤謬誤記をあげて追及をおこなった。それも精読したのは地文篇だけで、ほかは繁忙のため《所謂五行倶に下るの読み方》をしたにもかかわらず、このような発見をしたという。全篇精読すれば誤りはもっと多くあげられるというふくみをこめて書いているのである。このようなえぐり方は烏水の常套手段でおどろくにあたらないが、一例をあげると、

〈駒ケ岳は即ち群中の最高峰にして、云々、鳳凰山は駒ケ岳の東南に在りて、云々、地蔵岳は之に接して、云々、又駒ケ岳の北方には鞍掛山の小隆起あり、是等の諸峰、何れも山勢巍峩として、高く天に聳え、登路絶えてなく、殆んど登臨するを得ず。〉

右の叙述にたいして、烏水はつぎのように書く。

《「絶え」「殆んど」文意いさゝか明瞭を欠けど、駒ケ岳鳳凰山の如きは、立派なる登山路

あり、年々来り賽する道者亦尠からず、殊に駒ケ岳の如きは、道者輩の講中を結べるもの甚だ盛大なるに徴しても知るべし、要するに「登路絶えてなく」といへるが如き強き言語は、あまり用ひざるを利とす。》

ここには烏水の実地踏査あるいは見聞が活用されていて、地理学者へのおもいやりのある忠告があるのだが、と同時にこと山に関しては寸分の誤記誤植を見のがさない彼の几帳面さをよみとることができる。一見して子供をたしなめる筆致があるのは烏水の癖としても、ものごとは厳正にして正確ならんとする意志のはたらきのあることは見のがせない。しかし、そのような一面をしばしばのぞかせる烏水が、「甲斐の白峰」という《室内捏造》にはしってしまったのだから、その内的な矛盾におどろかざるをえない。

すこしのちの水野葉舟の烏水評[*18]に「青年記者が人を嚇す様な風がどうもある。長く青年雑誌に筆を執つた一種の習慣が抜けないのかも知れぬ」「つまり論をするために論ずるからいけないのです」「文章に弄ばれている。旨い事を言はう〳〵とばかり骨折つてゐる気味がある。烏水は、才の人で、情の人ではない」とあるが、彼の一面をついているところもある。烏水の山岳鑽仰のこころ、その表現としての紀行文やエッセイが、たとえ烏水個人のたんなる趣味であったにせよ、文筆家としての彼がアマチュアのあいまいな領域にとどまっていたところに、突如として暗い影におおわれる結果をまねいてしまったのではないか。自己にたいするあまさ、功名心、自家撞着、さらに優越感のなかにひそむ劣等意識などが「甲斐の白峰」を書かせてしまったのではないか。たとえ趣味の世界に生きることを自認していたにしても、物書きとしての自己にたいするきびしさを知っていたならば、おそらく「甲斐の白峰」は生まれなかったにちがいない。

ひとたび活字になったものは、とりかえしのつかぬ方向へ歩きはじめることがある。ましてそれが青年たちに多大の感化をあたえたものであったとしたら、ひとりでに歩みはじめてしまうのである。

「甲斐の白峰」はまさしくその一例であった。幸であったか不幸であったかは別にして、この一篇によって、烏水は日本山岳史のなかで栄光と悲惨をともにもちあわせることになる。というのは、一方では日本山岳会創立という歴史的役割をにない、他方では彼自身のなかで「甲斐の白峰」をあくまで自分のものとして正当化しようとする悲劇的な様相を生みはじめるのである。《あれは小説だよ》とこたえたとき、彼は悪夢のなかでなにものかに追われるようなおびえを感じとったかどうか、そしてかの一文を抹殺する意志がはたらいたかどうか、それはわからない。おそらくもうどうしようもなく、引きもどれぬ地点にまできてしまっていたのであろう。烏水が晩年にいたるまで「甲斐の白峰」を自分のものとしてつじつまをあわせていたことは事実である。『アルピニストの手記』や『山の風流使者』におさめられた回想文に、わざとらしいぼやかしや誤記が多々みられるのは、悪夢から逃れるための手段ではないかとおもわざるをえない。

《次は白峰の北岳であるが前述の籠坂峠ですつかり印象を与へられたから槍登山の翌年だかに登つたが、其処でウエストンとの連絡がついて始めて北岳に登り得る自信も出て実行を考へた。[*19]》

前述の籠坂峠とは、富士裾野の周遊のときの白峰遠望をさしているのだが、《槍登山の翌年だかに登つたが》という表現はあきらかな誤りである。このように「甲斐の白峰」発表との関連から三十六年登山説を正当化しているのだが、《あれは小説だよ》とわらってすませていたものを、探検時代の足跡を歴史のなかに位置づけるにあたって、白峰北岳をこのように語っているのは、常人のものとはおもえぬところがある。もちろん最晩年にあって、この文章を口述したときの年齢的な老化や高血圧症という肉体的な情況を考慮しないわけにはいかないが、事実を歪曲してまで語りつづけたということは、烏水の性格的な弱さをしめすものかもしれない。私には人間としての深い悲しみが惻々としてつたわってくる。高頭仁兵衛が『日本山嶽志』の草稿をたずさえて来訪するところでは、

《其の時分に私は既に甲斐の白峰三山の紀行を「太陽」といふ雑誌に出して居つたので、志賀重昂先生のお目に留つてゐたと見え先生は「小島といふ人が大分高い山に登つてるらしい、あの人に相談して原稿を校閲して貰つたらどうか」と言はれたといふ事で、それで貴方を訪ねたが、一つ此の本を校閲して増補してくれないかと言ふ。躊躇はしたが同好の私は結局引き受ける事とに《ママ》なつた。[20]》

また前記の「紀行文家の群れ」には、つぎのように書かれている。

《花袋の周旋で「太陽」に載せられた白峰三山の紀行文は、意外の人の知己を得た。それは『日本風景論』の著者志賀重昂先生で、この一文から、私といふ人物に眼をとめられた。越後の豪家高頭仁兵衛氏が、山岳辞彙とも云ふべき浩瀚な原稿を抱へて、志賀先生を訪問せられたとき、横浜にゐる人が、こんな紀行文を発表してゐる、山を知つてゐる人らしいから訪問して見たらどうかと注意されたさうだ。高頭君が、その原稿を抱へて、私の山王山の宅を訪ねられたのも、そのためであつた。原稿は、後に『日本山嶽志』と題して出版せられた。》

もちろん事実としてうたがう余地はない。「甲斐の白峰」一篇はこのように歴史的役割をになって走り出していき、同志を糾合して日本山岳会の誕生をうながすことになる。それは功罪相半ばする戯作的文章というべきであろう。

武田久吉の指摘をまつまでもなく、烏水の山への接しかたは文学者としてのそれであった。『銀河』以後、文学と科学の融合をめざして紀行文やエッセイにしばしば科学用語をとりいれてきたが、その初期においては、ややともすると烏水の文体に借りものの違和感をかもしだしてきた。むしろ烏水の貪欲な山岳知識吸収のあらわれとみるべきかもしれない。登山には各人各様のさまざまなかたちがあり、登山者の趣向や環境や資質によって異なるのは当然であって、烏水は烏水なりに、独力で地図の空白部をうずめてきたのである。しかし、自分が断固として拒否していた《室内捏造》を「甲斐の白峰」において実行してしまったのだから、弁解の余地はない。最近の話でも、架空登攀記をめぐる論争が山岳雑誌をにぎわせたほどだから、登山というものの魔性、そこにまつわる人間の内的矛盾をおもわずにはいられないのである。

『日本山嶽志』には「甲斐の白峰」の冒頭にある地理的な概説部分、山頂の風景、および末尾の一節が高頭によって採録された。「甲斐国白根山は実に我が〔小島烏水君〕明治三十三年八月に、探険を企て、ともかくも絶巓まで窮めて来た白峰のことであつて……」にはじまる烏水の文章がそのままほぼ二ページにわたって組みこまれている。補遺篇には、さきほど述べたように登山道（芦安・奈良田峠経由、赤薙沢経由の二つ）の説明が烏水によって書かれ、そこに彼は参考書として「太陽」第十巻第三号の自分の紀行をつけくわえた。「甲斐の白峰」を書いた手まえ、そう書かざるをえなかったのであろうが、大樺谷から《絶嶺北岳ニ達スルマデ路トテハ幾ンド皆無ニシテ、険悪言語ニ絶セリ、然レドモ山頂ノ眺望絶佳》とあるのは、当時の登路について簡潔な、要を得た説明とはいえ、烏水の想像による以外のなにものでもない。『大日本地誌』を批評した烏水の言葉がそのままあてはまりそうである。

白峰をめぐってもう一つ加えておかなければならないのは、烏水の『日本山水論』に収録されたウェストン提供による写真のことだ。この書物は武田久吉、高野鷹蔵、志村烏嶺、山崎紫紅、芳野尚方らの協力をえて図版を挿入することができたものだが、なかでも《巻中収むるところの画版中、甲斐白峰、上野白根火山の二図は『日本アルプス』著者ウオルタア、ウヱストン氏の余に贈られたるもの》と序文に明記しているように、「甲斐白峰」と題して北岳からみた間ノ岳の写真をのせている。三十五年の北岳頂上では、ウェストンは Viewed the mist but missed the view としゃれたほどの悪天候であったから、このときの撮影とは考えられない。三十七年、彼は第二回目の北岳登山をおこなって、すばらしい展望に接し、遠く、また近くの親しい旧友のごとき山々をみるのだが、この間ノ岳の写真はそのときのものである。『極東の遊歩場』第七章でウェストンは it was the call to make friends with a new one that had to be heeded――Ainotake, the southern neighbour of Kaigane. と書いているので、そのときの快い印象を印画紙にして烏水にわけあたえたものとおもわれる。この写真は『日本山嶽志』においても使用され、小島烏水氏所蔵「甲州白峰北岳の絶巓」と説明されている。むしろ「北岳の絶巓にて」とすべきものであろう。烏水所蔵と記された十四枚の写真は一枚（杓子岳・志村撮影）をのぞいて、ほかはみなほとんどウェストンの足跡を物語るものだが、写真説明にはおなじようなあやまりが見出される。それだけに探検時代の山々の究明には、さまざまな困難と労苦がともなっていたといえる。

白峰北岳の絶巓をきわめたと豪語して、あたらしい歴史のなかに生きはじめた烏水は、こんなところにもそそっかしさをあらわにしている。《甲斐の白根》は彼の歌枕であった。

補注

第一章　横浜山王山

＊1――「新文芸」第一巻第三号（明治三十四年三月）。のち『銀河』に収録。

＊2――「文庫」第二十八巻第二号（明治三十八年二月）。のち「箱根山彙の最高点神山及び駒ケ岳より見たる不二」と改題して『不二山』に収録。その年の正月、岡野金次郎兄弟とともに箱根に遊んだときの紀行。

＊3――蛍雪会編集の同人雑誌「学燈」奥付による。それ以後の小島家の居住地の変遷については、滝沢秋暁あて烏水書簡などによって知ることができる。

＊4――遺著『山の風流使者』（昭和二十四年七月、岡書院）所収。

＊5――「時代と『文庫』と小生と」（「文庫」第三十四巻第二号、明治四十年四月）。

＊6――明治三十四年四月三日の松風会におけるアンケート「松風颯々」による。「文庫」第十七巻第四号（同年五月）所載。本文一五二ページ参照。

＊7――「文庫」第二巻第五号（明治二十九年四月）。滝沢秋暁（残星）は「余信濃に人となり、生糸輸出の事に関し夙に怪事を聞くこと多く、憤慨を蓄へること多年なりき。此文を読みて更にまた其一層を加へぬ」と加評文に書いている。

第二章　慚恚血を溺せり

＊1――従来の烏水紹介文では明治七年生まれとなっていたが、中村清太郎「烏水・小島久太年譜」(「山岳」第四十四年第一号・小島烏水記念号、昭和二十四年十月、日本山岳会)では明治六年十二月十九日生まれと記されている。その付記に「出生の年は戸籍面では明治七年となつてゐるのだが、事実は六年といふことであるから、事実を尊んで敢て六年に従つた。従来の異説を慮つて、こゝにこの点を明かにして置く」とある。また「山と渓谷」昭和二十四年四月号所載の「小島烏水(久太)年譜」(中村清太郎編)では明治六年十二月二十九日生まれとある。十九日説、二十九日説については、どちらも確証はないが、戸籍簿の記載を重んじて二十九日説を採った。

＊2――小島栄は烏水の四弟にあたる。明治二十二年七月二十九日生まれ。三高、京大をへて住友銀行に勤務。明治四十年八月の大井川上流、および同年十月末の富士登山に烏水と同行した。

＊3――『高松市史』(昭和八年、高松市役所)、市原輝士・山本大著『香川県の歴史』(昭和四十六年十二月、山川出版社)参照。

＊4――「父を語る」(「山岳」第四十四年第一号、前出)。

＊5――『Y校五十周年記念誌』(昭和八年三月、Y校校友会)に「在校時代の昔話」として執筆、のち『アルピニストの手記』(昭和十一年八月、書物展望社)におさめるにあたって「生ひ

立ちの記」と改題。

＊6――美沢義雄「父を語る」（『Y校七十周年記念号』昭和二十七年十一月、Y校校友会）による。

＊7――山本和久三編『美沢先生』（昭和十二年一月、Y校同窓会）八九ページ。

＊8――「乞丐児」は『木蘭舟』に収録されるまえに、美文韻文集『小山水』（明治三十三年四月、矢島誠進堂）に採録されたが、ここでも引用の個所は削除されている。

＊9――「平凡以下の人間」の一節。

＊10――「西郷翁ノ逸事」は「少年文庫」第二集（明治二十二年十月）に、「少年の義務」は「少年園」第三十二号（同二十三年二月）に発表。「画探し」は「少年文庫」第二巻第三号（同二十三年四月）に掲載された判じ絵で、蓮の葉のなかに富士山がかくされている。

＊11――「日商之旗」第二号（明治二十四年五月）に発表。

＊12――「時代と『文庫』と小生と」（前出）。

＊13――「小桜文庫」については、烏水「生ひ立ちの記」の記述による。未確認。

第三章　滝沢秋暁との出会い

＊1――「少年文庫」ははじめ山縣五十雄（蠡湖）によって編集され、塩井雨江、幸田成友らがそれをたすけた。「都の花」「小桜緘」などで名のあった高瀬文淵（本名黒川安治）は、明治二十七年、山縣悌三郎の紹介で編集に参画、つづいて当時東京美術学校の学生であった滝沢

秋暁が投書家から抜擢されて記者となった。文淵は「少年文庫」が「文庫」と改題されてから、まもなく退社し、二十九年一月、「新文壇」の主幹となった。その在任はみじかかったが、河井酔茗によれば〈「少年文庫」の詩を非常に優遇したので、後年「文庫派」詩人輩出の素地を作った〉という。

＊2――「文庫」第二巻第五号（明治二十九年四月）。

＊3――「残星氏の評言に就きて」（「文庫」第三巻第一号、明治二十九年六月）は、「夢の跡」とおなじ号に六号活字で掲載された。これをうけて読不書生（滝沢秋暁）は次号の「寄書家月旦（其六）」でつぎのように書いている。

小島久太君

輓近の紙上に於て、遽かに頭角を擡げ出したる者を君となす。当初君の「歴史家としての曲亭馬琴」を誌上に見るや、余密かに嘲りて、軽々しくも此寄稿家到底進長の大を見るべからずとなしき。既にして再び「萩桔梗」の評を見る、これを前文に比するに、前《すす》むこと数等、然れども余未だ以て全く思を翻すこと能はず、殆んど心を宙宇にかくる中、端なく「函嶺紀行」を読むの運に遭ひ、茲に初めて慚悔の情あり。続いてまた「波の鼓」の解析と「夢の跡」とを観るに及び、愈々以て自から己れの見の頼むべからざるを知り、かねて君が変化の龍の如きに畏れ呆れぬ。

「歴史家としての曲亭馬琴」は、真実君が大劣作なり。明らさまにいへば、余は此作に於て、たゞ蓄積深からずして妄りに其容大を誇らんとする作者を認むるの外、何の得るところなかりき。而して「函嶺紀行」に至てはこれを較するに、殆んど瓦礫の丹塗青抹するものより去て、珠玉の自からなる色沢に就くの思あり。精緻と美麗、此の二事に於て、誌上殆んどこれと伍すべきの紀行文あるを見ず。殊に其抑揚擒縦の妙を極め、動《やや》もすれば平板に陥り易く、単一に傾き易き紀行文をして、波瀾あり曲折あること小説の如からしめ、また毎に潤沢なる筆法を以て、揮灑周到、聊かも燥渇の念を読者に生ぜしめざりし伎倆は、既往に於て、「鎌倉山の落花」の少肖せると、「比良の高根」の相当るあるの外、紛々たる数百千の紀行文中全く類ひなきを覚ゆ。次に横浜港の商事を説かれたるもの、余頗る之に服するものあれど、事実の綜合、議論の適否、これ等の事どもを審議するは、到底余の堪へる処にあらざれば省き、また「波の鼓」の評も、大方は記者の評と、君が答文とに、いふべきことも尽きたれば、これもまた省きつ、直ちに最新作の「夢の跡」をいはんに、其長閑さ、いつくしさ、到底彼の「鎌倉山の落花」の同事実なるものから、日を同うして論ずべきにあらず。右よりも見るも、左より見るも、前より眺めても、後ろより眺めても、上よりし、下よりし、幾たび視察を更ふるも、遂に是れあらゆる中庸を得て、しかも其正中を通過するものといふの他、何のいふべき所あるなし、こゝはしかなり、かしこはしかなりなど、呶々数百千言を連ぬるも、まこと詮するところ、是に出づ可からず。

然れども――誠に「然れども」也、爰に思ひ切つて苛酷の鞭を下さむ。曰く、君が文は彫琢に過ぐ、故に局部の妙は余りあり、全幅の妙は割合に欠く所多し。曰く、君が作文は美麗に過ぐ、故に沈痛の気を欠きて、往々浮華に流れ、また柔靡に傾く。曰く、君が作文は巧に過ぐ、故に往々故らなる排置をなして、自然に句調に拘泥する病を生じ、為に折角の生物を死化せしむ。(「函嶺紀行」の「上るほどに下るほどに」のあたりを顧よ、思半に過ぎむ) 是等の事共は、真に白璧の一疵なりと雖も、思ふに君自から其失を悟らざるのみならず、或は自から得意にして、不識の間益々其短を累ねんことを恐る。但余の見豈に敢て自から誤りなきこと神の如しといはんや。

次で思ふ、君は記述と批評と両つながらこれをよくして、啻に人後に落ちざるのみならず、其璞の如きの素は、優に自から前程の如何を明すあり。此に於て熟々《つらつら》君の将来を察するに、君にして他日果して文壇に大名を博することを得ば、其立脚地は、恐らく彼にありてこれにあらざるべし。即ち其綿麗富贍の美文にありて、時文著作の批評にあらざるべし。何を以てこれを言ふ乎、曰く、君寔に批評の眼はあり、然れども君が批評眼は、微を截り、細を穿ち、翼々然として苟りにも注意を怠らざる批評家的のものにあらずして、大様の視察、寛恕の看過、たゞ其大長と大短とを見て、密かに自家の製作に鑑戒を加へんとする製作家的のものに外ならず。蓋し君の批評は、これを例ふるに工芸家の古品を鑑識し、全業の製作を品評すると一般にして、彼の門に招牌を掲げ、明らかに折紙を出す鑑識家や、おのれ其業にあらずして、却つて其審査に列する博覧会の審査員等の比ひにあらざるなり。げにや、君が批評は、其視察の精透緻密なるよりも、寧ろ其評文の瑰麗巧美を多しとし見らるゝなり。然りと雖も、余は決して君に評家の資なしといふものにあらず、また従つて、君到底批評家を以て世に立ち得ずといふものにもあらず、たゞ君の双手に持するところを比較照見してしばらく似笽の戯をなすのみ。君夫れ美文の名家として馬琴の如からんとするか、将た批評の達人として金聖歎の如からんとするか、抑々また両々其妙を擅にして、名をマコーレーと同うせんと欲する乎。

傑作を数ふ

こゝに近時の傑作を数へむ。曰く、小説に於て、葉桜新樹の「夏やすみ」、桜木歌二の「薄紅梅」、西村狭衣の「初花」、雑文に於て、大西桂涯の「比良の高嶺」、三浦桜塢の「あはれ彼女」、小島久太君の「函嶺紀行」、及び「夢の跡」、菊池海城の「蝦夷山水」、千葉亀雄君の「秋景雑筆」、新躰詩に於て、葉末露子の「小桃源」、ふがくの「静かに眠れ」、小萩の「蚊」、幽花の「なさけの跡」及び「まぎれぬおもひ」、桂涯の「すみれ」、伊良子暉造君の「暉造の詩」、木船和郷の「青葉集」、ふみの舎碧の「菊の舎主人に与ふ」、論文に於て、関清村の「立国の方針」、浩々生の「伊東巳代治」、湖狂坊の「華族論」、美峰生の「日本の民心は果して倦怠し易き乎」、九泉童子の「少女とは如何なるもの乎」等は、其尤なるものとし誰人も許す所ならむ。これ皆優に今日大人文壇の上に放置して、畏憚の色なきもの、嗚呼我が「文庫」の前途また頗る多望なりと謂ふべし。

＊4――「文庫」第四巻第一号（明治二十九年十一月）。

＊5――烏水「鬼百合姫百合」（「文庫」第十三巻第一号、明治三十二年九月）の「滝沢秋暁」による。烏水はこの私信を紹介するにあたって《三年前、拙作「一葉女史」を本誌に投ず、幾くもなくして秋暁の私書到る。この哲女像を俎上に載せて解剖一々庖丁に差謬なし、筐中に蔵して独り味ふに忍びず、写して以て江湖に懋む》と書いている。「一葉女史」については、「寄書家月旦（其八）」（「文庫」第四巻第四号、明治三十年二月）に秋暁のつぎの評がある。

〈輓近評論文の傑なるもの出ること何ぞ夫れ多きや、而して特に「一葉女史」の如きは、論策の文字に於て乳臭依然たる本誌の上に赫然たる光耀を放ちて、啻に群友の光りを圧するのみならず、一文一誌を荷ふて、正にこれを文壇の頂きに推し進めたり。過月此の文の出づるや、一葉尋いで飄落す、江湖一葉の一生を辿らんと欲せば、先づ其『一葉全集』を繙くに先ち、此完全せる序論を読むと便利なりとすべし。

一葉は哲女なり、紛々として飛絮の如き方今の文人界に立ちて幾多有髯の才人を後方に押し退け、巾幗常に陣頭に在るの奇観を見せたる一代の不可思議産物なり、此く超凡なる一箇人物を俎上に載せ其理想と小説とを部分して、少なくとも其首尾を完うせる作者の精力は、先づ以て多しとするに足り殊に片々零砕せる其折々の批評に至りては、世間既に其数に乏しからずと雖も、其眼光の全躰に及びて、偏頗なきこと此文の如きは、未だこれあるを見ざるなり。其いふ所は衆人の、心常に憶ひ、口常に言ふところに外ならずして、未だ特にとり出でゝ斬新の評を与ふべきものあらずと雖も、克く其奥底に潜りて、常に深からんとするは、頗る作者の鋭意を見るべく、特に手軽なる譬喩を以て、(女史は「仏を作らずして魔を彫む」の類)巧みに衆人の得言はざるところを穿ち、其痒所に中て、頤を解かしむるに至ては、愈々好作者なり。其一葉が赫奕たる光輪にうたれて、独り其好処と長所とを見、他にまたこれに伴ふの半面あるを忘れたる、作文の興に乗じて、あるまじき濫褒を憚らざりつる、これ等は微にして、しかも末なれば、別に責むるに足らずとし、要するに此「一葉女史」は、少なくも女史が半身肖像と見るべきものにして、其成功せるは勿論、たゞ其出現の少しく遅きに失して、世間殆んど筆を以て一葉が躰肉を歯磨粉の如く刻み成せる後なるを憾むのみ。しからずんば、世豈に此文を冷眼に視て、徒らに批評の月桂冠を鷗外一輩に向て投与するの大量を能くし得んや。〉

*6――『文庫』と記者」(「文庫」第二十七巻第六号、明治三十八年一月)による。なお雅号の命名について、後年、秋暁はつぎのように語っている。

〈皆論客で仲々面白かったです。殊に小島とはずいぶん論じましたよ。烏水の号ですがハハハあれは矢張り私との論戦の結果です。

以来逢うて君も烏水の号だけは止めてくれ、どうも見る度におもしろくないと云ってやりましたら、先生平気なもので、なに心配し給うな、僕は別に烏水の号の依り所を考えたから。実に其当時を思うと愉快です〉（中島仲重『霞外集』より）。

＊7――三森達夫編『烏水・小島久太年譜抄』（昭和三十六年十一月、神奈川県立図書館）。

＊8――『酔茗詩話』（昭和十二年十月、人文書院）。

＊9――「小島と私」（「山岳」第四十四年第一号、前出）。

＊10――同書簡のなかで、烏水は「山中三日」にふれて《今回の「山中三日」など数号にわたり候心算にて先づ一回だけ書て候へども、窘束非常にてこの塩梅にては全く書けるや否やおぼつかなし、ア、情ないく、是が毎度の嘆声に有之候》と書いている。

＊11――『明治詩人伝』（昭和四十二年十二月、筑摩書房）のなかの「伊良子清白」による。

第四章　紀行文家としての出発

＊1――『日本風景論』第六版は、明治二十九年六月、政教社刊。烏水はこの第六版によってその内容を知った。烏水は後年、この本からうけた感化をしばしば語っているが、岩波文庫版『日本風景論』解説（昭和十二年一月）では《愛読者の一人であつた私などは、今でも猶ほ昔日の酔ひ心地を喚び起すことが出来る》と書いている。

＊2――「文庫」第十三巻第六号（明治三十三年一月）。「本州横断記の一節」として書かれたこの紀

行は『山水無盡蔵』におさめるにあたって、文章表現の上でかなりの改删がほどこされている。

＊3——「多摩川を溯る記」冒頭の一節。『扇頭小景』所収。

＊4——烏水『山の風流使者』(前出)所収。

＊5——烏水「張りかへ障子」(「文庫」第十一巻第五号、明治三十二年二月)による。引用書簡中、括弧の中の文章は烏水の注記。この一篇には、妙義山、浅間山、白骨温泉についての滝沢秋暁の書信、また熊野にかんする伊良子清白の書信が公開され、また徂徠『峡中紀行』、菊池千里『峡中紀遊』その他を引用して、自作「鞭骨記」「昇仙峡」をおぎなっている。

＊6——「妙義山の秋」の冒頭の一節。秋暁は《一旅亭に訪ふ》のあとに「余未だ烏水に一面識なし、此時恰も下総に在り、馳せ至りぬ、蓋し其の未だ遊ばざるに先ち、嘱することあらんと欲するなり」と書きそえている。

＊7——初出は『扇頭小景』再版。以後の各版におさめられている。この詩の末尾に烏水は《去年十月、妙義に遊ぶとき、贈らる》と記している。

＊8——『扇頭小景』は五版をかぞえた。初版は明治三十二年五月、再版は同三十二年六月、三版は同三十二年十月、四版は同三十四年七月、それぞれ新声社より刊行され、五版は同四十二年五月、文学同志会より刊行されている。

初版序

宿帳に駄句を書くいたづらが嵩みて、旅に日記は、茶碗に箸より離れがたくなりぬ。さるほどに、畑打つ農夫と語り、浦曲に網引する漁叟と語り羅苧のすげ替する翁いたはしく、馬場に小草刈る牛飼童子愛らしくなるにつけ、今まで人の世を偽はりと観じ、骸骨に破笠して、たゞすが山水に放浪せしは、ひとむかしとなりにけり。大いに迷子煩悩なくんば寧ろ怒らざるに如かず、大に悟る法器にあらずんば漫に泣くことを休めよ。もとの本阿弥、我から大俗に堕したるけふこの頃、悪因縁は逐へども去らず、詩に渇することと日に酷たし、血を喀きて詩未だ成らず、空しく筆の軸を嚙み砕きて庭の紅梅を睨みつめたる夕、栩々然として蝴蝶となり、鎌倉大磯箱根足柄、翅の軽きに任せて遊ばんかな破るゝまでは。はかなき空想の、上塗り禿げたる古机より、引き出し一杯の反古日記をえりぬきて、こんなものが出来たり。

明治三十二年四月

烏　水

再版序

かず〳〵の旅日記をえりぬきて、紀行文にものしたるを、いはゞ篋笥に蔵して、自ら怡まば足りぬべきを、さすがに末は反古となさむも口をしく、かつは同好の士に頒ちまゐらせたくて、かくは冊子に纏めけるなり。今まで、草鞋の痕を印したるは、東海の一隅に過ぎねば、人訪はぬ遐陬僻邑の、露柳煙篁に、あこがるゝよすがもなく、さなきだに拙き水茎のあと、珍らかなる海味の魚と、山餐の熊掌とを、併せ有せざるこそ、恨めしけれ。

明治三十二年初夏　戸太村舎に於て

烏水しるす

再版以降では、滝沢秋暁の詩「烏水を憶ふ」が目次のあとにそえられている。五版では「湘南臥雲録」が目次にあるのにかかわらず、本文から削除されている。

＊9――滝沢秋暁「『扇頭小景』を評す」(「文庫」第十二巻第三号、明治三十二年六月)。

＊10――千葉江東「『扇頭小景』を読む」(「文庫」第十三巻第四号、明治三十二年十一月)。

＊11――「中央公論」第十四巻第六号(明治三十二年六月)所載。無署名。

＊12――『浅間山』(長野県小諸尋常高等小学校編、明治四十三年九月)序。

＊13――「文庫」第十四巻第二号(明治三十三年二月)所載の「東西南北」欄。

＊14――「文庫」第十四巻第三号(明治三十三年三月)所載の「東西南北」欄。

＊15――花筏の『青年文』を評す」中の「刈萱日記」評(「文庫」第十巻第五号、明治三十一年十一月)。烏水は次号に「花筏に与ふ」を発表して反論をくわえた。さらに花筏は「烏水に答

ふ」を、烏水は「右に対して」を書いて、論争的様相を呈した。

第五章　やれだいこ

＊1――清白の「山岳雑詩」は、烏水の「鎗ヶ岳探険記」第一章とおなじく「文庫」第二十二巻第二号（明治三十六年一月）に発表された。序詩のほか「陰の巻」「山頂」「浅間の烟」より成る。「陰の巻」はのちに「鬼の語」と改題されて『孔雀船』（明治三十九年五月、左久良書房）に収録。

＊2――横瀬夜雨「神も仏も」第四連。「文庫」第一巻第四号（明治二十八年十月）、宝湖の名で発表された。この作品によって夜雨は誌友の注目をあつめた。

＊3――横瀬夜雨「落栗」（「文庫」第十一巻第三号、明治三十二年一月）。

＊4――沢田東水「不変の恋人」（「文庫」第三十四巻第二号、明治四十年四月）。東水は「文庫」創刊号に小説「佐々中尉」が採用されたのをはじめとして多くの作品を投稿している。〈是等の批評家のおだて気味の批評は、少なからず寄稿家連を嬉しがらせたもので（折にはくだすこともあつたが）余は、十余年後の今日、「婉曲紆余、恰も西文をよむが如し。作者の手腕は、殆ど少年作家の伍にあらずといふべし」といふ語句を暗記してゐる〉と書いている。

＊5――「野水に与ふ」（「文庫」第十一巻第四号、明治三十二年二月）。

＊6――横瀬夜雨は「落栗（二）」（「文庫」第十一巻第六号、明治三十二年三月）のなかで「わが事

畢んぬ」と言って「烏水兄に言ふ。微力自ら料らで、君と野水との間に立ちたると、ひいて秋暁を煩はすに至れること、君が批評に就きての所思を聞き得たること、張本人は或は君ならん、火の手をあげしは、頑愚此夜雨にあらずや」と書いている。

*7――近藤若葉「告別」(「文庫」第十一巻第六号、明治三十二年三月)。

*8――島本久恵『長流』第五巻(昭和三十六年十二月、みすず書房)による。

*9――烏水「松の落葉一ツ二ツ」に引用された千葉江東の手紙。江東が烏水の推輓によって「文庫」記者となり、五十嵐白蓮の筆で誌上に紹介されたのは第十三巻第六号(明治三十三年一月)においてであった。

*10――烏水『偃松の匂ひ』(昭和十二年九月、書物展望社)所収。

第六章　本州横断の山旅

*1――木暮理太郎「総論及び登山の変遷」(共立社版『山岳講座』第八巻、昭和十一年)。のち「山の今昔」として『山の憶ひ出』下巻(昭和十四年六月、龍星閣)に収録。

*2――「文庫」第十八巻第四号(明治三十四年九月)読不書生の署名にて発表。

*3――「新声」第四編第二号(明治三十三年八月)の裏表紙には『木蘭舟』広告とともに「本州横断記」の予告が出されており、「目下印刷中」とある。しかし刊行されなかった。

*4――「文庫」第十五巻第六号(明治三十三年十月)。同年九月十五日から十六日にかけて箱根に

遊んだときの同人たちの合作文で、山崎紫紅によると〈「文庫」の同人が斯く揃ったのは空前にして或は絶後の会合〉であった。二日間の模様は、往路の鉄道の描写からはじまってすべてが記録されている。

＊5——「飛驒客信」による。伊良子清白宅での祝宴は『長流』第五巻で小説風に描かれているが、烏水は五十嵐白蓮にあてて〈酒にかけては弱虫の小生。二三杯引ッ掛けると、目の見当怪しくなりたれば、怱忙席を辞し、帰宅の上衣裳着けの一段を滞りなく相済まし、予て同行を約せる友を拉し、雨を侵して停車場へ駈けつけたるは、夜の十時半なり〉と書いている。

＊6——「文庫」第十六巻第一号（明治三十三年十一月）に掲載され、のち『銀河』に収録。烏水はこの手紙の末尾に《平湯は毎日午後三時に一回、郵便物の集配あるばかり、この手紙は船津まで持参して投函いたし候。十五日夜追記》と書いている。

＊7——「小島と私」（「山岳」第四十四年第一号、前出）。

＊8——河井酔茗「秋期松風会の記（上）」（「文庫」第十六巻第二号、明治三十三年十一月）。

＊9——烏水「落葉紛々」（「文庫」第十六巻第三号）による。

＊10——千葉江東「拾遺」（「文庫」第十六巻第三号、明治三十三年十二月）。

＊11——『銀河』の巻頭には、自題「夜ごと夜ごと深き思ひを宿したる星か落ち散る石のきれ屑」がかかげられている。

＊12——「文庫」第十巻第四号（明治三十四年九月）。

第七章　飛驒山水談

＊1――「本欄につきて」（「文庫」第十六巻第四号、明治三十四年一月）。一記者の名で発表。その冒頭に烏水は《従来の本欄は、紀行文をのみ蒐めたれど、今回よりは毎号山水に関する談話を併せて掲ぐることゝなし、先づ本篇より「飛驒山水談」を始めたれど、終局の後は、又更に新らしき談話を選びて続載すべし。その談話に就きて、反対の意見を有する談話あらば、これ又悦びて掲載すべし》と書いている。

＊2――「文庫」第一巻第六号（明治二十八年十二月）に発表。

＊3――『煙霞小景』は未見。「文庫」第十二巻第三号（明治三十二年六月）に烏水は「『煙霞小景』に題す」を発表しているところから、このころの刊行とおもわれる。『山水美論』明治三十三年五月、新声社刊。『七寸鞋』同年七月、内外出版協会刊。『檜木笠』同三十四年九月、博文館刊。

『煙霞小景』に題す

行く水におのが影追ふ蜻蛉かなと、紅かをる唇に鼻紙宛て、冷やかにほゝゑみたる加賀の千代とやらむ、悟り顔の女菩薩ぶり、にくからぬにはあらねど、凡夫の実相を慾とすれば、土が生ました山の芋、お経めきたる名の、神聖とかいふ恋も情も、いづれ慾の仮相ならぬかは。げに天地は執着境、人間は煩悩塊、御代の春、緋衣召したまふ宮女、おぼろ夜の恋に啼き、金襴の袈裟着けたまふ禅師、しづ心なく散る花に悩む。撞木にて叩き割らずや、這の煩悩殻。破れずはかうして見せう春の夕、揚雲雀と身をなして塵一筋交らぬ月宮殿に入り、嫦娥を音訪てむと、檜木笠ならぬ蝙蝠傘を手に、頭陀袋ならぬ柳行李を担ひ、よろづ今やうに打扮ち、雨降らば降れ、風吹かば吹け、膝栗毛に一鞭くれて高く颺り、遠く駆け、息は霰とたばしりて木曾の御嶽の木魂に響き、舌は紫焔を吐きて阪東太郎の水瀬に泡立ち、三百六十五日、三千世界隈なくさすらふ仙人在はしけり。

仙人その名を知らず、生国も明かならねば年齢も攷へえず、清癯鶴のごとく、冷痩古木のごとし。仙人智なきか、かつて笠を焚きて蚊を燻したることあり。仁なきか、かつて山がつの斧の匂ひに梅を哀れみたることあり。勇なきか、かつて鶯を聴き、詩稿を抛ちて起ちしことあり。信なきか、かつて帰る雁に故山を夢みしこと幾夜なりきといへり。無芸無能なるか、かつて紫石の硯を磨し、紅玉の管を舐り、一丈あまりの鮫綃を展べ、翰を揮ふこと飛ぶがごとく、興愈よ加はるに従ひて長鯢大鯨左右に躍りしことあり。上戸かとおもへば草餅一重、重箱を傾けて蒔絵をうつくしとたゝへ、下戸かとおもへば酒三斗、徳利を砕きて本来空と澄ましこむ。女房ありやと問へば、独身の膝を抱いてア、涼しと洒落なり。小児ありやと問へば、焼山の初蕨、いつ生へることやらと嘯く。さらば爾は世捨人か、頭は賓頭盧尊者のごとく丸からず。俗物か、銭勘定とんとおぼつかなし。何が楽しうて、この世に生れて来やつたぞと問へば、夢の浮世にたゞ〳〵狂へと、倏ち絵日傘を拡げたらむやうに、たなびける花の峰ふかく分け入りて、見えずなりぬ。これより燕子春を銜みて、いくたびか回り来しかど、この仙人の消息を語るものなく、聞くものなく、下界渇仰のともがら、行衛はいづこ白雲ふかき山中杳かに訪ね行しに、猿木杪に手を組みて秋風冷やかなるをかこち顔なり。

久保青琴、『煙霞小景』五の巻をものしぬ、青琴の文、猶その人のごとし。磨き竹をもて建仁寺垣を編みたるごとき瀟洒はなし、しかも葉を震ひつくしたる柿の枝ぶり、曲りて奇、拗りて勁なるはあり。清掃は下女のおさん之を能くす、稜たる天骨、はた之をいづこに求めむ。読みもてゆくに自ら俗に離る、夫れ俗に離るがゆゑに人らしからず、人らしからざるがゆゑに仙に近し、このとき、ゆくりなくかの飛行自在の仙人に遇ふ、呼べども応へず、瞑すれば影あり、断夢か、知らず、残魂か、知らず、あらおもしろの春景色やな。

花のゆふべ坊主も踊れ女藺も。

貧衲、うするゐ

三十二年三月

＊4——山崎紫紅はその初期に詩や紀行文を多く書いている。「三峰詣」は「文庫」第十五巻第四号（明治三十三年九月）に、「日本人の富士紀行」は同第十六巻第四号、第五号（三十四年一

月）に、「なやみの旅路」は同第十八巻第二号（三十四年八月）に、「木曾御岳」は同第十九巻第一号、第二号（三十四年十一月、十二月）に発表。明治三十六年の金峰山・八ヶ岳・甲斐駒ヶ岳、明治三十八年の赤石岳登山に烏水と同行。本書第十章および第十三章参照。劇作家として活躍しはじめるのは明治三十八年、「上杉謙信」を「明星」に発表し、伊井容峰によって真砂座で上演されてからである。

＊5――「犀川を下る記」は「文庫」第十五巻第五号（明治三十三年九月）に、「秋の檜嶺越え」は同第十六巻第六号（三十四年二月）に発表。吉江孤雁（喬松）が「文庫」に登場したのは「今日一日」（第十三巻第四号、三十二年十一月）が最初だが、これを採用した烏水は《質実、嚼みて味あり。見かけだけ麗はしくとも、掌上に載せて熟視すれば薄っぺらの煎餅より脆きこの頃の美文の中に、かゝる健朴の文字を購ひえたるはわれらの他に誇るところ》と書いている。「犀川を下る記」に関連して、烏水は犀川の奇勝「サンセイヂ」（三清地）の表記について孤雁に問いあわせ、「地名に就きて」（「文庫」第十六巻第六号）を発表して、その返信を紹介している。《孤雁君が自己の属せる文字に対して、飽くまでも責任を明かにせる点は、余の窃に服するところなり》と書き、紀行文における地名の正確さを喚起している。

＊6――「手紙と端書」（「文庫」第十七巻第一号、明治三十四年二月）による。

＊7――ちかひ「飛驒文庫誌友会禿筆会の記」（「文庫」第十七巻第一号、明治三十四年二月）によ

る。

＊8――「東西南北」（「文庫」第十七巻第六号、明治三十四年六月）のなかの書面の一節。飛驒男の発信になるもの。

＊9――「手紙と葉書」（「文庫」第十六巻第六号、明治三十四年二月）のなかの五十嵐白蓮あて書簡による。三十四年一月十二日、東京にて発信。

＊10――影法師「落栗」（「文庫」第十五巻第六号、明治三十三年十月）による。第一高等学校では寄宿舎に雑誌縦覧所を設けるにあたって、生徒より投票をつのったところ、つぎの結果が出たという。「太陽」六十六票、「帝国文学」五十九票、「文庫」五十七票、「日本人」五十五票、「明星」五十二票、「新声」五十一票、「風俗画報」四十七票（以下略）。

＊11――「三寸舌」（「文庫」第十七巻第六号、明治三十四年六月）。

第八章　槍ヶ岳への道

＊1――「文庫」第二十七巻第四号（明治三十七年十一月）。当時、烏水は「日本山岳譜」第一編富士山の部のために文献目録を作成しようとしていた。そのおりに自分の環境と読書生活をのべたもの。

＊2――「読書日記」（同右）。

＊3――「大阪に於ける文学同好会新年大会」（「文庫」第十九巻第五号、明治三十五年二月）無署名。

＊4――「如是世相」（「文庫」第二十一巻第二号、明治三十五年九月）による。ここでは久保天随、与謝野鉄幹、真下飛泉、伊良子清白、横瀬夜雨、滝沢秋暁らの烏水あて書簡が公開されている。

＊5――「日本山岳美論」は第一章「山岳論」、第二章「登山論」、第三章「登山準備論」より成り（発表年月については執筆記事参照）、この年の槍ヶ岳登山に出立する直前（八月五日）に書きおえている。第四章「日本山系概論」執筆の予定をたてていたが、一時中断された。

＊6――「登山案内を募る文」（「文庫」第二十巻第五号、明治三十五年七月）。

＊7――「登山案内に就きて」（「文庫」第二十一巻第五号、明治三十五年十一月）。西村松雨の「伯耆国大山」はおなじ号に発表されている。

＊8――「鎗ケ岳探険記」第一章「発端」のなかの一節。

＊9――「如是世相」（前出）による。

＊10――秋暁の「日記」は酔茗・清白・白蓮・江東の日記とともに「文庫」第二十一巻第一号（明治三十五年九月）に発表された。

第九章　「鎗ケ岳探険記」

＊1――「鎗ケ岳探険記」は「文庫」誌上に一年にわたって書きつがれた。執筆中の烏水は、本文二〇一ページに抄録した滝沢秋暁あて書簡（明治三十六年五月十二日付）にもあるように、

行程中の風物その他について時間をかけて再調査をおこなっている。

＊2――「文庫」第二十二巻第一号（明治三十五年十二月）所載の「次号予告」による。ここでは「鎗ケ岳」は「槍ケ岳」と表記されている。

＊3――篠ノ井・松本間が開通したのは、明治三十五年六月。

＊4――岡野金次郎「小島と私」（前出）。

＊5――烏水一行の霞沢の登路については、山崎安治および筆者の追跡調査によって確認。拙文「霞沢岳の東面」（日本山岳会会報「山」三五三号、昭和四十九年十一月）「続・霞沢岳の東面」（同三六九、三七〇号、五十一年三月〜四月）参照。

＊6――著名高山並火山三角測量資料。寺田寅彦『觸媒』（昭和九年十二月、岩波書店）所収。

＊7――寺田寅彦「地図を眺めて」（「東京朝日新聞」昭和九年九月）。『觸媒』（同右）所収。

＊8――「山岳」第三年第三号（明治四十一年十月）。

＊9――「第三回斐太誌友禿筆会の記」（「文庫」第二十一巻第二号、明治三十五年九月）。

＊10――同右。

＊11――「中学世界」第七巻第十一号（明治三十七年九月）。烏水はそれに先だって桑田春風編集の「手紙雑誌」（三十七年八月）にウェストン書簡を紹介している。

第十章　山を讃する文

＊1――「山の声海の声」（「文庫」第二十二巻第六号、明治三十六年三月）のはしがき。

＊2――『アルピニストの手記』（前出）所収。引用の文章のあとにつづけて烏水は《ともかく、未だウエストンに遇はないうちの手紙で、最古のものとして、私には記念になるから、本書に、神河内に於けるウエストンの伴侶、嘉門治の釣する姿と並べて、手紙の一半を掲げて置く》と書いている。

＊3――「文庫」発表年月はつぎのとおりである。――「甲州金峰山」（第二十四巻第二号～第三号、明治三十六年九月～十月）、「八ケ岳採草記」（第二十四巻第四号、三十六年十一月）、「八ケ岳後記」（第二十四巻第五号、三十六年十一月）、「甲州駒ケ岳―またしても山物語」（第二十五巻第一号、三十七年一月）、「南信山水」（第二十五巻第二号、三十七年一月）、「三州川合の石橋」（第二十五巻第五号、三十七年三月）。

＊4――明治三十六年八月二十八日発信。

＊5――「山を讃する文」は、烏水の文章によると《三十六年八月旅中「北日本人」に寄す》とある。「文庫」第二十四巻第二号（三十六年九月）に再録するにあたって《左の一文は加州金沢の同志者が経営せる「北日本人」に寄せたるものにして、今夏八月甲斐台ケ原の客舎にありて、援筆したるところ、自から捨て難きもののあるを覚ゆるを以て、一二の字句を訂し、こゝに録す》と書いている。のち『山水美論』に収録された。「北日本人」は未確認。執筆の

いきさつについては、紫紅の「八ケ岳後記」にも書かれている。

*6――風流使者清閑を事とし
蹤跡飄然たり千里の間
此の行始めて識る君恩の大なることを
飽いて名山を看て空しく往還す（「風流使者記」巻六）。
白嶺横に連りて遠曛《えんくん》に臥せり
若し残月を添ふれば色分ち難からん
帰鞭早晩鶏鳴の後
国風を採りて我が君に報ぜんと欲す（「風流使者記」巻五）

*7――昭和二十二年秋の口述筆記になるもの。『山の風流使者』（前出）所収。

第十一章　富士山

*1――『不二山』の扉には「虔しみてこのひと巻を我が慈くしみふかき山縣悌三郎先生の同夫人に献げまつる　弟子」との献辞があり、つづいてつぎの序文がある。

序

高山は我がために大なる感情なりと、バイロン卿は言へり、這個《この》地上唯一の巨人のために、頌歌せむと欲して、我憾《うら》むらくは詩人にあらざるを、こゝに輪廓もおぼつかなき形骸を写して、縦まに霊山の名を冒す、只だ情を偽はらざるは、我と愛山癖を同じうするものにして、初めて肯くべし、抑も我の不二に執着せるは、一日にあらず、かつて裾野を一匝し、伊豆相模の山は十の六七を登り、甲斐の諸高山をきはめ、信濃飛驒境上に蜿蜒せる、所謂日本アルプス中の主なる崇嶺大岳は、大方絶巓に衣を振へり、これらの山は、悉く列袖して不二に朝す、我の最も怡悦するところも、遠近より不二を拝するに在り。たゞこの巻に収めたる文字は、必ずしも初めより不二を中心として作られたるものゝみにあらず、然りと雖も、所詮は不二の神変なる、白墨を以て雪に描くが如く、水筆を以て氷に塗る如く、生涯の努力、何等の痕跡を止めざるもの、比々として皆是れなり、我が盲愛彼が如くして、依然些の秘密を許されず、嫉ましきかな不二。古人文あり、曰く「昔有二一画工一、来居二嶽下一、数日模二写山景一、自言我善尽二吾技力一、得レ収二拾真形一、於二斯道一無レ屈、素絢設色、常不レ撤レ身、見下朝暉夕陰蒼靄彩霞随レ時有中変化上、操レ筆早早彰施、飲食起居、造次顚沛之間、専一用レ意、意之所レ及、景之所レ出、野馬也、塵埃也、日夜相二代乎前一、莫レ知二其端睨一、遂擲レ筆曰、維嶽降レ神秀気所レ鍾、是造物者之無盡蔵也、而吾与レ之比抗、恐為二嶽神所一レ冤、即日急去矣」（東藩日記）と、我にこの画家の明あり、断なきを慙づ。遮莫、山水縁ある人、読んで我が興に同じ、この書を杖頭に挂《かか》げて起つあらば、枯枝にして火を引き、廃葉にして風を生ずるたぐひ、我が願則ち足矣。

明治三十八年卯月　　横浜山王台にて

小島烏水

＊2――「少国民」臨時増刊（第十一年十四号）として刊行された『富士山奇観』（明治三十二年七月、北隆館出版部）を烏水の手によって補修されたもの。その出版の経過はつぎのはしがきにあきらかである。

はしがき（この書を出した始末）

富士山は言ふまでもなく、日本一の名山で、年々幾万といふ人が登り、又年々登山者の数が次第に増加するやうになつた、その人たちは宗教心とか、学術調査とか、或は体育のためとか、或は単に慰楽のためとか、種々雑多な目的を抱いて、登るので、近来は婦女老幼までが、加はるやうになり、山上に郵便局も出来る、電話も設けられる、立派な旅宿まで出来るといふ話が新聞に見える、つまり富士山が、或目的或は或部分の人々に私せられないで、日本国民全体の供有する山になつた証拠であらう。併し自分が今でも不足に思ふのは、富士山の案内記らしい案内記が、未だどこからも出版せられてゐないことだ、案内記一冊地図一枚持たない登山は、何の目的にもせよ、どれだけ登山の効果を収め得るかは、疑問である、アルプス辺の山では、精細な地図や案内記が出版せられてゐて、殆んど案内者を雇はないでも、路筋がおのづと解るやうに出来てゐる、富士登山が盛大であればあるほど、これが無いのは、登山者のために、大なる欠点であらうと信ずる。

恰度《ちやうど》如山堂主人が見えて、何か富士登山者のために、必要な本は無いかといふ、実は自分が今でも、一寸便利にして座右に備へて置く本がある、それは今から九年も前、某館から出版せられた『富士山奇観』といふ小冊子で、富士山の総説、形状、歴史、地質、植物、気象、登山案内、俗説、絵画、遊戯、名所等、有らゆる方面に行き亘つて、輯めたもので、宛ら富士山の小百科全書といふ趣がある、編者は誰であるか、署名がして無いから解らぬが、和漢の学に審らかな人と見えて、一体に書きざまが杜撰でない、今は絶版となつてゐるのみか、おそらく此本の名を記憶する人さへ少ないであらう、此本なら、今読んでもおもしろく、登山のをり携へても有益であると答へて置いた。

如山堂主人は、幸ひに某館主と知り合ひの仲である、早速譲り受けることに話が纏まり、「奇観」の奇の字がおもしろくないから、大の字に変へ、全く改版して世に出すに就いて、自分に校訂方の依頼があつた、さて引き受けてみると、自分には、多少自分だけの考へもあるし、且つ其当時と、今とは一般理学的智識も進んでゐるし、簡単な校正だけでは、満足されなくなつた、よつて或僅かな項目を削除し、或多くの項目を増加し、又或項目には修正を施して見らるゝ通りの本にした。所謂削除した箇所といふのは、原本には古人の漢文紀行を、仮名交り文に書き直したものが、大分多く収められてあるが、これらはなまじひ直訳したゝめに文章としては何の味ひなく、事実を知るためには、さまでの益もなく、一種文芸上の骨董品で、比較的無用な場ふさげとおもはれたからである、増加した箇所々々は随分と多いが、今煩を避けて、一々列挙しない、これがため、旧本とは全く面目を一新したことになつたとおもふ、併し旧本を台帳として、各章を適宜に割り入れたのであるから、結構の上で、自分は何等の創意を試みることは出来なかつた。之を増加するに当つて、材料の大部分を自分の手控へ帳、即ち多くの新聞、雑誌、書籍の切り抜きから、更に抜萃したことを告白する義務がある。自分の目的は、軽便で簡約で、まづ十人が十人に必要且有益な事項の、一と通りを包括した本を編むのであつて、部分的、或は専門的に偏《かたよ》つて詳しい本を作るので無いから、それら篤志の考究者に対して、この本が幾何の貢献をしやうとも思はれない、元来が、普通一般の登山者及び愛山家のために、案内記として、手引草として、参考書として、ちよと纏まつたのが出来たと見らるれば、自分は満足するのである、それにしても、まだ備はらないとならば、自分の手控へ帳を印行して、同好者に頒つたまでとおもつて、いたゞいてもよい。

山王台主人識

四十年六月下旬

＊3――「波姑禰乃夜麻」(前出)。
＊4――「文庫」第十五巻第四号(明治三十三年九月)。

＊5――「文庫」第二十四巻第五号（明治三十六年十一月）所載の「募集文」。

＊6――「明星」巳歳第七号（明治三十八年七月）。

＊7――「文庫」第三十二巻第二号（明治三十九年八月）。下巻第二十章の補注5参照。

＊8――好《ヨシ》は、戸籍簿によると、横浜市元町五丁目二二〇番地戸主吉村吉ヱ門長女、明治十五年一月十二日出生、明治三十七年四月三十日小島久太ト婚姻届出同日入籍、とある。

＊9――「文庫」第二十六巻第六号（明治三十七年九月）。

第十二章「甲斐の白峰」をめぐって

＊1――「読書日記」（前出）。

＊2――このエッセイは、のちに高頭式編纂の『日本山嶽志』（明治三十九年二月、博文館）に収録された。

＊3――「紀行文家の群れ」前出『アルピニストの手記』所収。

＊4――高野鷹蔵「五十年の回顧」（日本山岳会創立五十周年記念講演会における講演、「山岳」第五十年、昭和三十二年七月）。烏水との出会いについて高野鷹蔵「山岳会創生記」（「山岳」第二十五年三号）にも詳しい。

＊5――武田久吉「山岳会の成立する迄」（「山岳」第三十一年第一号、昭和十一年十一月）。

＊6――烏水「日本山岳会の成立まで」（「山岳」第二十五年第三号、昭和五年十一月）。

＊7――「文庫」第二十九巻第五号（明治三十八年九月）所載。

＊8――武田久吉「日本山岳会創立前後」（日本山岳会創立六十周年記念講演会における講演、「山岳」第六十一年、昭和四十二年三月）。

＊9――昭和四十六年六月十二日、駒込六義園心泉亭にて。

＊10――「小島烏水と『甲斐の白峰』」は「岳人」一九九号（昭和三十九年十月）に、「『甲斐の白峰』後日物語」は「山岳展望」五・六合併号（昭和四十年三月）に発表された。「小島烏水発見記」は日本岳人全集版『山の風流使者』（昭和四十三年七月、日本文芸社）所収。

＊11――昭和四十八年三月二十九日、第一回山岳史懇談会（日本山岳会ルーム）における直話にもとづく。日本山岳会会報「山」三三四、三三五号（昭和四十八年四月、五月）参照。

＊12――「紀行文小論」（「文章世界」明治四十年十二月）。のち「紀行文続論」として『山水美論』に収録。

＊13――「日本の高山深谷を跋渉したる外国人及び其紀行」（前出）。

＊14――烏水がこのラスキンの一節をとりあげたのは、これがはじめてではない。明治三十五年、槍ヶ岳登山前に執筆した「日本山岳美論」第二章「登山論」にすでにつぎの訳文がある。

〈山は人類のために作られたる学堂にして又寺院なり、学者のためには万巻の知識的秘庫となり、思想家のためには静隠の栖家を供し、宗教家には聖光を付与す、山は渾円球上の大寺院なり、岩の戸あり、雲の柱あり、涓々の流れと磤々の小磊との私語は、以て聖

歌に比すべく、珍瓏なる白雪は以て聖境に較ひつべし、而して燦たる星光に鏤刻された
る蒼旻は、是れ院内の円天窓にあらずや〉。

＊15――昭和九年十一月八日、日本山岳会第六十四回小集会における講演。「山岳」第二十九年第三号（昭和十年一月）所載。

＊16――「白峰山脈の記」第三章「雪の白峰」（「山岳」第三年第三号、明治四十一年十月）。のち『日本アルプス』第一巻に収録。

＊17――「『大日本地誌』第三巻を読む」（「文庫」第二十八巻第五号、明治三十八年四月）。

＊18――合評「今の紀行文家」（「文章世界」明治四十年十一月）。下巻第十六章参照。

＊19――「山の因縁五十五年」（前出）。

＊20――同右。

平凡社ライブラリー 774

小島烏水《こじまうすい》 上

山の風流使者伝

発行日 ……… 2012年10月10日 初版第1刷

著者 ………… 近藤信行

発行者 ……… 石川順一

発行所 ……… 株式会社平凡社

〒101-0051 東京都千代田区神田神保町3-29

電話 東京(03)3230-6579［編集］

東京(03)3230-6572［営業］

振替 00180-0-29639

印刷・製本 …… 株式会社東京印書館

装幀 ………… 中垣信夫

ISBN978-4-582-76774-2

NDC分類番号289.1

B6変型判(16.0cm) 総ページ340

平凡社ホームページ http://www.heibonsha.co.jp/

平凡社ライブラリー　既刊より

【エッセイ・ノンフィクション】

永井　明……………………ぼくが医者をやめた理由
永井　明……………………ぼくが医者をやめた理由　つづき
永井　明……………………新宿医科大学
白洲正子……………………花にもの思う春——白洲正子の新古今集
白洲正子……………………木——なまえ・かたち・たくみ
白洲正子……………………美は匠にあり
白洲正子……………………韋駄天夫人
白洲正子……………………美の遍歴
瀬戸内寂聴…………………京のみち——瀬戸内寂聴紀行文集一
瀬戸内寂聴…………………嵯峨野みち——瀬戸内寂聴紀行文集二
瀬戸内寂聴…………………仏のみち——瀬戸内寂聴紀行文集三
瀬戸内寂聴…………………巡礼みち——瀬戸内寂聴紀行文集四
瀬戸内寂聴…………………美のみち——瀬戸内寂聴紀行文集五
青柳いづみこ………………青柳瑞穂の生涯——真贋のあわいに
矢川澄子……………………「父の娘」たち——森茉莉とアナイス・ニン

辻 信一……………………スロー・イズ・ビューティフル――遅さとしての文化
R・F・マーフィー……………ボディ・サイレント
ダグラス・ラミス…………………経済成長がなければ私たちは豊かになれないのだろうか
岩井克人……………………会社はこれからどうなるのか
松田道雄……………………われらいかに死すべきか
松田道雄……………………日常を愛する
石堂清倫……………………わが異端の昭和史 上・下

【アングラーズ・コレクション】

伊藤桂一……………………釣りの風景
榛葉英治……………………川釣り礼賛
今西錦司……………………イワナとヤマメ――渓魚の生態と釣り
紀村落釣……………………愛をもて 渓魚を語れ
森 秀人……………………荒野の釣師
笠木 實……………………画文集 カワセミの歌
森下雨村……………………つり随筆 猿猴 川に死す
松本三郎＋かくまつとむ…………江戸和竿職人 歴史と技を語る――竹、節ありて強し
アイザック・ウォルトン…………完訳 釣魚大全Ⅰ

【山の本】

辻　まこと……山からの言葉
辻　まこと……辻まことセレクション1　山と森
辻　まこと……辻まことセレクション2　芸術と人
畦地梅太郎……山の眼玉
畦地梅太郎……山の出べそ
畦地梅太郎……伊予の山河
上田哲農……日翳の山　ひなたの山
熊谷　榧……山の画文集　晴れのち曇り　曇りのち晴れ
手塚宗求……新版　邂逅の山
平山三男……ヒマラヤの青春——立川女子高校遠征隊同行記
谷　有二……山名の不思議——私の日本山名探検
安川茂雄……谷川岳に逝ける人びと
大島亮吉……新編　山　紀行と随想
野中至＋野中千代子……富士案内　芙蓉日記
山口耀久……北八ッ彷徨——随想八ヶ岳
山口耀久……八ヶ岳挽歌——続・随想八ヶ岳